可持续的智慧
——探索斯德哥尔摩城市可持续发展

Sustainable Stockholm：
Exploring Urban Sustainability in Europe's Greenest City

[瑞典] 乔纳森·梅茨格（Jonathan Metzger）
艾米·雷德·奥尔松（Amy Rader Olsson） 编著

刘 溪 尹 莹 王东宇 马琦伟 张江华 张 昱 译

中国建筑工业出版社

著作权合同登记图字：01-2019-4010号
图书在版编目（CIP）数据

可持续的智慧：探索斯德哥尔摩城市可持续发展 /（瑞典）乔纳森·梅茨格，（瑞典）艾米·雷德·奥尔松编著；刘溪等译. —北京：中国建筑工业出版社，2022.1

书名原文：Sustainable Stockholm: Exploring Urban Sustainability in Europe's Greenest City

ISBN 978-7-112-27096-5

Ⅰ.①可… Ⅱ.①乔…②艾…③刘… Ⅲ.①城市经济—经济可持续发展—研究—斯德哥尔摩 Ⅳ.①F299.532

中国版本图书馆CIP数据核字（2022）第025440号

Sustainable Stockholm: Exploring Urban Sustainability in Europe's Greenest City, 1st Edition / Jonathan Metzger, Amy Rader Olsson, 9780415622134
Copyright © 2013 selection and editorial material, Jonathan Metzger, Amy Rader Olsson; individual chapters, the contributors

Authorized translation from English language edition published by Routledge, part of Taylor & Francis Group LLC; All Rights Reserved.
本书原版由Taylor & Francis出版集团旗下Routledge出版公司出版，并经其授权翻译出版。版权所有，侵权必究。

Chinese Translation Copyright © 2022 China Architecture & Building Press
China Architecture & Building Press is authorized to publish and distribute exclusively the Chinese (Simplified Characters) language edition. This edition is authorized for sale throughout Mainland of China. No part of the publication may be reproduced or distributed by any means, or stored in a database or retrieval system, without the prior written permission of the publisher.
本书中文简体翻译版授权由中国建筑工业出版社独家出版并限在中国大陆地区销售，未经出版者书面许可，不得以任何方式复制或发行本书的任何部分。

Copies of this book sold without a Taylor & Francis sticker on the cover are unauthorized and illegal.
本书贴有Taylor & Francis公司防伪标签，无标签者不得销售。

责任编辑：刘　燕　段　宁　董苏华
责任校对：姜小莲

可持续的智慧——探索斯德哥尔摩城市可持续发展
Sustainable Stockholm: Exploring Urban Sustainability in Europe's Greenest City

[瑞典] 乔纳森·梅茨格（Jonathan Metzger）
　　　 艾米·雷德·奥尔松（Amy Rader Olsson）编著
刘溪　尹莹　王东宇　马琦伟　张江华　张昱 译

*

中国建筑工业出版社出版、发行（北京海淀三里河路9号）
各地新华书店、建筑书店经销
北京雅盈中佳图文设计公司制版
北京市密东印刷有限公司印刷

*

开本：787毫米×1092毫米　1/16　印张：13¼　字数：245千字
2022年2月第一版　2022年2月第一次印刷
定价：58.00元
ISBN 978-7-112-27096-5
　　　（38805）

版权所有　翻印必究
如有印装质量问题，可寄本社图书出版中心退换
（邮政编码100037）

目 录

中文版序 ··· vii
Preface to the Chinese language edition ··· x
序 ·· xiv
作者简介 ··· xvi
致谢 ··· xix

第 1 章　引言：最绿色的城市？ ·· 1

　　　　　乔纳森·梅茨格（Jonathan Metzger），艾米·雷德·奥尔松（Amy Rader Olsson）

本书的结构 ··· 5

第 2 章　从丑小鸭到欧洲首个绿色之都：
**　　　　历史视角下斯德哥尔摩城市环境的变化** ·························· 9

　　　　　比约恩·霍尔斯曼（Björn Hårsman），布·维克马克（Bo Wijkmark）

2.1　引言 ··· 9
2.2　全球城市体系中的斯德哥尔摩 ·· 10
2.3　1850—1914 年的斯德哥尔摩 ·· 12
2.4　播种的和平时代（1914—1945）··· 20
2.5　1945 年后收获成果 ··· 26
2.6　过往的 40 年 ·· 34
2.7　小结：回顾与展望 ·· 42

第 3 章　可持续性概念的应用：学术、政策和规划上的解读 ··········· 46

　　　　　乌尔丽卡·贡纳松-奥斯特林（Ulrika Gunnarsson-Östling），卡琳·爱德华松·
　　　　　比约恩贝里（Karin Edvardsson Björnberg），约兰·芬维登（Göran Finnveden）

3.1　引言 ··· 46
3.2　可持续发展的概念 ·· 47
3.3　可持续发展方面的政治议题 ··· 52

3.4	现实中发生了什么？	55
3.5	讨论和小结	58

第 4 章　可持续的城市结构：分析性城市设计理论的发展与应用　　64

拉尔斯·马库斯（Lars Marcus），贝里特·巴尔福斯（Berit Balfors），

提格兰·哈斯（Tigran Haas）

4.1	引言	64
4.2	当代城市设计的趋势	66
4.3	可持续城市的分析性理论	74
4.4	走向有分析支撑的城市设计理论	79
4.5	阿尔巴诺：迈向社会 - 生态城市设计原则	83
4.6	讨论：作为认识论框架的设计理论	87

第 5 章　可持续城市的流与网络：基础设施开发和规划的理论与实践　　92

福尔克·斯尼卡斯（Folke Snickars），拉尔斯 - 约兰·马特松（Lars-Göran Mattsson），

布·奥洛夫松（Bo Olofsson）

5.1	引言	92
5.2	何为基础设施？	94
5.3	斯德哥尔摩基础设施系统面临的挑战	100
5.4	斯德哥尔摩可持续基础设施的场景	107
5.5	讨论和小结	112

第 6 章　绿色建筑经济学　　116

汉斯·林德（Hans Lind），马格努斯·邦德（Magnus Bonde），

阿格涅什卡·扎列伊斯卡 - 琼森（Agnieszka Zalejska-Jonsson）

6.1	引言	116
6.2	瑞典的环评工具	117
6.3	斯德哥尔摩的商业和住宅绿色建筑	118
6.4	瑞典绿色建筑的经济学研究：新的建筑业	122
6.5	现状存量建筑的绿色改造	125
6.6	小结	128

第 7 章　践行可持续发展：制度、惰性和日常生活习惯 ········· 131

埃巴·赫格斯特伦（Ebba Högström），约瑟芬·旺格尔（Josefin Wangel），
格雷格·亨里克松（Greger Henriksson）

7.1　引言 ········· 131
7.2　制度、路径依赖和话语 ········· 133
7.3　从"教师"到"牧师"：玻璃屋一号的故事 ········· 136
7.4　在皇家海港强推负责任的生活方式：生态法西斯主义还是个人选择？ ········· 139
7.5　若隐若现的鞭子：拥堵收费的推行与永久化 ········· 143
7.6　讨论和小结 ········· 146

第 8 章　从生态现代化到政治生态化：绿色之都的未来挑战 ········· 150

卡琳·布拉德利（Karin Bradley），安娜·胡尔特（Anna Hult），
约兰·卡尔斯（Göran Cars）

8.1　引言 ········· 150
8.2　增长却又焦虑的斯德哥尔摩 ········· 151
8.3　描绘绿色之都 ········· 152
8.4　从浅绿可持续性到政治生态学 ········· 155
8.5　对环境更公平发展的挑战 ········· 157
8.6　讨论和小结：矗立于国际前沿 ········· 167

第 9 章　城市可持续发展的斯德哥尔摩模式 ········· 174

艾米·雷德·奥尔松（Amy Rader Olsson），乔纳森·梅茨格（Jonathan Metzger）

9.1　引言 ········· 174
9.2　肯定应肯定之处：斯德哥尔摩是如何做到的？ ········· 175
9.3　特点与盲点 ········· 177
9.4　城市可持续发展的关键性战略因素：斯德哥尔摩的经验教训 ········· 183
9.5　小结 ········· 188

我（乔纳森，Jonathan）谨以此书献给拉斐尔（Rafael）、胡迪特（Judit）和塔米（Tami），他们属于满怀热望，寻找切实可行的途径来真正关照这个世界的一代人。还要献给丽贝卡（Rebecca），感谢她在陪我完成本书及其他诸事上的耐心。这确实超出了我所应得之物。

我（艾米，Amy）谨以此书献给我的丈夫佩尔（Per）、女儿索菲娅（Sofia）和埃拉（Ella），是他们教我以好奇心、活力和勇气去迎接挑战。我也以此书纪念我的导师约翰·奎格利（John Quigley），以提醒我"唯实干，无他途"。

中文版序

在可持续城市发展政策领域，斯德哥尔摩一直是世界舞台上的先锋。尽管以国际标准衡量，斯德哥尔摩只是一座规模适中的城市，但它却是国际代表团，尤其是中国代表团参观访问的热门目的地。这些代表团渴望学习这座城市在可持续发展政策、创新及创业精神等方面的经验。

本书的英文版目的在于为下面几类读者奉献知识与深入的见解。他们包括那些对可持续城市发展的"斯德哥尔摩模式"感到好奇的读者，以及那些不熟悉这座城市，希望通过学习斯德哥尔摩城市可持续发展经验的背景和脉络，细化和深化他们认知的读者。

中国的城市将在未来的可持续发展转型当中发挥关键作用，其影响会波及全球。在奋力争取城市可持续发展的事业中，中国可以说是起决定性作用的前线阵地。因此，我们非常欣喜地看到，本书面向更广大中国读者的中译本即将问世。为此，我们也希望向本书的译者和项目经理尹莹，以及中国建筑工业出版社，表达我们最诚挚的感谢。

本序为本书英文原版付梓后的几年间，斯德哥尔摩城市可持续发展领域发生的转变，提供了一个简短反思的机会。

其中重要的转变之一是，在斯德哥尔摩的可持续性议题中，社会问题的重要性日渐凸显。从19世纪末期到20世纪中叶，社会关怀一直是城市环境方面几大主导干预力量之一，这也奠定了斯德哥尔摩当代城市结构大部分的基础。近几十年间，随着城市发展议程反而更加注重兼顾经济竞争力和生态价值，社会关怀渐行渐远，消失在议程的背景当中。

然而，值得注意的是，由于移民和族群融入的挑战，社会动荡感的加剧，以及有案可稽的住房危机狼烟四起，眼下再度浮现的一点是，"社会可持续性"同样受到了新的明确的关注。例如，以马尔默市首次推行的倡议为基础，成立"斯德哥尔摩社会可持续发展委员会"，也印证了这一新趋势的勃兴。该委员会已经确认了积极土地政策的必要性，并重新关注社会凝聚力和可持续性问题，例如，斯德哥尔摩城市开发政策里的经济适用房供给问题。

至于可持续性的生态方面，斯德哥尔摩在应对类似缓解气候变化这样的全球挑战上所承担的义务，仍然是重中之重。此外，更多令人关切的本地议题，也在积极探讨当中——例如本地产生的空气污染对健康的有害影响，以及作为补救措施，在内城完全禁止老旧汽车和繁重路面交通的可能性。

正如我们在第一版中所言，斯德哥尔摩可持续发展的征途，可谓是一连串接二连三的挑战。这些挑战牵涉了不容忽视的紧张局势、冲突领域，以及在可持续发展目标之间和支持者当中的权衡取舍。目前的情况依然如故。比如，法国的"黄背心"运动就让斯德哥尔摩掀起了一场更大的辩论。这是一场关于是否要更好地处理社会和生态可持续性各方面之间联系的辩论，如斯德哥尔摩皇家海港旗舰项目之类的新型优质生态社区的可负担性和可达性。

近年来，在城市范围内划定和保护自然保留地的有关争议也已浮现，并成为斯德哥尔摩可持续城市发展的辩论中争论的重要问题。这些区域提供重要的社会生态功能和服务，但也可能成为将隔离的格局永久化的屏障，并且如果要维持这些保留地，就必须要采取创新的解决方案来满足新的住房和服务需求。

最后，斯德哥尔摩当然也是格蕾塔·桑伯格（Greta Thunberg）的家乡，她因发起"为气候罢课"运动而闻名于世。这一运动使人们关注采取快速气候行动的迫切需求，并进一步强调了在向更可持续的未来转型过程中，个人和集体的责任问题。

本书的第一版对影响城市发展的重要投资和关键政策进行了历史性总结。它们大多包括交通、污水处理、住房，以及后来的信息和通信技术等方面的重要而大胆的基础设施投资。本书的第一版指出，结构、规范和人口上的改变，需要有进一步大刀阔斧的政策和投资决策来应对，其中有一些涉及对全球创新的适应。这些创新可以支撑可持续发展的目标，但需要对土地利用、税收和劳动力市场政策进行全面的反思。例如，出租车服务领域的共享和零工经济，以及最近如洪水一般在井然有序的城市空间中泛滥的电动自行车和城市自行车。另一个是如何利用数字化潜力，彻底改变建成环境的营造、运行和绩效。正如我们在本书第一版中指出的那样，实验和监管、个人和集体责任之间的战略平衡，尤其是对形形色色支持者和利益方的协调，不断地让斯德哥尔摩成为其他世界城市的楷模。

最后，从研究的角度来看，有趣的是，可持续性的概念仍然跟城市发展领域有高度的相关性。比方说，新的"联合国可持续发展目标"在斯德哥尔摩的地方政策中就有明确引用，它对城市方面的极大关注即是明证。然而，其他相关但略有不同的概念，近年来也越来越受到关切并得到普及。新的城市发展议程和学说——比如"智慧城市"或"韧性"等，在不同层面和不同程度上，似乎都与可持续发展理念挂钩，而并非直接取而代之。然而，这些城市发展议程均有不同的侧重点和关注的焦点。例如，在这些议程中，韧性政策学说侧重基于自然来应对环境挑战的解决方案，而智慧城市政策则更青睐用高科技和通信技术方案应对可持续发展的挑战。在未来的城市可持续发展工作中，斯德哥尔摩如何顺利穿越这个新近浮现的"群岛"——即观念互补但暗含冲突的替代路径尚有待观察。

斯德哥尔摩在许多方面，仍然是城市可持续发展的全球领导者。尽管像瑞典和中国这样的国家，在历史、文化和制度背景方面存在巨大差异，但本书的中文版仍能够帮助我们更好地理解斯德哥尔摩的哪些方法、创新和战略在中国的语境背景下最为适用，以及在什么条件下最为适用，我们对此满怀希望。我们也渴望借此机会向中国的城市学习。这些城市变化的速度和规模，可以为斯德哥尔摩的前路提供方向。

此外，我们想到，瑞典有谚云："即使太阳也有斑点"（Even the sun has its spots）。就城市可持续性而言，斯德哥尔摩或许是欧洲最雄心勃勃的城市之一，但考虑到在本地和全球范围内，其余的生态和社会挑战依然严峻，斯德哥尔摩可以说还远未实现多维度的可持续发展。毫无疑问，我们确实正在开展举足轻重、雄心勃勃的工作，但向真正可持续的城市"未来"（它本身就是一个变动的目标）过渡的巨大挑战，仍然摆在我们（也包括斯德哥尔摩）面前，而这一挑战正在变得日趋紧迫。

乔纳森·梅茨格（Jonathan Metzger）
艾米·雷德·奥尔松（Amy Rader Olsson）

2019年8月
斯德哥尔摩

Preface to the Chinese language edition

When it comes to sustainable urban development policy, Stockholm has been a pioneer on the global stage. Though it is by international standards only a modestly sized city, it is a popular destination for international delegations—not least from China—eager to learn from the city's experiences with sustainability policy, innovation and entrepreneurship.

The original English language edition of this book was designed to provide knowledge and insights for those who were curious about the "Stockholm model" of sustainable urban development, both those unfamiliar with the city and those wishing to nuance and deepen their knowledge by learning more about the background and broader context of Stockholm's experiences with urban sustainability.

Chinese cities will have a key role in the transition to a sustainable future with impacts felt globally. We are therefore delighted that the book will now be available in a Chinese translation accessible to a broader audience in China, arguably the decisive frontline in the struggle for sustainable urban development. For this we would like to express our utmost gratitude to the translator and project manager Yin Ying, and the publisher China Architecture & Building Press.

This foreword provides an opportunity to briefly reflect on what has happened in the area of sustainable urban development in Stockholm in the years that has passed since the publication of the original English-language edition.

One important such shift has been the increasing priority of social issues on the Stockholm sustainability agenda. Social concerns were a driving force in many of the major interventions in the urban environment in the late 1800s and up until the mid 1900s, that laid the foundation to much of Stockholm's contemporary urban structure. In recent decades, social concerns receded into the background as the urban development agenda instead focused more on a combined concern for economic competitiveness and ecological values.

However, not least due to challenges of immigration and integration, a sense of increasing social unrest and a documented and manifestly rampant housing crisis, a new explicit focus on also *social sustainability* is currently reemerging. This new trend is for instance manifest in the formation of the *Commission for a Socially Sustainable Stockholm*, based on initiatives first introduced in the city of Malmö. Stockholm's commission has identified the need for proactive land politics and a renewed focus on issues of social cohesion and sustainability, for instance the provision of affordable housing, within the urban development policies of the City.

As regards the ecological dimensions of sustainability, Stockholm's commitment to global challenges such as climate change mitigation is still very much in focus. In addition, more local concerns such as the detrimental health effects of locally generated air pollution, with the possibility of completely banning older cars and heavy road traffic from the inner city as a remedy now being actively discussed.

As we argued in the first edition, Stockholm's sustainability journey can be described as a series of challenges regarding crucial tensions, conflict areas and tradeoffs between sustainability goals and among constituencies. This continues to be the case. In this regard, the revolt of the French *Gilets jaunes* has in Stockholm for instance led to an increased debate concerning the need for better handling the connections between the dimensions of social and ecological sustainability, for instance with regards to the affordability and accessibility to new premium eco-neighbourhoods, such as the flagship Royal Seaport project in Stockholm.

Controversies regarding the designation and protection of nature reserves within the City limits have also emerged in recent years as crucial issues of contention in debates on sustainable urban development in Stockholm. These areas provide critical socioecological functions and services but can also serve as barriers perpetuating patterns segregation and necessitating innovative solutions to the need for new housing and services if they are to be maintained.

Finally, Stockholm is of course also the home city of Greta Thunberg, the girl who became world famous by initiating the "school strike for climate" movement, putting the limelight on the urgent need for rapid climate action, and further highlighting questions of personal and collective responsibility in the transition towards more sustainable futures.

The first edition of Sustainable Stockholm provides a historical summary of key investments and policies that shaped the city's urban development. Many of these included major and bold investments in infrastructure for transportation, sewage, housing and later information and communication technologies. The first edition hinted at the structural, normative and demographic changes that necessitate further bold policy and investment decisions. Some involve adapting to global innovations that could support sustainability goals but require a major rethinking of land use, taxation and labor market policies, such as the sharing and gig economies for taxi services and the more recent flood of electric kickbikes and citybikes now sprinkled across the well-ordered urban fabric. Another is the race to utilize the potential of digitalization to revolutionize the production, operation and performance of the built environment. As we argued in the first edition, the strategic balance between experimentation and regulation, individual versus collective responsibility, and not least the coordination of multiple and diverse constituencies and interests continues to make Stockholm a relevant example for other world cities.

To round off, from a research point of view it is interesting to note that the concept of sustainability remains highly relevant in the field of urban development, witness for instance the massive interest in the urban dimension of the new *UN Sustainable Development Goals* which are clearly referenced in Stockholm's local policies. However, other related but slightly different concepts have also been gaining increased attention and popularity in recent years. Rather than directly replacing the idea of urban sustainability, new urban development agendas and discourses such as "smart cities" or "resilience" in different aspects and to a variable extent appear to tie in to the idea of sustainability. However, these urban development agendas all come with their somewhat diverging emphases and focuses of attention, where for instance resilience policy discourses tend to focus on nature-based solutions to environmental challenges, whereas smart city-policies tend to be somewhat more inclined to favor high tech and ICT-based responses to sustainability challenges. It remains to be fully seen how Stockholm will navigate this newly emerged archipelago of ideally complementary, but potentially conflicting, alternative paths in its future urban sustainability work.

Stockholm is still in many ways a global leader in urban sustainable development. Notwithstanding the great differences in history, culture and institutional context between e.g. Sweden and China, we are hopeful that the Chinese language edition will help us better understand which approaches, innovations and strategies in Stockholm are most relevant to the Chinese context, and under what conditions. We are also eager to use this opportunity to learn from Chinese cities, where the pace and scale of urban change can inform Stockholm's road forward.

Further, we are reminded of the Swedish proverb that "even the sun has its spots". Stockholm may be one of the most ambitious cities in Europe when it comes to urban sustainability–but considering the magnitude of the remaining ecological and social challenges at both a local and global scale, Stockholm is still far off reaching multidimensional sustainability. Important and ambitious work is certainly being done, but the grand challenge of transitioning towards a genuinely sustainable urban future–itself a moving target—still lays ahead of us, also in Stockholm—and it is growing more urgent with every passing day.

Jonathan Metzger & Amy Rader Olsson, Stockholm

序

2010年9月，大约60名来自瑞典皇家理工学院建筑与环境学院的研究人员齐聚一堂，探讨支持城市可持续性研究与实践的新方法，这是瑞典当时最大，或许也是最具影响力的城市发展研究平台。最近对可持续发展研究计划所进行的一些评估已经认识到跨越学科界限整合研究，以及建立与从业者对话平台的挑战。学术激励体系迫使城市科学家优先考虑学术性的、经过同行评议的出版物，这些出版物体现的通常只是单一的学科或部门。学生和从业人员一再抱怨说，这些出版物都是用学术术语撰写的，并未反映出对当前实践的认知，而且他们也没有把城市可持续性问题，纳入某种形式的更为广阔的图景中去，比如这个图景怎么能（或不能）把这些挑战跟建议的解决方案联系或协调起来。

因此，在本次工作坊上，我们决定启动一项多学科（后来也是跨学科）的联合实验，以对城市可持续性方面的一些关键挑战做出整体的解释，我们这么做，是基于我们共同拥有的专门知识最多的一个实例：我们自己熟悉的地盘——斯德哥尔摩。但纯粹邻近和熟悉的便利，绝非我们关注斯德哥尔摩的决定性因素。相反，我们决定深入研究这个特殊城市和地区城市可持续发展问题的原因在于，过去十年左右的时间里，国际上城市可持续发展领域的业内人士和专家圈子不断扩大，他们对斯德哥尔摩的兴趣显著增加。斯德哥尔摩已经开始在可持续发展方面，取得全球"优秀实践"范例的地位，被全球各地的城市当作激励者和标杆。2010年，这座城市获得有史以来首个"欧洲绿色之都"称号，令这一地位进一步提升。

然而，从与世界各地的学生和公职人员的接触中，我们还了解到，所有那些对斯德哥尔摩声誉日隆的可持续发展措施抱有浓厚兴趣的人，根本无缘亲身参访这座城市，以获取那里正在发生之事的第一手资料。即使对于我们这些工作和生活在那儿的人来说，同样也没有能为广大读者所用的关于斯德哥尔摩在可持续城市发展领域进展情况的综合学术报告。从这样的认识出发，我们产生了编写这样一部报告的想法，对读者来说，它也可作为了解城市可持续发展领域错综复杂情况的启蒙读物——这就是本书创作的理念。

第一个挑战是如何将复杂的可持续性问题，组织成便于把控的章节，这些章节的划分方式，要与斯德哥尔摩这个实例有更广泛的背景关联才有意义。将可持续发展概念化有许多种方法，其中最著名的或许是可持续发展的"三重视角"模型，它包括经济、社会和环境的可持续性——通常被转译成"维恩图"广为传播，图中这些类别的交集应代表在多个维度上可持续发展的区域。这只是无数启发式手段中的一种，它们用来将可持续发展这一模糊概念的内容具体化。有时例如文化这一额外的"维度"也会添加进来。另一种让可持续发展概念落地的方法是，逐个接触社会各个部门，以研究社会的特定职能如何为（或能为）更可持续的发展做出贡献。因此，许多可持续发展的书籍都采用部门导向的方法研究城市交通系统、废物管理、供水工程，以及像经济激励这样的制度安排。

然而，尽管三重视角和部门导向方法作为有效的手段，起到了使可持续发展方面的思想条理化的作用，但它们都不可避免地把可持续性概念化了，将其作为若干不相关联和自成体系的领域、技术系统或部门的交集。这有一部分起因于城市可持续发展概念化方式的挫败，这些方式已经确立但又有局限，在本书的构思过程中，我们尝试跨越根深蒂固的学科界限来寻求新的知识联系和发展方式，以使来自各个相关学科的学者，将他们认识并致力于城市可持续发展的工作者联合起来。因此，我们格外努力地让不同学科的作者合作，以便将出自不同学术和实践领域的知识在每一章里整合在一起。

我们以斯德哥尔摩为例，探讨了城市可持续发展和规划在其所有纠葛上的核心问题。城市规划与建筑学、交通规划、土地利用管理、建造、废物管理、区域发展、供水管理和基础设施工程等交叉领域"兵合一处"为斯德哥尔摩成为欧洲"最绿色"的城市做出了贡献。除了对斯德哥尔摩环境发展进行历史回顾外，《可持续的智慧——探索斯德哥尔摩城市可持续发展》还提供了一些跨学科的专题章节，介绍斯德哥尔摩独特地位背后的城市可持续发展工作，随后的一章讨论了斯德哥尔摩的做法能够在多大程度上，输出并移植到其他的地方和环境中去。

本书是为国际上在可持续城市发展方面有普遍兴趣，以及/或在瑞典应对城市可持续性挑战方面有特别兴趣的学者和从业人员编写的。尽管这部书本身并非作为教材编写，但它可以用作各级学科的课程文献，也许最适用于大学生和研究生课程，或是行政和专业课程，这些课程涉及广泛的学科和科目，如城市和空间规划、环境研究、城市研究、区域发展、建筑学和地理学等。

作者简介

撰稿人大多是瑞典皇家理工学院（KTH）活跃的研究人员。

贝里特·巴尔福斯（Berit Balfors）是瑞典皇家理工学院环境影响分析教授和土地与水资源工程系主任。她的研究特别指向环境评估在规划和决策中的应用，尤其侧重于生物多样性和生态评估。

马格努斯·邦德（Magnus Bonde）是瑞典皇家理工学院建筑与房地产经济学部的博士生。他有皇家理工学院的土木工程学位，目前正在跟着一个绿色商业建筑项目工作，包括评估和租赁的研究。

卡琳·布拉德利（Karin Bradley）是瑞典皇家理工学院的城市与区域研究助理教授。她的研究涉及社会文化视角下的可持续城市发展、可持续生活方式、环境公平和社会运动。她的博士学位论文题为"公平的环境：使可持续的城市发展政治化"（2009），她博士后期间研究的是为可持续未来而规划的乌托邦思想，并带来编著的《绿色乌托邦主义：实践与观点》一书。

约兰·卡尔斯（Göran Cars）是瑞典皇家理工学院的区域规划教授。他的专业兴趣集中在城市治理方面，尤其是城市与区域开发项目的规划、决策和实施的条件。他对作为一种公共和私人参与者间合作工具的谈判尤其感兴趣。

卡琳·爱德华松·比约恩贝里（Karin Edvardsson Björnberg）是瑞典皇家理工学院的环境哲学助理教授。她于2008年获得哲学博士学位。她的主要研究兴趣是弄清怎样能让环境政策，特别是气候政策，变得高效、公正和合理。她目前正在从事米斯特拉生物技术（Mistra Biotech）研究计划，这是在可持续且有竞争力的农业和粮食系统方面的生物技术。

约兰·芬维登（Göran Finnveden）是瑞典皇家理工学院环境战略分析教授和可持续发展副主席。他在学术期刊上发表了60多篇关于开发和利用环境系统分析工具及环境政策的论文。

乌尔丽卡·贡纳松－奥斯特林（Ulrika Gunnarsson-Östling）拥有规划与决策分析博士学位，是瑞典皇家理工学院环境战略研究部的研究员。她的研究兴趣主要在性别和环境公平视角下规划和未来研究的交叉领域。

提格兰·哈斯（Tigran Haas）是瑞典皇家理工学院城市规划与设计副教授，

也是奇维塔斯·雅典娜实验室（Civitas Athenaeum Laboratory，CAL）应用社会研究平台的主任。他有建筑、城市设计与规划、环境科学和区域规划方面的背景。他的著作有《可持续城市主义与超越：未来城市再思考》（Rizzoli：纽约，2012，主编）。

比约恩·霍尔斯曼（Björn Hårsman）是瑞典皇家理工学院地区经济规划荣休教授兼工业经济与管理系主任。他是瑞典皇家理工学院科学与创新研究卓越中心的董事会主席，也是创新与技术管理研究所的董事会成员。他早先曾任瑞典皇家理工学院建筑与环境学院院长。他目前的研究重点是艺术家创业精神与区位。

格雷格·亨里克松（Greger Henriksson）是瑞典皇家理工学院环境战略研究部的研究员。他在隆德大学获民族学博士学位，研究出行习惯的可持续性。他目前的研究主要侧重于出行行为、废物，以及作为促进更可持续日常决策技术支持的信息通信技术。

埃巴·赫格斯特伦（Ebba Högström）是瑞典皇家理工学院城市与区域研究的研究员及建筑学院的讲师。她的工作涉及建筑和建成环境的社会物质性、实践和话语。她2012年的博士论文"千变万化的空间：去中心化心理保健中的话语、物质和实践"，专注于她对社会福利机构及其随时间变化方面的特殊兴趣。

安娜·胡尔特（Anna Hult）在瑞典皇家理工学院攻读城市规划博士学位。她的研究批判性地审视了瑞典向中国输出可持续发展城市做法的情况。安娜也是总部设在阿姆斯特丹和斯德哥尔摩的CITIES组织的联合创始人，从事城市研究和交流工作。

汉斯·林德（Hans Lind）是瑞典皇家理工学院房地产经济学教授，有斯德哥尔摩大学经济学系博士学位。他曾任多个绿色建筑经济学项目的项目负责人，并且还撰写了有关绿色建筑评估方法的文章。

拉尔斯·马库斯（Lars Marcus）是瑞典皇家理工学院建筑学院城市设计专业教授，也是空间形态学领域的空间分析与设计（SAD）研究组主任。他一直是瑞典皇家理工学院两年制多学科国际硕士课程"可持续城市规划与设计"（SUPD）的联合开发者和前任主席之一，并且是空间景观（Spacescape）咨询公司的创始合伙人。

拉尔斯-约兰·马特松（Lars-Göran Mattsson）是瑞典皇家理工学院运输系统分析教授。他于1987年获瑞典皇家理工学院优化博士学位。他的研究包括出行需求建模、土地利用与交通的相互影响、基础设施与区域发展、交通运输系统可靠性与脆弱性、道路定价、未来研究和应用系统分析。

乔纳森·梅茨格（Jonathan Metzger）是瑞典皇家理工学院城市与区域研究助理教授。他有广泛的社会科学背景，还有来自作为区域和跨国层面规划从业人员的具体工作经验。他的研究兴趣包括空间理论、规划实践的人种志，以及生态视角下的城市规划和区域发展。

布·奥洛夫松（Bo Olofsson）是瑞典皇家理工学院土地与水资源工程系环境地质学教授，专业领域是地质和水文地质/应用地球物理学。他目前的研究领域包括沿海地区地下水供应和瑞典地下水盐化。

艾米·雷德·奥尔松（Amy Rader Olsson）是瑞典皇家理工学院城市与区域研究部的研究员，拥有普林斯顿大学（历史文学士学位）、加州大学伯克利分校（公共政策硕士学位）和瑞典皇家理工学院（基础设施与规划博士学位）的学位。她研究的重点是面向合作、解决冲突和公众参与的规划制度。她在瑞典皇家理工学院的可持续建成环境中心工作，并在瑞典交通管理局的建筑咨询委员会任职。

福尔克·斯尼卡斯（Folke Snickars）是瑞典皇家理工学院区域规划荣休教授，在基础设施经济学、区域系统分析，以及区域规划的理论和方法论方面，发表了大量文章。他曾担任欧洲区域科学协会主席、《区域科学论文》主编，以及《空间科学进展》（*Springer Verlag*）系列丛书的协调编辑。他是斯德哥尔摩区域规划办公室科学委员会主席，也是欧洲空间规划评论网的瑞典主席。

约瑟芬·旺格尔（Josefin Wangel）是瑞典皇家理工学院环境战略研究部（FMS）和可持续通信中心（CESC）的研究员。她有规划与决策分析博士学位和环境科学理学硕士学位，在可持续城市发展方面有多年的工作经验。她研究的主要领域包括可持续性未来研究、社会物质视角下的能源系统和消费行为以及政策、规划和设计。

布·维克马克（Bo Wijkmark）现已退休，他在斯德哥尔摩市和地区发展规划中担任了30多年的领导职务，其中包括担任斯德哥尔摩市联合规划委员会副首席执行官，以及斯德哥尔摩县议会区域规划和大都市区交通办公室首席执行官。

阿格涅什卡·扎列伊斯卡–琼森（Agnieszka Zalejska-Jonsson）在瑞典皇家理工学院建筑与房地产经济学部攻读博士学位。她拥有经济学和商业管理硕士学位，并获得了达姆施塔特（Darmstadt）被动房屋研究所的认证。她在博士阶段主要研究节能住宅建筑：成本、利润和住户满意度。

致谢

对编写本书做出贡献的人为数甚众，他们应为此得到我们衷心的感谢。多学科的章节既包括了学术视角，也包括了专业视角，撰写这些章节的过程意味着提供重要意见的人要远远多于以作者身份出现的人。

首先，我们要感谢瑞典皇家理工学院建筑与环境学院。该学院创建了"城市可持续性研究组"（现为可持续建筑环境中心），研究组支持、谋划本项目并为其提供财务资助。特别是本研究组的指导委员会——约兰·卡尔斯、比约恩·霍尔斯曼、拉尔斯·马库斯、拉尔斯－约兰·马特松、卡特娅·格里纳（Katja Grillner）和贝里特·布鲁克·巴尔福斯（Berit Brokking Balfors），帮着确定了本书的重点、内容和撰稿人。

比约恩·霍尔斯曼是一个不断鼓舞我们前进的人，我们经常求助于他的经验、专长与活力，对于我们他从来都是来者不拒。比约恩坚决要求我们认真听取城市专业人士的建议和意见，如斯德哥尔摩市环境与卫生管理局局长贡纳尔·瑟德霍尔姆（Gunnar Söderholm）等。事实证明，这样的坚持价值连城。

我们还想借此机会，感谢我们匿名的学术界同仁。他们在时间相当紧迫的情况下，对这些章节进行了批判性阅读，并提出了很好的改进建议。虽然我们不知道您是谁，但我们仍向您表示由衷的感谢！

如果没有劳特利奇出版社／纽约（Routledge/NYC）的弗雷德里克·布兰特利（Fredrick Brantley），以及我们的平面设计师克里斯·诺克斯（Chris Knox）和能干的校对员海伦·鲁廷（Helen Runting）的支持，我们本会绝望地被组织、校对和设计本书的任务所淹没。海伦娜·基林斯塔德（Helena Kyllingstad）为引言提供了出色的研究支持。

最后但最为重要的是，我们谨代表所有撰稿人，感谢瑞典福尔马斯研究委员会（Swedish Research Council Formas）对本书项目的财务支持（批准号2011—1760），以及此前对本书所引用的诸多研究项目的支持。

我们期待再次与大家合作！

乔纳森·梅茨格、艾米·雷德·奥尔松

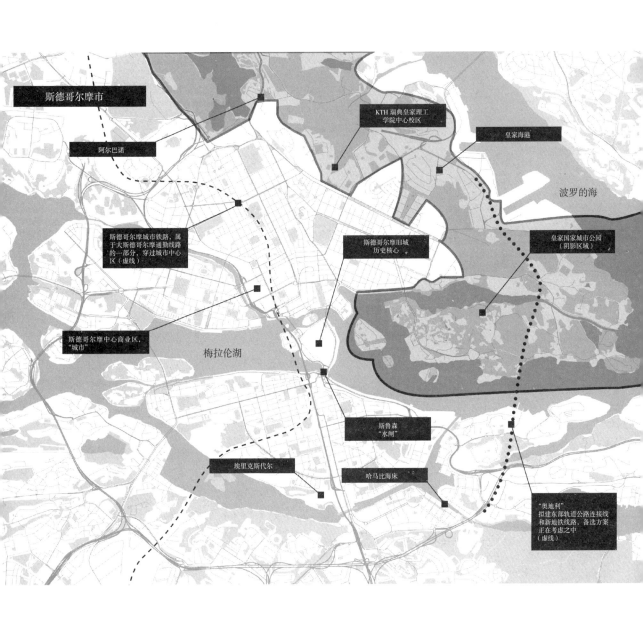

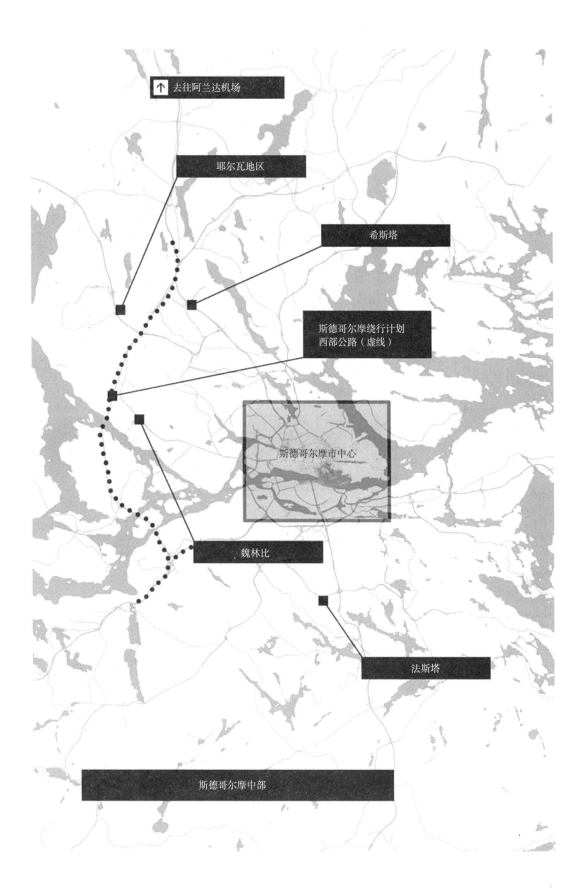

斯德哥尔摩大事年表

- **1853** 第一座煤气厂运营
- **1860** 第一条铁路线将斯德哥尔摩与国际连接起来
- **1862** 通过第一部区域和城镇自治的法律
- **1866** 议会由四院制改为两院制
- **1892** 新发电厂使电力街道照明成为可能
- **1909** 抽水马桶与污水管直连
- **1913** 斯德哥尔摩市开始合并邻近市镇
- **1915** 市政府接管私人有轨电车以扩建系统
- **1934** 首座污水处理厂投入运行
- **1938** 雇主/雇员工会之间的共同合约创造了和平的劳动力市场
- **1941** 议会根据地铁线编制地方交通规划
- **1963** 核动力热电站运营
- **1967** 瑞典交通从左行改为右行
- **1974** 两院制议会改为一院制
- **1999** 内城的新有轨电车开通并计划扩建

| 基础设施 | 政府及城市状况 |

- 1830
- 1840

1842
为所有孩子普及义务教育

- 1850

1866
城市扩建的"林德哈根规划"遭正式否决但却有实施

1859
市政府负责街道清洁和垃圾处理

1861
第一座水厂开始运营

- 1860
- 1870

1874
创立了新的健康法规、建筑法规和消防法规

1877
首个私营有轨电车系统开通

- 1880
- 1890

1904
城市在邻近地区购买土地以扩大城市

- 1900
- 1910

1912
斯德哥尔摩是欧洲电话最密集的城市

- 1920

1920
行政改革使斯德哥尔摩的管理更加有效和民主

1921
国会和议会的普选权

- 1930

1952
彻底否定了城市激进的重建和扩建总体规划,但这一规划已在很大程度上实施

- 1940
- 1950

1952
2500个瑞典的镇和自治市合并至1000以下

- 1960

1966
穿过斯德哥尔摩的欧洲E4/E20高速公路开通

1971
斯德哥尔摩县接管了全民医疗保健、交通运输和城市规划的职责

- 1970
- 1980

1987
新的国家规划与建筑法

- 1990
- 2000

2006
开始试行拥堵收费以减少交通量

- 2010

2010
从市中心到国家城市公园的有轨电车新线路开通

- 2020

斯德哥尔摩的相关情况

最高的建筑
斯德哥尔摩天际线上一些最容易辨认的建筑

希斯塔科学大厦 156m
卡纳斯电视塔 155m
克拉拉教堂 116m
市政厅 106m

人口
截至 2010 年，斯德哥尔摩大都会地区居住者占瑞典 22% 的人口

年份	斯德哥尔摩市	斯托克郡
1980	647214	1528200
1990	674452	1641669
2000	750348	1823210
2009	829417	2019182
2010	847073	2054343

住房
- 计算出该地区（2010—2030年）对住宅的需求新增约 319000 套
- 计划在该地区建造新住宅（2012—2021 年） 149842 套
- 10 年后住宅规划建设完成规划草案（2012 年）的 50%

公共交通
斯德哥尔摩地方交通公司（SL）组织并为居民和游客提供广泛的公共交通系统。它结合了公共汽车、火车、轻轨、地铁和有轨电车服务，允许在城市和地区内旅行。

右边
客运量（百万）
1992	2011
539	718

运输系统—一个月通行证价格（瑞典克朗）
1995	2011
355	790

斯德哥尔摩地区每 1000 名居民的汽车数量
1980	2011
301	392

绿色空间
90% 的居民在 300 米以内可以步行到公共绿地。

能源供应
斯德哥尔摩市 2009 年能源供应总量（GWh）

- 其他 1128 6%
- 热能 2125 10%
- 固体废弃物 1074 5%
- 斯德哥尔摩以外的电力生产 5918 29%
- 生物燃料 2912 14%
- 煤 1938 10%
- 原油 5420 26%

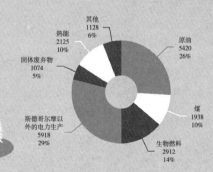

下面
1973 年亚洲地区旅客出行发展趋势（指数=100）

汽车运输旅行
公共交通旅行
汽车运输占所出行的比重
公共交通占所出行的比重

第1章

引言：最绿色的城市？

乔纳森·梅茨格（Jonathan Metzger），艾米·雷德·奥尔松（Amy Rader Olsson）

欧盟于2010年举办了"欧洲绿色之都"颁奖典礼。该年度奖项旨在表彰欧盟内部某个城市在高环境标准方面一以贯之的成绩，以及在进一步改善环境目标上的责任感，这些目标既持之以恒，又志存高远。这个城市进而可作为楷模激励大家，并"在其他所有欧洲城市中推广最佳实践经验"（European Green Capital，2009）。瑞典首都斯德哥尔摩是首个获此殊荣的城市。

斯德哥尔摩坐落于欧洲北缘波罗的海之滨，长期以来因其独特的水滨和如盖的绿荫闻名，它们确实令这座"北方威尼斯"名副其实地与"绿色（也是蓝色！）之都"的殊荣相配。不过，就城市发展而言，作为"可持续性"或"可持续发展"的同义词，"绿色"这个形容词的暗含之意，当然还要多得多。《布伦特报告》，即《我们共同的未来》（World Commission on Environment and Development，1987）里对可持续发展的经典定义是：可持续发展是一种发展模式，它"既能满足我们现今的需求，同时又不损及后代子孙满足他们的需求"。在许多情况下，这一术语在广义上也用来表示保护、维持和发展全球多代人生活前提条件的行动，而且与此同时也关心人类的福祉和繁荣，以及对敏感生态系统和有限自然资源的保护（更多讨论详见第3章）。

在可持续发展问题方面，城市及城市地区正在日益受到关注。据联合国估计，2008年，全球超过50%的人口居住在城市里。这一比例正稳步上升，而且在世界许多地方，城市化的步伐仍在迅速加快——尤其是在所谓的"全球南方地区"。欧盟的公民已经有超过75%的人生活在城市地区。城市本身不单单是能在世界地图上轻松地精准定位和辨识的地方，而且还是网络中的一个个节点，或者更确切地说是大量的节点。这些网络既构成了不计其数的人流、思想流和资源流，又在这些流的交汇点上，诞生了都市圈的奇迹。这些网络化的关系有时横跨全球：在一个城市发生的事情能够波及其他地方，而这些地方或许完全位于地球的另一端。因此，我们可以把城市概念化，它既可以是一个本地现象，也可以是一个具有地理分散效应的全球现象。我们在某个城市的所作所为——我们的建造方式、消费方式及行为方式——往往会在全球范围产生不良影响（比如气候变化、臭氧等），并且也会对其他特定的（有时是遥远的）地方造成非常实在的影响。

在历史上，城市往往与恶劣的环境影响难脱干系，因此总是被视作必须要应对的问题。如今，绝大多数对环境有害的生产和消费仍然集中在城市地区。但越来越多地，人们开始不光把城市化和城市发展视为问题，也在实现全球可持续发展的探索当中——比方说，在与诸如减缓气候变化、节约能源、保护耕地以及水资源管理之类的相关问题上，将其视为解决方案的重要组成部分。这一点体现在评定"欧洲绿色之都"优胜者的可持续城市发展十项关键指标中："本地对全球气候变化的贡献、本地交通、本地公共开放空间与绿地的可得性、本地环境空气质量、噪声污染、废物的产生与管理、耗水量、废水处理、地方政府环保管理，以及可持续土地利用等。"

评委会指出，斯德哥尔摩有"由其持续可信的绿色认证所加持的，历史悠久的杰出综合城市管理成就"；此外，清楚地演示了这份雄心勃勃的未来规划的可持续性（European Green Capital，2009）。评委会将此作为促使其做出授予斯德哥尔摩"欧洲绿色之都"选择的一个因素。这个独立专家小组对奖项的申请进行了深入评估，决定强调几个方面，斯德哥尔摩据信在这几方面出类拔萃：首先，专家小组强调了总体政策架构与实践（如市议会的整体愿景，它有雄心勃勃的长期目标与绩效指标），以及有稳定预算的环保计划，其重点是将经济增长与环保意识相结合；其次，专家小组所称颂的另一个方面，是斯德哥尔摩的综合城市管理系统。该系统纳入了环保要素和目标，将其作为城市日常行政管理工作不可或缺的部分，并让环保问题始终受人瞩目，并且能出现在城市的预算、运营规划、报道和监测当中。

评估小组在指出执行环保政策方面成绩优异的历史后，又转到更为具体和明确的系统和结构上来。例如，斯德哥尔摩市的"绿色结构"——有95%的人口居住在仅300米内就见绿地的地方；她的综合"废物管理"——废物（特别是生物废物）回收率很高；她的交通系统——通过征收拥堵费减少小汽车使用，公交运行良好，并且有支持自行车的政策。最后，评估小组强调了斯德哥尔摩在实施上，与其他工作领域性质略有不同的一个地方：即城市在可持续发展成就方面的"宣传战略"。评估小组对斯德哥尔摩"分享其实践经验并启迪其他城市"的责任感与热望印象深刻（European Green Capital，2009）。

对于国际城市政策专家和规划师群体中的许多人来说，选择斯德哥尔摩作为首届获奖者可能并不出乎意料。在他们眼里，"斯德哥尔摩"和"可持续发展"这两个词之间所建立的牢不可破的联系，已经有几十年的时间了。甚至在获得跟该奖项相关的认可和媒体关注之前，斯德哥尔摩在业界就已被认为是世界上为数不多的，走在迈向可持续发展之路上的大都市区之一。斯德哥尔摩因其在城市可持续发展方面的创新精神而得到认可，受到了各政治派别的支持，并将宏大的愿景和目标（如到2050年实现100%零石化燃料），与切实可行的干预措施（例如拥堵收费和生态型再开发地区）结合在一起。

当然，并非所有斯德哥尔摩可持续性的成绩都堪为楷模。斯德哥尔摩在管理其稀缺或昂贵的资源上做得极为出色（例如在其寒冷气候下，用于家庭供暖的能源），这并不足为奇。然而，在其资源丰富并且代价不大就能短期见效的领域，斯德哥尔摩则远远落后于其他欧洲城市。比方说，斯德哥尔摩人均产生的城市垃圾，要比其他许多欧洲城市高；在用水效率方面跟其他城市比也相去甚远。尽管如此，我们还是可以说环境的可持续性，已成为斯德哥尔摩的鲜明特征之一，并将其视为这座城市对居民、游客和企业吸引力的主要来源。

斯德哥尔摩致力于城市可持续发展的某些渊源，可以追溯到瑞典现代主义城市规划传统中的社会工程方法——尽管这是一份颇有争议的遗产，因为这座城市高度现代主义的愿景，也建立在诸如以汽车为基础的社会、城市功能的物理分区等理念上，在今天人们认为这些观念是直接与可持续发展相悖的。此外，我们能够推测的是，可持续发展与斯德哥尔摩之间现存的牢固联系，最初或许并非完全源于这座城市自身的成就，而有一部分还可能是1972年夏季该市主办国际会议——联合国人类环境会议（俗称"斯德哥尔摩会议"）的残余影响。作为接踵而来的全球环境会议（如1992年里约热内卢会议或2002年约翰内斯堡会议）的直接前身，斯德哥尔摩会议是有史以来，第一次认真应对从那以后被称为"可持续发展"问题的国际高级会议。斯德哥尔摩之所以入选会议的东道主，主要是由于其瑞典国家首都的地位，以及瑞典中央政府努力促成会议召开的必然结果，而且选择斯德哥尔摩作为会议地点，是瑞典在世界舞台上采取国家举措之后的结果，而并不反映任何代表斯德哥尔摩领导层和行政部门的地方利益或成就。

2004年斯德哥尔摩申办了夏季奥运会，进一步巩固了她作为可持续发展热点地区的声望。在营销顾问的建议下，同时一定程度上，也为了平息非政府组织对申奥的激烈反对，斯德哥尔摩在其申办过程中树立了强有力的生态形象，这是受到悉尼成功将2000年夏季奥运会打造成"绿色奥运"品牌的启发。除此之外，申奥提案还包括对一大片内城棕地滨水地块的现有填充式建设规划做全面更新，以便容纳一个前沿的、系统综合的奥运村，其环境标准之高可谓前所未闻。斯德哥尔摩申奥最终败北，雅典获得奥运会举办权。然而，提议中的生态型奥运村哈马碧湖城的建设仍在推进，还有条新轻轨线将这一地区与斯德哥尔摩庞大的公共交通系统连接起来。如今，这个享誉世界的社区高度可持续发展的雄心，与执政的社会民主党自1990年代中期以来所倡导的"绿色福利国家"政策理论（Gröna Folkhemme，字面意思是"绿色人民之家"）毫无二致。市议会还得到了中央政府的巨额财政支持，以进一步树立并落实该地区的生态形象——它被视为国家环保政策导向的旗舰项目。此后，特别是2006年保守党领导的联盟在瑞典全国和地方选举中大获全胜后，哈马碧湖城地区也已被当成瑞典清洁技术和生态技术的展示区来进行开发和利用，这是已经实施了大约10年之久的国家此类产品出口战略的一部分。

斯德哥尔摩市议会的各个政治派别相继达成共识，将城市可持续发展作为该市未来一个重要的目标。但是关于这种发展实际上由什么构成、要达到什么样的标准，以及怎样尽全力为实现这一宽泛，而且有点儿模糊的目标来奋斗，仍然存在着不小的争议。此外，斯德哥尔摩将可持续发展作为重点，对这一点的广泛政治支持很难说是完全利他主义或理想主义性质的。正如1972年的斯德哥尔摩会议，既以保护全球环境为目标，但也有提高瑞典国际声誉和地缘政治地位的用意，斯德哥尔摩政策和投资"绿色化"背后的驱动力，既反映出对环保真正的关切，但在一定程度上，也是受到某种认知的刺激——即建立绿色美誉可以带来品牌优势和经济机会。因此，如果未来的政治参与者们认为，通过关注城市若干其他的品牌形象，将可获得更多的美誉和经济机会，那么问问怎样能将强烈关注城市可持续发展的广泛政治共识保持下来，就不失为一个好的办法。由于持批评态度的观察家们，对斯德哥尔摩推动城市可持续发展背后的政治目的并不信任，因此，他们将斯德哥尔摩的绿色形象，视为某种营销手段而不予理会。在某种程度上，我们很难不同意这样的观点，即当前围绕斯德哥尔摩作为城市可持续发展的灯塔所编织的全球叙事，有时可能显得有点不加批判，并且几乎是乌托邦式的，故事常常带有一种色彩，即"在一个神奇的国度，她远在秩序井然、遥不可及的北方"的色彩。这些叙事通常不问青红皂白，就把斯德哥尔摩作为城市可持续发展领域的"最佳实践"范例，将这座城市当成某种形式的、可供学习的通用模式加以展示，同时在此过程中，为城市及其企业创造了难以估量的商誉和品牌价值。

然而，仅仅因为斯德哥尔摩的"绿色"形象含有营销的成分，并不一定就意味着它也缺乏实质性内容。相反，我们其实可以说，斯德哥尔摩环保雄心的两面性，实际上清楚说明可持续发展概念的两面性：在保护生存环境的同时，也为人类的福祉和繁荣创造必要的前提条件。尽管如此，事情可能会比这个更复杂一点儿。因为即使人们公认斯德哥尔摩是欧洲可持续城市发展方面的先驱城市，但如果目标是要在全球范围内实现真正的可持续发展，那么在这一领域，可能"最佳"真的还是远远不够的。

当然，即使是顶尖的学者对现状形势的态度也有分歧。一些学者对当前形势和未来前景相当乐观，而另一些学者则认为，要实现真正的可持续城市目标，需要更彻底地改变城市结构和社会生活，这反映出与普通大众相似的分歧。在为本书撰稿的研究者当中，这些相异的观点也有不同程度的反映。他们有些人选择专注于切实的改进，而其他人则对与斯德哥尔摩当前可持续发展成绩相关的分歧和争执，表达了直截了当的不满。在这个问题上，研究人员尚未达成共识。

因此，本书重点介绍了各种观点和基调，其中一些更抱希望，而另一些则关注当下发展的轨迹。在故事的最后，要由读者为她/他自己来平衡天平。考虑到斯德哥尔摩可持续发展传奇的营销性和故事性这两个方面，以及为完成切实的城市转型所做的实质性工作，所以本书的目的就是尝试对斯德哥尔摩城市可持续发展领域的成就和不足，进行公正、冷静的评价。本书还致力于广泛地介绍一些与当代城市可持续发展有关的关键挑战和问题，并通过来自斯德哥尔摩的案例加以说明，这些案例关系重大且鼓舞人心。

即使像本书这样一部仅仅关注一座城市的书，也不可避免地只能触及像可持续城市发展这样广泛而重要的研究课题的表面。因此，我们希望能够启发读者，在本书所介绍的可持续城市发展的特定子领域，开展更为深入的研究——在斯德哥尔摩或是别的地方。在斯德哥尔摩的追求当中所采用的一些技术和做法，真的完全称得上是独一无二的——或至少是针对特定环境的。尽管如此，我们还是希望斯德哥尔摩的故事能够激励学生、从业者和学者们，思考今天在斯德哥尔摩和世界各地的城市可以做以及必须做的事情。

本书的结构

由于多学科合作形成了本书的基础，并且本书的基本目标是超越对可持续发展既定的、却有高度局限性的概念化，所以我们选择了网络及其所产生的地理环境之间的相互作用，作为我们主要的关注对象，比方说"区域、城市功能区和社区"等。因此，在本书中，我们既将"斯德哥尔摩"和"斯德哥尔摩地区"称为正式认定的行政单元，又将其称为劳动力与住房市场、流域、能量流的特定功能地域，以及类似的系统性"浑然一体"的特定功能地域。我们感兴趣的是追踪和描绘不同的系统如何共同创造城市的结构和格局，这些结构和格局在各个方面，以及从不同角度来看，同时都具有"技术、社会、政治、经济、文化和自然"的特性；我们感兴趣的还包括这座城市的各个方面，在我们看来它们是不可避免地纠结在一起的。

为了跟随这种在根本上关联的直觉，本书的各章是按主题而非按部门来组织的。这些章节跨越常见的学科界限，融合了城市规划、建筑学、经济学、工程学、环境研究等方面的内容，来讨论城市可持续性的关键问题。接下来的7个主题章节中，每一章节都由一群来自各个学科和部门的城市科学家撰写，并由多个领域的从业者审阅或合写。

章节概要

鉴于斯德哥尔摩在可持续发展方面取得的成就，当人们意识到在现代社会初期，斯德哥尔摩仍是欧洲最肮脏、最不卫生的地方之一的时候，可能会大吃一惊。在第2章"从丑小鸭到欧洲首个绿色之都：历史视角下斯德哥尔摩城市环境的变化"中，我们跟随这座城市迷人的旅程行进。在这一旅程中，斯德哥尔摩从1850年欧洲边缘一个衰败且相对偏远的城市，成长为如今举世闻名的"绿色"大都市，在全球经济网络中拥有举足轻重的地位。本章描述了过去160年以来，斯德哥尔摩在向城市可持续发展的历史进程中，社会、政治、自然和技术等方面的相互作用。本章还将这一叙述置于当代城市经济地理和制度理论的框架之下，以此说明怎样能将斯德哥尔摩的总体发展，既理解为特定地方条件和传统的作用，也理解为更普遍的全球趋势与发展轨迹的结果。

考虑到当今的环保问题已经成为斯德哥尔摩城市管理和规划的中心问题，所以当得知"环保"的概念竟然直到几十年前，都还没有出现在这座城市的政治词汇中时，人们会目瞪口呆。第3章"可持续性概念的应用：学术、政策和规划上的解读"，特别以斯德哥尔摩为重点，广泛介绍了可持续性在社会各个领域的概念化。本章讨论了可持续发展各种概念化与解释之间的区别，以及它们如何能影响和指导具体的实践和干预措施。本章按照话语分析方法，说明"环保"如何成为该市政治议程上的头等大事，并对一些复杂而高度政治化的斗争，进行了深入的探讨，这些政治斗争围绕应当如何在政策和实践中诠释可持续发展概念而展开。

1930年，为中等收入家庭提供优质住房和公共设施的现代主义理想，吸引了400万名游客参观访问斯德哥尔摩展览会。到1950年代，这种理想已经扩展到创建全新的社区，这些社区提供必要的本地服务、住房以及与内城的交通联系。从那时起，斯德哥尔摩就以其标志性的旗舰社区开发而闻名。蜚声国际的"模范郊区"瓦林比（Vällingby）就是最著名的案例之一。近来，通过哈马碧湖城（Hammarby Sjöstad）闭环系统的整合，以及新兴皇家海港全面可持续发展的愿景，这种声誉得到了进一步加强。第4章"可持续的城市结构：分析性城市设计理论的发展与应用"，介绍了在这些开发中发挥作用并有所反映的，最具影响力的当代城市设计理论，尤其侧重可持续城市主义各种变体的比较和对照。本章设定在一个设计理论框架内，它为更宽泛的知识形式而据理力争，并以此为基础介绍了一些由KTH开发的理论概念和具体分析工具，并在斯德哥尔摩加以运用，以促进可持续的城市设计，包括各种用于分析与可视化的社会生态方法和模型。

尽管斯德哥尔摩以其生态社区而闻名，但绿色之都这一称号强调斯德哥尔摩可持续发展方法的全面性和系统性。重要的城市基础设施系统，如交通和电信、水循环和净化、废物处理和回收、电力和供暖等，也许不像新建住宅区那样具有视觉冲击力并容易在图上标注出来，但对城市可持续发展来说，至少是同样重要的。第5章"可持续城市的流与网络：基础设施开发和规划的理论与实践"，探讨了城市基础设施网络的可持续发展与管理。本章从讨论城市基础设施的性质和定义，以及规划中所涉及的不确定性开始，研究斯德哥尔摩如何有意识地，朝着更可持续的方向来开发其基础设施。

第6章"绿色建筑经济学"，通过从单体建筑角度研究城市可持续发展，探讨了另一种实质性体现绿色理想的方式。本章对"绿色建筑"的各种建筑技术、方法、标准和分类体系进行了大致介绍。本章还进一步讨论了绿色建筑，如何从一个斯德哥尔摩房地产开发商和投资者几乎毫无所知的概念，变成某种在市场驱动过程中，人们越来越将其看成是必需品的东西，在这个过程中做出"绿色"的选择，原因在于其营利性，而不在于武力或坚定信念。

城市生活方式的可持续性如何？这些生活方式如何受到城市技术系统、建筑结构、政策干预、文化价值观、集体生活模式和个人喜好的影响？第7章"践行可持续发展：制度、惰性和日常生活习惯"，研究了制度安排与政策干预，以及城市居民日常生活选择和行为之间的相互影响。本章研究当代致力于提高可持续性的创新性城市政策方面的干预措施（如拥堵收费），如何通过城市居民的行动来真正"落地"，以此来强调政策举措、技术以及相关手段的切实作用。

第8章"从生态现代化到政治生态化：绿色之都的未来挑战"，在承认斯德哥尔摩在城市可持续发展领域所取得成就的同时，要实现其世界领先绿色城市的政治抱负，斯德哥尔摩不能不思进取，而必须要加倍努力来应对一系列富有挑战的问题和艰难的取舍。在一项对当前斯德哥尔摩包罗万象的可持续发展方法所做的细致研究中，目前在框架之外的一些关键问题和进展得到了强调。本章从政治生态学的角度进行论证并得出结论：全面及长期城市可持续发展所需要的，远远不止新的智能技术，以及城市建设与开发的创新解决方案。相反，它很可能需要对我们的全球关系进行彻底的反思，这些关系既包括与其他地方人类的关系，也包括与为本地和全球生物提供生存先决条件的生态系统的关系。

本书的最后一章，即第9章"城市可持续发展的斯德哥尔摩模式"，建立在本书前几章提供的深刻见解的基础上，并通过反思从斯德哥尔摩实现城市可持续发展目标的具体经验中，能够汲取哪些有价值的和可推广的经验，进一步扩展了对这些见解的分析。对于目前粗略勾勒的，可持续城市发展的"斯德哥尔摩观点"，本章回顾了它的一些具体特征和盲点。在这之后，本章以一些概念配对的介绍作为结束。这些概念配对强调了一些艰难的平衡举措和紧张关系，它们在任何致力于促进城市可持续发展的政策制定计划中都必须要加以协商。

参考文献

European Green Capital (2009) *The Expert Panel's Evaluation Work and Final Recommendations for the European Green Capital Award of 2010 and 2011.*
World Commission on Environment and Development (1987) *Our Common Future.* Oxford: Oxford University Press.

第 2 章

从丑小鸭到欧洲首个绿色之都：历史视角下斯德哥尔摩城市环境的变化

比约恩·霍尔斯曼（Björn Hårsman），布·维克马克（Bo Wijkmark）

> 城镇就像电力变压器。它们增加了紧张气氛，加快了交流节奏，并且不断为人类生活增添活力。
> ——费尔南·布罗代尔（Fernand Braudel），《文明与资本主义》（Civilization and Capitalism）

2.1 引言

大都市区和城市增长往往与社会失衡、拥堵和污染关联在一起。不过，当代的城市研究也表明，大都市区蕴藏着必要的知识、创造力和企业家精神，从而引入新技术及就业机会。在这方面，它们确实有缩窄目前可持续性差距的潜力。

斯德哥尔摩就是这样一个以创新和知识为导向的大都市地区，她在 2010 年被委任为首个 "欧洲绿色之都"。如果我们看看 160 年前的斯德哥尔摩，这种差别简直令人瞠目结舌：她曾是欧洲最为贫穷的城市之一，城市居民的生活条件极其恶劣；男性预期寿命仅有 25 岁，女性也仅 31 岁。很少会有（若有的话）观察家把 1850 年的斯德哥尔摩，描绘成一个富有创造力的和环境友好的城市。

本章介绍了自 1850 年以来，斯德哥尔摩经济、社会和政治发展的主要特点。它有三重目的：第一，就历史的转型做一个概览，让大家更容易理解本书的其他章节；第二，探讨并指出转型背后可能的原因；第三个（也是与之相关的）目的是阐明路径依赖性——即历史决策和过程会在多大程度上对当下的决策产生影响。

本章分为 6 节。第 1 节从当代经济地理学理论的角度来定位斯德哥尔摩。接下来的 4 节讲述了斯德哥尔摩在 1850—1914 年、1914—1945 年、1945—1970 年和 1970—2010 年这几个连续时期内的发展状况。每一节都试图从回顾与前瞻的角度，辨别最重要的经济、社会和政治变化。最后一节通过历史揭秘，对斯德哥尔摩未来在可持续性方面的发展，提出一些试探性的评论。

2.2 全球城市体系中的斯德哥尔摩

目前对于城市正在形成的认识是，它们是套叠网络的组成部分，也是大型区域景观和全球新陈代谢不可或缺的部分，并且以可能产生非线性后果的方式影响世界（如 Batty，2008）。一方面，收入相对较高的群体，其消费和生活方式——在工业化国家的城市地区最为明显——对气候和环境造成了不成比例的人为影响；另一方面，城市是机遇、效率和创造力的奇迹，蕴藏着人类某些最伟大的成就。

城市化和向更大城市定居点的转移是主要由经济力量驱动的过程。人们迁往城市是为了寻找工作或更好的教育机会，或是体验更加多样化的不同类型的服务。由于有很多规模经济现象，企业得以在城市里创办和扩张。交通基础设施是另一个结构上的重要因素：一个城市的相对可达性越高，其吸引力就越大。正如安德森（Andersson，1985）所证明的那样，20世纪瑞典国内其他地区到斯德哥尔摩的移民群体，降低了居住在斯德哥尔摩的初始收入优势。然而，与此同时，连续的基础设施投资，则提高了斯德哥尔摩相对于瑞典其他地区的可达性。由于交通可达性越来越强，以及收获规模经济果实的可能性越来越大，斯德哥尔摩地区依旧吸引着来自本国其他地区的移民。

接近性和可达性使家庭和企业可以"共享"不可分割的设施，并从多方面的专业化中获益，使不同市场的"买家"和"卖家"之间实现更好的"匹配"，同时利用面对面交流来"学习和创新"（Henderson 和 Thisse，2004）。作为"新经济地理学"的代表，这些理论也对大都市地区土地利用和可达性之间的相互依存关系，提出了更为深刻的见解。举例来说，瑞典财政部最近发布的一项研究（Börjesson，2012）表明，如果斯德哥尔摩不是早在1940年代就决定投资地铁系统的话，那么距斯德哥尔摩内城最近社区的人口密度就会大大提高。斯德哥尔摩没有围绕内城增加新的居住圈层，反而沿着新的地铁线路创建了新的郊区。

认识到集聚的好处，并不意味着快速城市化和大都市地区数量的增加，必然会让人过得更好。城市的形成带来了拥堵、各种污染、贫民窟、犯罪等形式的成本，而这些成本通常随着城市规模不成比例地上升。热岛效应就是一个例子。由于植被的丧失和废热的排放，城市明显比周边的农村地区要热得多。这使得城市在炎热的天气里更为脆弱。据斯通（Stone，2012）所称，在2003年夏季的热浪中，欧洲有 7 万多人丧生。城市当然不会引起热浪，但它们会放大热浪，从而增加与炎热天气相关的健康问题和死亡人数。

此外，城市增长本身带来了承载力方面的紧张状况（例如，以住房和供水短缺的形式表现出来），这些紧张状况包括财富和福利的分配不均。目前，约有 10 亿贫民窟的居民，生活在快速增长的大城市里（主要是在发展中国家）。快速城市化也可能在人口下降的农村地区引发社会问题。

这里举例说明的"公共成本"表明，城市需要一些机制和机构，它们能够用来弥合私人和社会成本收益之间，以及地方、国家和全球成本收益之间的差距。如果缺乏这样的政策工具，一些城市可能会比其应有的规模发展得更大，并且如果各级政府、城市持份者和城市公民，可以妥善处理社会和环境影响，那么与之相比，缺乏这样政策工具的城市化步伐有时可能会更快。包括瑞典在内的一些国家，已经实行了各种区域政策措施，例如搬迁政府机构以减缓大城市的增长速度和小城市的进一步增长。但是，总的来说，这种政策充其量似乎只有一些边际效应。

从全球系统的角度来看，大城市地区有两个方面引人注目。首先，它们自给自足的程度更高，这意味着对发展和可持续性至关重要的相互依存关系，是在一个被包围的"局部"区域内起作用的，原则上有更多的机会来谋划旨在提高资源效率，以及缓解社会和环境紧张关系的治理体系。其次，大城市地区的特征是有更多的财富，因此，它们所引发的人均远途流动要高于平均水平。在城市地区，本地相互依存关系占比更大，这一点为在城市环境里重塑和设计整个社会结构提供了机会。全球城市之间占比较大的长途交通运输，形成城市所特有的排放问题。不过，它也提供了一个机会，因为大城市地区之间的交通运输流，可以利用只适用于大规模流动的技术解决方案。在欧洲的一些大城市之间引入高速列车，为所需的这类创新和国际协定提供了一个范例。

大都市区和其他大城市地区的一个基本特征，是它们"新奇工厂"的作用。这些"新奇工厂"可用来创造知识、接纳创新、在客户与供应商之间进行试验性互动、引入新的生活方式、更新治理方式，以及调动资源来适应新的情况。它们是面对面互动和其他邻近外部性的舞台，而且基础创新和技术变革通常必须先在城市环境中采用，然后才能扩散到更为广阔的空间里去。

第二个基本特征跟以下观察结果有关：当代的自然环境是"人造的"，或是受到人类文明活动强烈影响的。在城市的环境中，这种本地生态系统与构建的资源管理系统之间的相互作用是一种主导特征。建立易于控制的自然与文化互利关系来避免"公地悲剧",这样的选择令城市系统管理经受考验。造成这种困难的主要原因有两个。任何重大开发项目或制度改革,都会涉及大量城市持份者,他们有着不同或相互冲突的利益,因此很难达成一致。在斯德哥尔摩地区,至少来自其 26 个自治市的某些市镇的代表,以及来自县议会和中央政府的代表,都会牵涉其中。此外,为了支持或反对某项协议的决定,想要连任的从政者们必须寻求公众的认可。涉及实行拥堵收费的政治权力博弈和公民公决,就给出了这些困难的充分证据(Hårsman 和 Quigley,2011)。

如果我们回顾斯德哥尔摩的发展,出发点之一就是将城市视为瑞典和其他国家收入和财富的主要驱动者。反过来看,全球技术、贸易和商业的发展,可以被视作是提振斯德哥尔摩以及西方世界大多数城市的一股浪潮。这两种观点表明,当人们试图理解特定城市(如斯德哥尔摩)的长期发展状况时,考虑城市增长、国家增长和全球增长三者之间相互依存关系的重要性。自 1850 年以来,斯德哥尔摩人口占瑞典人口的百分比急剧上升,而且增长远远快于大多数其他欧洲城市。这一事实表明,斯德哥尔摩至少在某种程度上和在某些时期内,起到了瑞典乃至欧洲增长中心节点的作用。但是,正如下面各节将要说明的那样,这并非是要否认大多数增长动力可能是外部的。

2.3 1850—1914 年的斯德哥尔摩

一只丑小鸭

瑞典的工业化、城市化和高效的交通基础设施姗姗来迟。直到 1850 年,瑞典最大城市与首都斯德哥尔摩的居民才刚过 9 万,而且人口出生率持续下降,因此只有依靠农村地区移民的大量涌入,方才阻止了城市的收缩。城里有许多小规模的手工业者和一些机械化工厂,但没有大型工厂。城市缺少给排水系统和燃气管道。现有的废物管理几乎都不卫生,医疗保健服务也未达标准。无论是城市居民还是城市领导人,在发展的问题上都没有太大的影响力,瑞典王室和瑞典教会牢牢控制着这座城市。尽管最近这座城市已经将贸易组织与行会的垄断废除,但管理商业和贸易的规则已经过时,贸易自由也受到限制。对于许多商品来说,国际贸易仍然受到进出口禁令的阻碍,这与推行自由贸易的挪威形成了鲜明对照,尽管事实上挪威也由瑞典国王统治(直到 1905 年)。直到那时,斯德哥尔摩还因港口冰封在冬季与外界隔绝,现在,拜新型汽船所赐,斯德哥尔摩的航行时节得以延长,但瑞典的首都仍然没有铁路连接。

当丹麦童话作家安徒生1850年访问斯德哥尔摩时，他这样写道，这座海峡宽阔、山丘高耸的美丽城市，让他想起了君士坦丁堡。这令一位评论家惊呼，这种类比确实合乎逻辑啊：两个城市都有同样的恶臭、污秽和糟糕的卫生条件，都是"丑小鸭"。但实际上，斯德哥尔摩将要经历一场独特的转变，成为一个非常注重环境、可持续发展和生活质量的国际大都市。换句话说，这座城市在1850年相当落后。然而，描述这一时期的环境历史学家指出，即便当时的环境妨碍健康并且有害，但大多数斯德哥尔摩人的生态足迹仍然很小：生产、消费和废物都在本地循环。那种情况终将改变。

政治的演化

1850年，瑞典人以既羡慕又恐惧的目光，注视着中西欧（尤其是英国）的现代化。他们从当地的经济和城市景观中，看到了增长的人口、朝气蓬勃的工业、蒸汽机、运河和铁路，以及管道自来水、污水和天然气。他们看到了有着医疗保健体系，以及充足的食品和消费品供应的城市——但也看到了贫困、许多产业工人及其家庭住房的短缺、日益悬殊的贫富差距、政治异议和社会动荡。这是一个新的时代，无论好坏。

即便是在瑞典，农业现代化也提高了生产率和利润率，加之1842年通过公立学校改革使人们获得更好的受教育机会，这些都使得乡村地区拥有更多、更健康的人口。1850年90%的瑞典人仍然生活在乡村地区，到19世纪末这一比例为80%。尽管如此，没有土地的瑞典人逐渐移居到城市，城市的收入和公共卫生条件也正在慢慢改善，因此瑞典的城市与乡村地区都经历了人口的增长，原因是出生人数超过死亡人数。即使在1850年至1914年的大规模外流时期（当时五分之一的瑞典人移民北美），瑞典人口也增长了63%。尽管乡村地区增长了三分之一，但城市则增长了五倍——两者都为国内生产总值贡献了将近三倍的增长（按不变价格计算）。

斯德哥尔摩和瑞典重大转型的第一个阶段，发生在1850年代和1860年代。新的自由主义的政治力量，与仍然强大的保守主义和贸易保护主义利益集团的宿怨不断。但尽管如此，这些政治力量还是设法强制推行了一些国家、区域和地方最为重要的改革。1862年，（或多或少）独立管理的市镇和县议会被赋予直接征税的权力，到1866年，议会有了两个（或多或少）民选的议院，取代了由贵族、神父、市民和地主四个阶层组成的陈旧议会体制。其他的行政改革开放了商业和金融市场，并确立了公民权利。由此，奠定了经济加速增长的基础，在1870年至1970年的那个世纪里，瑞典人均国民生产总值增长了八倍，增幅超过除日本以外的任何其他国家。自由主义支配一切的意识形态占据了上风：信奉市场"看不见的手"的力量。但是，自由主义政府在需要以国家支持或监管的形式出现时，随时准备伸出其特有的可见之手。

同步的发展促进了这种快速增长。随着铁路的引入，交通基础设施得到了极大的改善。城市以原材料为基础的经济，逐步转变为以技术密集型生产为主的经济。最后，城市能够通过提供自来水，以及污水和废物处理系统来提高生活水平。

逐步成型的基础设施和城市的密度化

瑞典最初的工业是以丰富的铁矿石和木材资源为基础，在能够利用水、电、原料和航运港口的地区发展起来的——除了港口之外，这些东西没有一个是斯德哥尔摩提供的。从19世纪中叶开始，外国对瑞典中部铁矿石和北部木材的需求上升，以供应工业化程度更高的国家不断扩展的制造业和建筑业。重商主义的进出口禁令先是被可变关税取代，然后在1860年代初又被全面的自由贸易所取代——这两者都没有进一步提高斯德哥尔摩在瑞典各港口中的相对地位。实业家们利用他们的利润，通过在矿山、工厂和港口之间修建私人铁路来增加出口的机会。瑞典的铁路时代开启了，这主要惠及两个城市——北部的耶夫勒（Gävle）和北海的哥德堡（Gothenburg）。

但是从1850年代末开始，各项政策反映出一种新的认同，即引入的国家资本应当投资于未来的基础设施：如铁路、邮政和电报系统等。由国际贷款资助的国有铁路干线将国家支持、私人筹资的地方铁路连接起来，为瑞典全国铁路网奠定了基础。在1860年代，斯德哥尔摩有了最初的铁路线，并且在1871年，这些铁路线穿过城市，与中央商务区附近的中央车站连接在一起。

斯德哥尔摩的人口在1850年至1883年间翻了一番，到19世纪末增加到三倍，到1913年则增长到四倍。斯德哥尔摩当今内城的大部分，都是以柏林和巴黎为原型仓促建造的：沿着绵长的走廊大街和在后院布局的是五层楼房。紧凑的环境被宽阔的林荫大道和滨海大道打破。公园广场的街道由中心以星形向外辐射，令人联想到巴黎的星光广场，它们受到艺术家和作家的青睐。人口的快速增长令这座城市必须急剧加密，而这种加密就显得并不那么引人注目了。狭小而昂贵的公寓在住房市场上占据主导地位，拥挤恶劣的卫生条件为祸一方。然而，随着时间的推移，越来越多的公寓获得了享用给水、排水和燃气的机会。斯德哥尔摩内城外围地区的乡村特色——低矮的木屋、厨房花园和烟田基本荡然无存。不过重重

第2章 从丑小鸭到欧洲首个绿色之都：历史视角下斯德哥尔摩城市环境的变化

图 2.1　1886 年绘制的斯德哥尔摩中央铁路干线图。图中，斯德哥尔摩中央铁路干线穿过一座横跨"水闸"（Slussen）的开合桥，并进一步跨过桥梁通往老城（左侧）。直到今天，这条被称作"蜂腰"的狭窄通道，仍然是城市向南的主要铁路联系通道。
图片来源：古斯塔夫·布罗林（Gustaf Broling），斯德哥尔摩城市博物馆档案馆

山丘仍在，而它们成为"全民的公园"，开创了大众公园的传统，为所有斯德哥尔摩人提供休闲娱乐、免费剧院和其他活动（Lundewall，2006）。

长期以来，瑞典王室一直是斯德哥尔摩市界之内最大的地主，也是该市为住房提供新土地雄心壮志的最坚决反对者。到了世纪之交，随着内城拥挤的加剧，市议会当中的保守党派提出了一项新的战略，它会在接下来的80年内持续下去：为技术与社会机构，以及新的住宅及游憩区，购买城市边界以外的土地。

在外围的火车站、港口和道路交叉口附近，已经出现了一些工业郊区，它们提供不达标准的住宅，而在其他地区，私人开发商已经开始在跟拥挤的城市保持舒适距离的地方，为更富裕的居民建造可通火车的新社区。一座大都市正慢慢初具雏形。在1913年和1916年，我们现在称为斯德哥尔摩的大多数剩余新购地区被正式纳入城市范围。[1]

内城的建成区已经太大了，大到绝大多数人无法步行（或划船）上班。划艇被蒸汽动力渡轮所取代，这座丘陵城市中建造的无尽长梯被公共电梯所取代。人们引进了马拉式街车，不久之后便将其电气化，并整合纳入更广阔的交通网络当中去。自行车也开始广受欢迎。在1914年，斯德哥尔摩约有8万辆自行车，而汽车和公共汽车的数量仅仅刚过3000辆，马车的数量也差不多。

长期以来，斯德哥尔摩港一直是瑞典最重要的进出口港。尽管人们对该港进行了扩建，但木材、铁矿石和钢材的市场份额，还是被北部的港口和哥德堡夺走。1850年，瑞典的出口商品中有40%经过斯德哥尔摩，25%经过哥德堡。三十年后，瑞典的出口货值大幅增加，但斯德哥尔摩出口货值的份额却下降到8%，而哥德堡的份额则保持不变（Hammarström，1970）。

作为瑞典首都和全国最富裕的城市，斯德哥尔摩提供了最重要的国内市场，因此有能力捍卫其港口作为瑞典进口消费品，以及生产投入品主要港口的地位。高货值商品的情况更是如此，它们的价值将接连得到提升，因而有利于斯德哥尔摩的经济发展。

工业的演化

在1850年之前，行会对制造业和贸易的垄断被废除，释放出乐观的信号和新的思想。废除垄断一定程度上是为了支持首都生产和商业的发展，同时也保护了过时的组织。而1850年代和1860年代的蒸汽机，一旦成为城市最重要的能量来源，斯德哥尔摩就可以发展成为一座现代化的工业城市。首都兴办的工业发展迅速，很快雄踞瑞典之首（Magnusson，2010）。1860年，该市有将近一半的工薪阶层从事工业或手工业，并且直到一战，这一比例仅仅略有下降。城市的扩张极大地增加了产业工人的人数，以及他们的产量和产值。

起初，工业产品主要以本地市场的消费品为主：纺织品、瓷器、杂货、啤酒和烟草、报纸和书籍等。这些产品在被大型公司淘汰之前，一直由小规模生产企业生产，并且可以买到的种类也非常多样。这些大型公司以蒸汽为动力，从事大规模消费品和生产投入品制造，其产品能够供应国内国际市场。随着劳动力熟练程度的提高和劳动成本的增加，斯德哥尔摩的公司越来越关注消费品的成品。纺织公司现在提供服装，金属供应商摇身成为机器制造商。因高额的土地成本和土地竞争的加剧，劳动力和空间密集型产业被迫离开内城，最初是迁往郊区，然后又迁往更远的地方。当电动机和内燃机被引入时，本地生产能源的获取，在地理上已不再是限制性的区位要素（Hammarström，1970）。

斯德哥尔摩的工业利用了瑞典的发明与科学进步也开始转向更多的高科技创新企业。其中许多企业的名字还是大家耳熟能详的：爱立信（L. M. Ericsson）、阿法拉伐（Separator）、阿特拉斯（Atlas）、阿加（AGA）和诺贝尔（Nobel）[2] 等。斯德哥尔摩的工业也引进了知识和技术，密切关注国际发展，其中一些通过与技术学院（Teknologiska institutet），即现在的瑞典皇家理工学院的接触获得支持。一座工程师和企业家之城已初露端倪。

19 世纪和 20 世纪之交的那几个年头，见证了斯德哥尔摩乃至整个瑞典工业史上最为活跃的一个时期。那时蒸汽时代被电气时代所取代。瑞典成为国际经济不可或缺的一部分，经济周期以更大的力量席卷瑞典的边界。商业银行在 1850 年代和 1860 年代成立时，还只是一些相当简陋的实体，现已成长为在企业发展中占主导地位的参与者。这些银行的影响力，再加上中央政府的经济举措，以及国家机关采购最新技术的做法[3]，有助于促使国内的企业集群转变为具有国际竞争力的大公司。这里面的许多企业依旧是瑞典制造业的中流砥柱，并在瑞典社会留下了它们的烙印。

如果这对银行和实业家来说是一个突破性时代的话，那么它也是一个工会开始发展的时代，随之而来的是社会民主党、禁酒联盟、独立教会和其他公民社会运动。等级制社会被 1866 年的议会改革废止，现在变成了由上层阶级、中产阶级和新工人阶级所组成的阶级社会。在接下来的数十年间，这些阶级之间的冲突激烈，并且要解决它们也只能徐徐图之。一个新时代正在来临。

工业发达的斯德哥尔摩在一战前的"美好时光"里，城市的人口增长、拥挤、住房短缺、租金高昂，以及较高的平均收入等因素的综合作用，导致在内城及新合并地区稀缺土地上房地产建设热潮的繁荣和复兴。在中心区，现状社区依据同样的方格网准则进行了拓展，但新区却反映出英国"花园城市"的影响，它们将排屋改为瑞典传统的独立式小型单户住宅。城市向愿意自建的不太富裕的斯德哥尔摩人发放建筑许可（Kallstenius，2010；Lundewall，2006；Andersson 等，1997；Andersson，2012；Eriksson，1990；Johansson，1987）。斯德哥尔摩各政党在住房政策上达成了相对共识，不过他们的动机却各不相同：从确保新居民的政治忠诚，到让低收入家庭能够获得自有住房。

卫生和健康的改善

废物管理和回收利用，将这座城市从发出恶臭和散播传染病的露天场地中解放出来，这些露天场地就是所谓的"苍蝇会"，靠近露天集市和其他公共场所。1859 年，随着卫生管理局（Renhållningsverket）的成立，斯德哥尔摩迈出了处理从厕所收集来的人粪便的第一步。这些废物被运至城外，并转化为可供出售的肥料。到了 1900 年，斯德哥尔摩市还承担了清理街上马粪和其他污染物的责任，减轻了最严重的环境卫生危害。尽管如此，直到 1972 年，全面收集废物才成为市政府的责任。

始建于 1861 年的第一套管道供水系统竣工，所有家庭最终都用上了淡水，而此前除少数家庭外，淡水对所有家庭来说都贵得令人望而却步。从 1834 年开始，斯德哥尔摩遭受了几次霍乱疫情，不过灾难性的后果却相继减弱，最后一次时疫是在 1866 年。然而，污水系统的标准却低多了。

自 1853 年以来，第一个燃气生产设备、燃气管线和新的瓦斯灯，意味着斯德哥尔摩对日光的直接依赖减少了。四十年后，瓦斯灯实现了电气化，但城市的燃气生产仍在继续，因为越来越多的家庭用燃气灶取代了柴火灶。但是，很少有家庭安装瓦斯灯，在引入电灯泡之前的几十年里，油灯一直在斯德哥尔摩的家庭中占主导地位。

卫生标准的提升令男性预期寿命翻了一番，从 25 岁增加到 50 岁，女性预期寿命从 37 岁增加到 51 岁。1850 年代和 1860 年代的进步，使大多数斯德哥尔摩人的生活变得更好。在 19 世纪余下的时间里，这种进步一直都在持续。

现代性的环境成本

1850 年，这座城市居民和工业的"生态足迹"还很小，到了 1900 年则有所增加。迅速扩张的人口、用地面积和工业开发，确实造成了更多的消费、更严重的浪费和更频繁的交通出行。不过,很多生产和消费仍然在本地循环,运输工具依旧主要依靠马车(Pettersson,2008)。

当引入瓦斯灯和用煤气厂的煤或焦炭为工厂供暖,并且蒸汽机也开始燃烧化石燃料时,空气污染就成了一个问题,尽管它没有汽车带来的污染那么大。大多数家庭要过很多年后,才会抛弃他们的柴火炉子,或者用燃油集中供暖系统取代壁炉。电力在家庭、工业和运输系统中崭露头角,但尚未普及。只是到了后来,伴随着相关环境影响的转移,电力才开始用国产的水电取代用进口的化石燃料发电。

图 2.2 斯德哥尔摩市中心索德马尔姆区(Södermalm)的埃里克森达尔(Eriksdal)自来水厂,1891 年
图片来源:斯德哥尔摩城市博物馆档案馆

最初的自来水厂用的是相当简陋的过滤系统,它位于斯德哥尔摩水道的大型排污口附近,但许多人忽略了这样一个系统内部所固有的危险,因为斯德哥尔摩被水环抱,并且坐落在北欧最大淡水湖之一的湖泊入海处。专家们要求将排污口设置在离城市更远的地方,而且要建设更好的给水和污水处理系统,但是无功而返。这类系统的成本让决策者们望而却步,他们宁愿鼓励单个家庭使用木炭过滤器来提供清洁的自来水。

幸运的是,这种做法效果颇好,直到 1909 年斯德哥尔摩市议会决定,为让抽水马桶的安装更加方便,允许它们与污水管道直连,而不必像之前那样强制在化粪池中储存并进行淤泥分离。安装室内厕所变得更加普遍——未经处理的污水外流成为城市新的祸害。水质很快就明显恶化，居民因公共浴池关闭和渔业收成下降而怨声载道。然而，第一座净水厂要到1930年代才能启用，斯德哥尔摩污水的机械净化还需要很长时间，而要将净化扩展至几道程序以上，甚至要更长的时间。

错失的良机

古斯塔夫·里克特是瑞典皇家理工学院给水系统结构教授，他是一位早期的环境活动家，在20世纪初前后，还曾在斯德哥尔摩市议会和国家议会任职。里克特不仅满怀热情地支持给水的净化，而且还对日益严重的空气污染表达了关切。他提议制定法律，要求由一个新的公共机构进行特许、控制和监督，这个机构甚至可以自己采取主动措施来减少健康风险。这项提议终获通过，但这是直到50年后，并且后来发生了许多环境事故才得以实现的。中央政府和斯德哥尔摩的领导层都有些其他顾虑，尤其是一战的爆发。在雷切尔·卡森（Rachel Carson）的《寂静的春天》唤醒公众舆论之前，里克特的提议基本上被遗忘了，瑞典环境保护局于1967年才得以成立（Strandh，1985，pp.11-13）。

在城市研究中反复出现一个的问题是，发展在多大程度上是内生或外生的。斯德哥尔摩在一战之前的发展，可以说受到国家层面驱动力的影响最大，而国家层面的驱动力反过来又受到从其他国家汲取经验和教训的影响。财政大臣J.A.格里彭斯泰特（J. A. Gripenstedt，1813—1874）是当时瑞典最富远见的政治家。他曾研究过英国的工业区，并受到由弗雷德里克·巴师夏（Frédéric Bastiat）所代表的"经济和谐"理论的启发。他推动了治理体系和商法的自由改革，促成了铁路网的战略投资，并撮合了中央政府与金融市场间的协商合作。他还促进了国家资本的输入，为建设铁路和成立商业银行提供资金支持。另一位领军人物是他的朋友，银行家A.O.瓦尔贝里（A. O. Wallenberg，1816—1886），他为银行与工业界之间的合作奠定了基础。自此以后，这种合作成为瑞典产业结构的特点（Ohlsson，1994；Magnusson，2010）。

2.4 播种的和平时代（1914—1945）

今天斯德哥尔摩和瑞典的许多种子，都是在19世纪后半叶和世纪之交前后播下的。然而，1920—1921年这个被称为"民主突破"的时期同样重要。所有成年公民，无论男女，都拥有选举权，并享有在国家和地方各级担任公职的权利。在斯德哥尔摩，人们对政府治理体系进行了改革，简化了先前繁复而冗长的协议。市议会被赋予决策权，中央委员会（stadskollegiet）成为新的管理机构，六名市议员被分派了关键的职责领域和相关的委员会（Larsson，1977）。

两次世界大战的中立国

20世纪给欧洲带来了两次世界大战，以及若干内战、革命、占领和独裁统治。只有瑞典、瑞士和其他几个小国幸免于难。瑞典邻邦丹麦和挪威在一战期间也是中立国，但是在二战期间被纳粹德国占领。在两次世界大战中，瑞典与其最重要的贸易伙伴英国和美国[4]均断绝了联系，其对外贸易暂时转向德国市场。瑞典出口像铁矿石这样的原料和其他一些产品，它们表面上维持了瑞典的中立地位，对瑞典自身的国防，或在消费品生产中都无足轻重。瑞典进出口的量都在萎缩，因为很大一部分国内工业都进行了重组，以便能够用国产商品替代进口；其他企业的生产则因劳动力被转移到瑞典的国防部门而放缓。劳动力市场上的性别隔离减少了，因为许多男性的工作由女性承担。尽管她们没有得到相同的薪水或待遇，但这些仍然是迈向性别平等重要的第一步。

1914年战争的爆发，打破了瑞典自1910年以来乐在其中、蓬勃向上的经济周期，甚至一直到二战结束后的几年里，瑞典农业和工业生产率和利润率的成长，比19-20世纪之交的水平都要弱。中立的瑞典也未能幸免于两次世界大战之间经济危机的磨难，危机迟滞了贸易和商品生产的复苏。到1920年，瑞典几乎陷于瘫痪，尽管1930年代危机得到了更为有效的处理，并且破坏性也有所降低。

工业城市的多元化和现代化

斯德哥尔摩的人口持续快速增长：城市人口在一战期间超过40万，在二战期间超过50万。与此同时，周边县的人口从23万增长到30多万。在两次世界大战之间，瑞典近一半的人口增长都是在斯德哥尔摩地区累积的。

如前所述，斯德哥尔摩已开始购买及合并邻近的行政单元，以便为日益增长的人口建造住房。尽管一战令这个进程停滞不前，并造成最贫困人群的住房危机，但规划依然在继续，以便在战后能够直接开始重建（Johansson，1987）。花园城市和多户住宅建在市属土地上，并且还有连接这些住宅区和内城的有轨电车线。绝大多数多户住宅一如既往地由私人开发商建造，但基金会和合作社购买的越来越多，最终被市属住房公司购得，市属住房公司提高了技术和卫生标准。尽管按照国际标准,这些公寓依然匮乏很多设施,但带燃气灶或电灶的厨房和私人浴室,变得更加普遍。

市郊通勤铁路和公共汽车使劳动力和住房市场能够跨越城市边界发展;对于斯德哥尔摩市民来说,斯德哥尔摩作为一个大都市区,如今已是不争的事实,但对国家和城市的领导者来说却并非如此。斯德哥尔摩市既不属于国家管辖的地方县行政管理机构的一部分,也不隶属于地方县议会。[5] 人们针对这一行政管理的反常现象,提出了许多改革的建议,但直到1960年代,所有这些建议均以失败告终。

工业仍然是重塑瑞典社会的强大力量。从19世纪开始,瑞典就由一个农业国家,向一个以工业和服务业为基础的城市化国家转变,这个转变的势头从未减弱。到了1930年代,农场工人的数量已经低于工业和建筑部门工人的数量,并且几年后,其数量也低于服务部门就业的人数。即便如此,依然有约60%的瑞典人口生活在乡村地区,直到二战结束十年后,城市人口才占了多数。

汽车和飞机逐渐开始广受欢迎,但大多用于商业或政务目的,而非私人的交通消费。马车在斯德哥尔摩的街道上销声匿迹,电气化有轨电车、通勤铁路、公共汽车和自行车如今成为主要出行方式。尽管如此,汽车保有量却在缓慢而稳定地增长。到1939年,汽车保有量达到2万辆,每23人就有一辆(Dufwa,1985)。私家车与其说是劳动者个人自由的象征,倒不如说是一种地位的象征。

尽管人们认为,斯德哥尔摩是一个重要的工业城市,但在一战之前,诸如贸易和通信之类的服务业已经开始雇用更多的工人。到二战结束时,这一雇用的比例已翻了一番。斯德哥尔摩工业特征中最明显的变化,或许是生产相对低端产品的中小型工业,被规模较大、专业化和知识密集型的工业所取代。这种转变在战后仍会持续甚至进一步扩大。

社会民主党掌权

在政治上,民主改革标志着在斯德哥尔摩市政厅里,漫长的左派统治时代开启。从1920年到1950年,社会民主党控制着城市的主要政治职位,即财政副市长。尽管社会民主党内最杰出的人物掌控斯德哥尔摩的领导权长达几十年,但其所占的多数席位却有很大差别。一直到1980年代,几个最大的党派还联合担任专员职务和执掌城市的管理权;此后,反对党专员不再承担行政责任。

社会民主党起初在瑞典全国范围内的优势,并不像在斯德哥尔摩那样强大,尽管该党在1917年至2006年间是瑞典最大的政党,并在1930年之前的较短时间内领导过中央政府，此后几乎毫无间断：1932—1976 年、1982—1991 年和 1994—2006 年间，社会民主党通常凭其自身的条件占据多数席位，不过有时也以多党联盟的形式获得多数席位。社会民主党面临的第一个重大挑战是大萧条，当时大规模失业催生了一连串新的举措。甚至在凯恩斯发表他的《通论》（1936）之前，与这些举措相伴的瑞典经济和政治学说，就已经在遵循凯恩斯主义的方法了。瑞典增补了新的制度和劳动力市场法，雇主和劳工协会签署了规范谈判和纠纷的协议。这就是所谓的瑞典模式[6]的突破，它是一套指导劳动力市场和国家参与者之间责权划分的原则。雇主和工会将就工资和其他就业条件单独谈判，而政府和议会在制定法律和法规时，往往会与他们密切磋商。事实证明，这种构想是成功的，而且在其他的情境中也有应用：为了获得最好的效果，让那些受影响最大的人共同来解决他们的问题。

虽然大萧条时期，斯德哥尔摩的状况比许多城市要好，但失业率却急剧上升。城市为提供就业机会，在新的有轨电车隧道、桥梁和其他类型的纾困工程方面投资。中央商务区是在一个拥有 17 世纪街道网，以及 18、19 世纪建筑的街坊中发展起来的，迫切需要更新。一场国际竞赛给后续的规划带来了灵感。然而，二战的爆发，迫使斯德哥尔摩推迟了她的投资。尽管如此，1941 年，市议会还是为这个仍属中等规模的城市，做出了一项激进的决策：建设一个综合的地铁网络，作为未来大都市区公共交通系统的骨干，从而为城市及其郊区服务。

这是一个大胆的举措，不仅是因为它预见到地铁将在交通系统中发挥核心作用的发展轨迹，而且还因为对如此大规模的战略投资，斯德哥尔摩市承担了全部的财务责任（Larsson，1977；Gullberg，2001）。

环境平衡上的罅隙

从一战爆发到二战结束之间的三十多年，是全人类都承受巨大压力的时期。尽管对于那些生活在中立的瑞典和斯德哥尔摩的人们来说，战争没有那么引人注目，但是斯德哥尔摩人并不是没有受到影响。北美、欧洲、澳大利亚等最富裕的地区，以及日本等工业国家，都极大地增加了他们对生态资源的利用与滥用。战争动员和军备浪费了各类资源：人力、资本和环境。

斯德哥尔摩人口的迅速增长以及生活水平的提高，引发了关于首都到底是瑞典的发展引擎，还是其资源方面负担的争论。战后这种争论频出，不过此时关注的更多是空间、社会经济和人口平衡，而不是环境影响。斯德哥尔摩县是人口净流入和低出生率地区，许多年轻人都来自邻近区域：从 1920 年到 1940 年，斯德哥尔摩县在瑞典人口中的占比上升了近25%，而周边地区的人口占比却在下降（Schéele，1991；Snickars 和 Axelsson，1984）。当农村家庭为了寻求更好的机会而迁往斯德哥尔摩时，这并不会有什么特别的问题，但是当其他城市的人口开始朝斯德哥尔摩流动时，人们就会公开谴责说，这是不正常的，并且会说移民已经成为大城市诱惑的受害者。

在表现食品、饮料、消费品、交通和能源等消费持续升高的曲线上，几乎没人注意到战时的停摆，更不用说废物的生成了。毫无疑问，生活必需品的维持对很大一部分人来说是一个挑战，不过地方政府精通定量配给的艺术，并形成了有效的制度，这些制度甚至可以说提高了公共卫生水平。

除战争年代外，斯德哥尔摩在其个人消费的增长方面居全国之首，这些消费由瑞典其他地区输入，并多少有一些来自国外的进口。首都不仅在食品和饮料上仰赖进口，而且在大多数领域离自给自足也相去甚远，因此输出的环境影响较以前更大。

第一座污水处理厂在1930年代投入使用，另外的污水处理厂也随之而来。卫生设备的处理工序仍然相当粗放，不断加快的消费速度也导致水质恶化。一直到1960年代，人们才开始着手进行彻底的改进（Pettersson，2008）。

瑞典各地的用电量也急剧增加，斯德哥尔摩的用电量每十年会翻一番。瓦斯灯已经电气化，许多家庭都已更换了他们的煤气灶，开始购买电器；冰箱取代了冰盒，电灯泡照亮了每个房间，收音机总是开着。斯德哥尔摩的第一座电力设施于1892年投入运营，但因缺少烟囱洗涤器，仅用了9年就已退役。取而代之的是一座大型发电厂，它建在了港口区的煤气厂边上，可以接收燃烧给料的输送。随着需求增加和技术进步，这座工厂进行了连续的扩建和现代化改造（Hallerdt，1992）。

拜瑞典的水力资源，以及相继出现的技术更先进、地理分布更广的电网所赐，斯德哥尔摩开始放弃使用进口煤炭。城市购买了用水权，并修建了发电厂和输电线路。一战刚刚结束后，斯德哥尔摩的消费者就用上了市有水电，这种收购和扩张模式持续了几十年，以满足持续增长的需求。

如前所述，一直到1940年代末，斯德哥尔摩人才开始大量购置私家车，因此人们尚未将汽车文化视为环境威胁。有轨电车网络对内城的覆盖均好，城市边界之外的许多郊区，也有电车与城市核心区域相连接。斯德哥尔摩（尤其是在某些郊区）还有柴油动力的公交车为之服务。总之，来自交通的人均环境影响可以说是适度的。在此期间，本地和区域的空气质量还有所改善，原因是本

图 2.3　1946 年，斯德哥尔摩市为吓阻来自农村的潜在移民制作的海报。上书："不要到斯德哥尔摩来：2.1 万人正在徒劳无功地寻找住所"

地制造业持续向服务业转型，这也导致首都地区运送货物的繁忙交通减少。从经济角度（或许也是从全球环境的角度）来看，更为重要的是瑞典企业的权力、管理和发展要持续在斯德哥尔摩集聚。始于 19 世纪末的由工业向大银行的权力转移还在继续。

1914年至1945年的这段时期打上了变革的印记。激烈的阶级冲突让位于温和的冲突解决方式，它解决了劳动力市场的参与者，与渐进的社会民主福利国家政策之间的冲突。瑞典已经为着力于技术发展、大规模生产和出口导向的工业社会奠定了基础。斯德哥尔摩在政治和工业上的发展与此类似，并以现代主义作为社会和审美的指路明灯来谋求城市发展（Andersson，2009；Eriksson，2001）。斯德哥尔摩的发展依旧在很大程度上，依赖国家的驱动力和国际榜样，不过这座城市已经具有内生增长潜力的迹象。

2.5 1945年后收获成果

瑞典的自我复兴（1945—1970）[7]

1945年5月，德国无条件投降的消息令人欢欣鼓舞。在斯德哥尔摩，这种欣喜跟在战时被占领的邻国一样无所不至。人们情绪高涨，对和平的未来抱有强烈的乐观主义，他们也有放弃配给、重启消费的迫切要求。现在市场上所有能够买到的新奇玩意儿都刺激了这一点：美国的时装和汽车，可口可乐和汉堡包，以及塑料和青霉素等。然而，政府和不少著名经济学家担心，倘若不采取谨慎措施，一战后的大萧条可能会卷土重来。

胜利的盟军也已经在准备加快经济发展的步伐，避免紧随一战而来的那种饥荒和其他的恐怖经历。布雷顿森林体系、世界银行和国际货币基金组织将稳定支付和信贷系统；全球贸易将会通过关贸总协定中的关税削减和自由贸易加以刺激；马歇尔计划将重建欧洲。

其结果是整个西方世界经济的快速增长（苏联阵营仍然被排除在外），瑞典政府现在不仅没有面临经济衰退，反而被迫采取强有力的反通胀措施。战时的管制、禁令和定量配给被延长和扩大，以抑制对工业投入和居民消费品的需求。这就产生了一连串令人费解和不得人心的双边贸易协定和国内法规。尽管这些协定和法规的一些内容会保留数十年，但事实证明，它们将难以为继，并且最终会逐步废除；对建筑业的管制一直持续到1958年，而对租赁市场的管制则从来没有完全撤销。

1950年至1965年是瑞典工业的巅峰时期，那时瑞典工业雇用的工人达到100万人，工业提高了生产率和利润率，但其能耗也有增加。1960年代末，工业增长率仍然很高，但从1970年开始，它就只有一半了。这个黄金时代不仅反映了全球趋势，而且也反映出瑞典从生产力相对低下的农业和林业经济，最终转变为以制造业和服务业为基础的高生产力经济。

瑞典人变得更加健康长寿。1945 年,男性的预期寿命为 66 岁,女性为 71 岁;1970 年,男性预期寿命为 70 岁,女性预期寿命为 77 岁。瑞典人在物质上也更加富足,并且收入差距也在缩小。1950 年至 1970 年间,总消费量翻了一番,不过其中有过半的增长来自税收支持的公共消费:医疗保健、护理、教育、公共管理、国防和监狱等。

从 1950 年到 1970 年,瑞典国内生产总值翻了一番(按不变价格计算),但市政支出却翻了三倍,从 1950 年占国内生产总值的 12% 增至 1970 年的 18%。自治市在两个方面得到加强:首先,两次合并将城市数量从 2300 个减少到 290 个;其次,城市的职责范围急剧扩大。斯德哥尔摩县目前包含 26 个自治市,但斯德哥尔摩市是迄今为止最大的市,人口占到全县的 40%。

这 20 年里,在瑞典人烟稀少的地区,许多小型农场都关闭了,农民和工人迁移到全国各地的城镇,从事工业和公共部门的工作。城市和较大的城镇正在建设现代、卫生的公寓,作为"百万家庭计划"的一部分,尤其是为职业女性提供了更好的机会。这些移民中的一部分迁往最大的城市,但尚未达到让许多人担心的那种程度。

瑞典曾经是一个移民净流出的国家,现在却成了移民的目的地,因为工业吸引了来自芬兰、波兰和南欧的劳动力。这对瑞典来说是一个新的现象。这个国家在战时曾欢迎过难民,其中大部分人已经被同化,而新一波移民潮则在 1940 年代和 1950 年代涌入。工业城镇的种族更加多样化。瑞典人总体来说对其他文化和生活方式变得更加宽容,并开始更频繁地出国旅行。但是,到这一时期结束时,国家政策削减了劳工移民。取而代之的是,来自欧洲以外的难民及其家人开始移民瑞典,使"多元文化"(mångkulturell)一词成为瑞典语言文化鲜活的组成部分:对许多人来说,这是一枚荣誉勋章,对其他人来说,则是一个被指责带有负面色彩的词汇。

重建斯德哥尔摩(1945—1970 年代)

斯德哥尔摩从瑞典举足轻重的工业基地,转变成为几乎完全由私人与公共服务所主导的城市。这种转变的势头持续不减。随着制造业的外迁、特征的改变或消亡,城市中心区的环境尤其受到了影响。

剩下的少数制造业是在图形服务、专门的食品杂货、手工艺品和专门的展示样品制造等领域。在大的工业企业内部,管理和开发职能越来越多地从生产和物流中分离出来,并且倾向于在斯德哥尔摩地区,尤其是在内城进行本地化。因此,这一地区对各种商业服务和咨询机构变得更具吸引力。斯德哥尔摩即将成为一个全球性的大都市(Hall,1998;Magnusson,2010)。

城市发展规划正在复兴,并找到了新的形式:总体规划和区域规划。大城市是发展的前线阵地。斯德哥尔摩在西北和西南部均合并了新的外围城区。1952年版斯德哥尔摩总体规划,概述了公交导向的城市开发导则,其中新建的示范区像一串珍珠一样沿地铁走廊布局(Stockholms stads stadsplanekontor,1952)。这些片区之一的瓦林比,开始在国际上享有盛誉(Sax,1998)。

1952年版总体规划实际上从未正式通过,不过尽管如此,它却为未来数十年的规划和城市发展奠定了基础。前无古人,后无来者——斯德哥尔摩建成了!

图2.4 国际知名的"模范郊区"瓦林比的广场。瓦林比按照所谓ABC(瑞典语"Arbete","Bostad","Centrum",即工作、住房、中心)城市的理念建造
图片来源:伦纳特·阿夫·彼得森(Lennart af Petersens),斯德哥尔摩城市博物馆档案馆

在城市核心区斯德哥尔摩中央车站周边,中央商务区接受了彻底改造,那里有数条地铁线与通勤列车、区域列车和全国列车相连。从外围的现代新区可以很方便地到达斯德哥尔摩现代化的便利设施(Stockholms stads generalplaneberedning,1963,1965)。

地铁线路的建设始于1944年,并在接下来的50年间一直持续进行。这也是将要延续20年的大规模城市改造的发端(Sidenbladh,1985;Gullberg,2001)。最大规模的变化——拆迁、临时解决方案、新的建设考验着焦虑的居民们的耐心。越来越多的人要求停止这些激进的项目,并呼吁回到更为谨慎的城市改造方式上来。市领导对公众舆论做出了妥协,并且1970年代的规划也体现出一种新的范式,即支持历史保护及道路缓行措施。这也意味着对市财政的压力大大减少。

图2.5 中央商业区的重建始于1950年代,当时修建了一条公路隧道和三条相交的地铁干线,这些干线必须从地面修建,并需要大面积拆除若干中心城区,而此处正是当时赛格尔广场(Sergels Torg)的所在地
图片来源:伦纳特·阿夫·彼得森,斯德哥尔摩城市博物馆档案馆

与此同时，斯德哥尔摩的人口增长开始放缓，城市特征也发生了改变。家庭收入提高使得人们选择新的生活方式；越来越多的人选择离绿地较近的更加宽敞的住宅，他们从郊区通勤到内城。随着交通量的增加，城市人口减少，到1980年，斯德哥尔摩有64.7万居民，比1960年的高峰人口减少了16万。与此同时，斯德哥尔摩以外的大都市区人口翻了一番多，从35.8万人增加到74万。

1963年，瑞典成立县议会的一个世纪之后，斯德哥尔摩主管财政的副市长提议，斯德哥尔摩申请加入斯德哥尔摩县议会，并协调整个大都市区的规划，包括土地利用、公共交通和公共医疗卫生等。1971年，新的扩大后的县议会开始运作。三年前，县行政委员会取代了斯德哥尔摩前地方行政委员会（Wijkmark，2002）。斯德哥尔摩县议会的一项职责是，在区域内重新分配税收和提供扩张性贷款，以资助较不富裕的城市建造新住宅区，不过这项工作最终被逐步取消了。

住房供应仍然是这个地区政府的一项主要职责，并且为避免再次出现住房短缺的状况，供应的力度已经渐渐加大。随着城市人口的减少，这一地区突然面临公共住房公寓供过于求的局面，在这种局面下租户入住的速度很慢——有些租户

图2.6　耶尔瓦夫勒（Järvafältet）的林克比（Rinkeby）地区的航拍图，这是"百万家庭计划"的主要开发地区之一
图片来源：英格丽·约翰逊（Ingrid Johansson），斯德哥尔摩城市博物馆档案馆

是自欧洲以外移民来的难民,这导致了种族隔离,政府收入下降,以及对"百万家庭计划"[8]越来越多的批评。

家庭搬迁和通勤距离越来越远。区域规划的协调是对这一现象的自然反应,因为当下人口增长在城市核心区鲜见,它更多地发生在周边区域。1966年的《区域规划纲要》预计,斯德哥尔摩人的休闲游憩区,还有不久之后的就业与居住地域,将会超出斯德哥尔摩县的边界(Wijkmark,2002)。

这份规划纲要是基于对区域人口强劲增长和生活水平显著提高的预期。因此,跟以往的规划相比,它纳入了更多的居住区和交通基础设施——既有铁路,也有公路。这个规划招致强烈的(尤其是来自环保人士的)批评,而且从未正式获批。那个时候,规划的雄心壮志大多都无法实现,特别是新的道路项目,例如东部轨道联络线(目前再次讨论)和城市核心区的西外环(目前在建)等。规划提出的许多住宅区都被重新规划为自然保护区,或被缩减规模,或被推迟实施。另一方面,规划中对于重大改进措施的建议,例如发展大范围的区域污水和废物处理设施,实际上是在1960年代和随后的几十年中实施的,并且这些建议在树立斯德哥尔摩环保楷模的声誉上,发挥了重要作用。如今,大部分废物都被回收或是焚烧来制造能源[9],建筑垃圾被用来堆出供冬季运动使用的人造山丘。斯德哥尔摩的水体现在非常干净,几乎到处都适合钓鱼和洗澡(Ingo,2002年)。

不竭的能源供应之梦

生活水平、舒适度和能源消耗之间的相关性已得到充分证实。斯德哥尔摩在19世纪末引入电灯时,就经历了这种情况。此后,瑞典的用电量每11年翻一番,斯德哥尔摩的增长更快,并且发电设施的扩建也十分迅速。在1960年代中期,瑞典大部分用电都由水电供应,其余的能源依靠进口,廉价且易丁处理的进口石油在竞争中几乎超过了煤炭和焦炭。尽管如此,瑞典的化石燃料总消耗量仍然很大,交通运输和烟囱造成的空气污染也在增加。

从这个角度来看,增加电力的使用,似乎是解决进口化石燃料负面影响的办法,电力生产商预测需求将急剧增加。瑞典很大一部分工业,包括钢铁和纸浆工业,都曾经(并仍然)是电力净消耗大户。为了给铁路和有轨电车供电,电力需求也在增加,更不消说稳步增长的家庭需求了。每十年电力都会有新的功用,而且这些功用首先会进入城市。

斯德哥尔摩的发电厂不仅为市属土地上所有的新住宅区供电,而且还为其提供区域供暖,这些发电厂也借此变得更为高效,营利更加丰厚——事实上,几乎所有城市范围内的新开发项目都是如此。这为楼宇业主提供了一个更环保、更清洁的选择来替代独立的燃油炉，更不消说还能腾出它们所占用的空间了。大新闻是核能，许多人认为它一种无限的资源。1953年，美国总统德怀特·戴维·艾森豪威尔（Dwight D. Eisenhower）在联合国发表题为《原子能为和平服务》的演讲时，曾提议成立国际原子能机构，并向所有愿意接受其控制的国家，提供获取和平利用核能材料和知识的机会。瑞典工业界很早就采纳了这一建议，尤其是在斯德哥尔摩和城市南部边缘极像瓦林比的城市法斯塔（Farsta）。在斯德哥尔摩，皇家理工学院在校内建起了试验反应堆，而法斯塔则将在11年内由核能来全面支撑供电和供热。如今这两个反应堆都已退役，核电至少可以说是一种有争议的能源，这是由于其严重的风险，以及核废料管理所带来的困难（Hallerdt，1992）。

自由进步的象征变成环境保护的罪魁

如果我们回过头来看，瑞典的消费在二十年内翻番并不单单是积极正面的。新的耐用消费品——汽车、冰箱、冷柜、游艇、电视等使生活更加富足和舒适，但也都对公共和私人经济产生了影响。最重要的是，汽车需要在以下这些方面进行大量的投资：街道与道路，汽油的进口、提炼和分销，加油站和废品站，以及额外的警力、救护车和事故处理组等。对于瑞典汽车工业以及汽车和石油进口商来说，这是一个黄金时代。

大多数人，尤其是男性，仍然将汽车视为自由的象征。即使公众舆论谴责用车增加所导致的拥堵和事故，他们也没有充分意识到排放和颗粒物对环境的威胁，而且很少有人知道，污染物会影响到周边之外的地区。再加上燃油供暖在房屋和设施当中的使用越来越普及，汽车的使用开始威胁到全球气候。如今，这已经成为常识，但在当时只有专家们才明白，而人们经常对这些专家持怀疑态度。

尽管瑞典幅员辽阔，城市间相去甚远，交通需求巨大，但除了干线公路和铁路走廊（干线、高速公路和欧洲高速公路）外，无论公路还是铁路网络都不是特别发达，也没有达到世界一流水准。自1857年到一战期间的大规模扩建以来，在新的铁路上几乎没有大规模的投资，铁路养护也不达标准，而且许多铁路线的服务都中断了。二战后，随着重点转向高速公路的开发，这种持续的下滑愈演愈烈。在运力和可达性方面，斯德哥尔摩本地和区域的公交系统均优于瑞典其他地区，其出行量几乎占到城市核心区出行量的一半，以及全国公交系统出行量的一半。与此同时，公路网得到了扩建，但却无法跟上汽车文化发展的步伐。

然而，尽管与限制性更强的公交运输网络相比，汽车提供了快速性和灵活性，但1970年代的一波公众舆论浪潮，对汽车大军和新道路的迅猛发展进行了炮轰，这种批评比许多西方大城市来得更为猛烈。造成这种情况的部分原因可能在于，斯德哥尔摩的地方交通政策，在1950年代和1960年代注重扩建铁路和高速公路，但却没有像丹麦那样同步投资建设步行和自行车出行的基础设施。1973年以前，在斯德哥尔摩的规划与背景战略报告当中，基本没有提及自行车基础设施，中央的规划文件里也没有过多谈到自行车。斯德哥尔摩仍然缺少一个连贯和安全的自行车道网络，即使在内城也是如此。这或许就是为什么当前的争论，倾向于将开车与骑行对立起来的原因。按性别和阶层划分的交通方式份额上的差异，并没有让制定和实施更为客观公正的交通政策变得容易。

图2.7 斯德哥尔摩地铁系统的公共艺术举世闻名，如乌里克·萨缪尔森（Ulrik Samuelson）在皇家花园（Kungsträdgården）站的雕塑
图片来源：汉斯·埃克斯坦（Hans Ekestang），斯德哥尔摩公共交通／斯德哥尔摩交通公司的图片库

当斯德哥尔摩市议会于1941年决定，将公共交通建立在地铁系统的基础上时，斯德哥尔摩就绝非是一个汽车主导的城市。二战前在斯德哥尔摩登记的2万辆汽车中，大部分由于战争原因而退役。大多数人认为，战后的瑞典和斯德哥尔摩会效仿美国的做法，成为汽车遍布的国家，但很少有人意识到私家车迅速主宰瑞典城市的程度会有多高。事后看来，尽管斯德哥尔摩地铁的建设，是为了服务于社会经济而非环境和气候目标，但我们仍要感激这座城市的远见卓识，感激那代人心甘情愿地担负地铁系统的全部投资成本。

在二战后的头几十年里，这一区域建成区的空间格局，开始显现出从单中心向多中心大都市区形态转变的迹象，即便斯德哥尔摩市仍然是该地区无可争议的核心。工业城市让位于私人和公共服务城市，领导职能和研发创新（R&D）受到的关注越来越明显。斯德哥尔摩有她自己跟国外大都市地区合作和竞争的网络。斯德哥尔摩头回能称得上是一个至少有些内生增长的网络社会。城市政治不再由一党控制，而是由几个强有力的政治参与者来主导。更高的生活水平和教育水平，在更复杂的市民及消费者需求，以及新兴的个人主义文化上反映出来。

2.6 过往的40年

1970年以来的增长危机……

在1970年前后的几年里，遍及西方世界的年轻人，抗议上代人盲目相信他们毫无过错，并且抗议他们这代人拒绝对环境破坏、贫困、饥荒和压迫等严重的全球问题承担责任，从而引发了令人关切的新问题。这些问题使得瑞典在几个领域采取了新的举措，包括对外援助的"1%目标"[10]，以及对压迫和殖民主义战争更强烈的反对。瑞典政府还支持联合国1972年在斯德哥尔摩举办国际环保会议，会议发布了关于要保护全球环境的《斯德哥尔摩宣言》，并创立了联合国环境规划署（UNEP）。这些政策的成功，给斯德哥尔摩带来（或许并非是完全应得的）环保政策楷模的声望：这次会议对斯德哥尔摩跟对其他城市一样，都是一记"警钟"。今天，斯德哥尔摩发扬其环保美誉的积极性，或许会被调动得更充分一些，因为当下斯德哥尔摩在开展积极而广泛的环保运动，并且这个时候的大多数城市，尤其是斯德哥尔摩，已经让环境和气候问题在地方政策中占据中心位置。

1950年代和1960年代，首都及首都地区经济和人口的快速增长，也引发了全国政界人士的反应，不过这种反应为时已晚，并且可以说是被引入了歧途。一些区域投资政策的目的，是致力于抑制斯德哥尔摩的增长，人们认为，对于瑞典

图 2.8 1971年的"榆树之战"抗议活动,反对规划在斯德哥尔摩中央商务区皇家花园(Kungsträdgården)的地铁口,标志着斯德哥尔摩全面城市改造的终结,以及城市广泛环保意识的觉醒
图片来源:比约恩·古斯塔夫松(Björn Gustafsson),另类城市(Alternativ Stad)

其余挣扎度日的地区来说,这种增长把它们的潜力抽干了。这项政策最初对优先考虑的地区产生了积极影响;1970年代,作为支撑区域发展的基石,瑞典创办了新的大学和学院,而且重要的国家行政部门、机构和军事综合设施,也从斯德哥尔摩迁往全国其他地区。这项政策一个出乎预料的意外后果是,斯德哥尔摩地区私营部门就业比例本来就比瑞典其他地区高,现在又进一步上升,这增强了其经济增长的潜力。

瑞典雄心勃勃的国际交往无法掩盖日益严重的国内问题。在20世纪的最后30年里,一些关键的出口行业,包括造船、铁矿石和钢铁等都已崩溃。1960年代,国内的纺织与服装、皮革与制鞋以及橡胶等行业开始破产。这对瑞典的许多地区都产生了负面影响,但斯德哥尔摩却未受波及。相反,斯德哥尔摩遭受的是人口减少的影响,建筑业及其分包商都不景气,政府预算收入下降。

与此同时,劳动力市场出现了明显的积极变化——主要是在城市,尤其是在最大的大都市地区。通过个税申报改革,以及制定全面的儿童保育补贴制度,家庭和性别平等政策在女性解放方面取得了进步。这些改革为职业女性提供了以前难以想象的机会,使她们可以在劳动力市场找到工作并赚取自己的收入。16–65

岁有酬就业女性的比例，从1970年的58%上升到1990年的80%。

以前社会民主党的国家经济政策，能够同时实现高增长率、充分就业、稳定物价和令人满意的国际收支平衡，但这些辉煌的成功经验，已不再像之前那样奏效了。40年来，瑞典首次选出由社民党以外的政党所领导的中央政府，许多县议会和市政府也纷纷效仿。1974年的新宪法以一院制议会，取代了两院制的治理体系，并设立了国会、县和市议会的共同选举日。从那以后，随着掌权政治多数派的更替，瑞典的政治越来越像西方其他国家的政治。无论是右翼之风还是左翼之风，它们全都席卷全国，并且公众舆论对政策的制定，产生了更为直接的影响。

1976年当选的国民政府及随后的内阁，被迫多次将货币贬值，以保持瑞典的竞争地位及高标准。然而，国内经济规模太小，无法面对国际危机的影响：四倍的油价冲击、东西方之间的经济战、美苏核电站事故，以及对全球经济造成恶果的遥远战争等。

然而，并非一切都是黯淡无光的。尽管发生了石油危机，但拜其核电和水电的产能所赐，瑞典为其家庭和工业提供了廉价能源。一个又一个部门，已经迈开走向石油独立的步伐，而这个国家又迈向新的依赖：对核能的依赖！如果不损害脆弱生态地区和自然价值（比方说未受干扰的河流和山地湖泊），水电的产能就不可能进一步提高了，而且似乎没有不危害空气质量或其他环保领域的大规模替代方案。

石油危机，加上对石油依赖的担忧，加速了独户住宅向直接电加热方式的过渡。电力清洁、舒适，并且至少在本地没有污染。在斯德哥尔摩地区，这种现象在1970年代尤为普遍。斯德哥尔摩所用的水电能源比以往任何时候都多，但由于决策者等着在该地区建造核电设施，或是从现有反应堆获取热水，化石燃料的用量依然相当可观。不过，这两种情况均未发生，因为1980年的一次全民公投，导致一项旨在最终淘汰核能的政策出台。这个国家仍然依赖石油，即使这种依赖现在被伪装成了清洁电力。

……焕发生机

尽管有影响瑞典的国外危机，尽管有反对核能的全民公投，尽管有工业社会化方面的意识形态冲突的爆发，瑞典仍然保持了1930年代发展起来的和平合作的重要能力，这是跨越党派集团，并与劳动力市场的参与者们一起的和平合作。1990年代共识改革的重点是税收制度和预算程序。因此，到了20世纪与21世纪之交，瑞典的公共财政比1970年更加稳定，并且现在依然如此。

具有讽刺意味的是,这个强项的另一个遗产,是瑞典工业和出口的双重结构:这种结构部分依托并靠近来自瑞典大多数地区(斯德哥尔摩地区除外)的原材料,另一部分则依托来自斯德哥尔摩,以及其他主要大都市地区的服务和知识密集型产品。瑞典证明尽管她是小国,但仍可以跟上甚至引领信息技术和生命科学等领域快速的技术进步,并且能够发扬瑞典工业注重创新和技术开发的悠久传统。

在瑞典的大城市中,这些变革所展现出的规模如此之大,甚至可以说是熊彼特式的创造性破坏,它迫使传统制造业退出,但却开启了一个新的技术时代(Schumpeter,1943)。奥克·E. 安德松(Åke E. Andersson,1985)将这段时期称为瑞典的"第四次物流革命"。在这场革命中,知识、创造力和通信的驱动力,首先改变了最大的大都市地区,并最终扩散到全国各地。在瑞典的第二、第三大城市哥德堡和马尔默,位于市中心的大型造船厂被夷为平地,从而为新型工业、服务业和住房腾出空间。而在大斯德哥尔摩,最新的城市片区希斯塔(Kista),有一个从前不为瑞典人所知的特点:一个信息通信技术和电子集群。希斯塔令城市规划师和政界人士都大吃一惊,他们原本以为这是一个典型的地铁交通服务型城市片区,但在1976年,爱立信旗下的两家公司却成为第一批承租人,接着是IBM,随后一大批其他有相似特征的公司接踵而至。雪球开始滚动起来,瑞典第一个高科技集群横空出世。

斯德哥尔摩对这些现象的反应,体现在1976年和1982年的两版工业和劳工政策计划里。第一个计划的重点是刺激和支持,以此抵消制造业企业从城市的流失。在1976年版的计划中,大学和研究机构几乎都没有被看成是合作伙伴,但在第二个计划里,它们已经在本地和区域创新体系中,起到了重要参与者的作用。1982年的计划将电子学和其他类型的微电子技术,列为特别有前途的领域。

大约在同一时间,斯德哥尔摩县议会与该市的政策协调,为这一地区的战略发展承担了更大的责任。特别是,县议会积极支持县南部的大学附属医院的公共卫生和临床医学研究。这是一个一石多鸟的战略:它支持具有战略意义的工业部门,发展该地区领先的医学教学医院和医学院,创建生命科学研究所,以及一所新的教学和研究机构。所有这些措施都导致人文学科、社会科学和自然科学的研究在同一地区集聚(Wijkmark,2002)。

起初,市县的许多举措似乎相互矛盾,但在将该地区几个高等教育研究机构和其他城市吸收进来之后,最终市县合作的程度不断加深和扩大。斯德哥尔摩市在其1982年版的计划中指出,整个地区丰富多样的工业基础符合该市的利益,而且与其他城市的合作也在不断改善。

两项计划的背景都出于对城市和区域未来的担忧。1976年，制造业步履维艰，许多私营企业遭遇严重的营利问题。另一方面，妇女在劳动力中占有较高的比例是一个积极的信号。

到了1982年，人口和经济指标开始再次向好。打那以后，这个瑞典面积最大、人口最稠密的地区，凭借其大量的熟练劳动力供给、漂亮的消费数据和良好的知识型就业机会，一直保持着强劲的增长势头。她被视为一个强大且有竞争力的地区。在欧洲以及经济合作与发展组织（OECD）内部，斯德哥尔摩竞争力排名的几项指标，显示出这是一个在充满挑战的形势下依旧能保持其优势的地区；这几项指标也强调了一些成功的要素，包括高创业率、高创新和更新率，以及对研发的大量公共和私人投资等。没有其他瑞典地区拥有如此多样化的工业基础。正如人们所预料的那样，瑞典的第二和第三大地区紧随其后，但全国其他地区的工业基础却远远没有那么多样化。斯德哥尔摩是知识型产业劳动力总数占比明显较高的地方；信息通信技术领域的劳动力占比，是瑞典其他劳动力市场区域的两倍（Johansson and Strömquist, 2002）。

斯德哥尔摩劳动力市场的发展前景全面好于瑞典其他地区，该地区国内生产总值比重的增长快于人口比重的增长。总而言之，斯德哥尔摩地区面对经济衰退时的表现，总体上比其他瑞典地区要好，而且具有公认的经济韧性。

国际大都会

人们常常把希斯塔的信息通信技术集群，说成是斯德哥尔摩经济复兴的象征，但也许它更多地反映了信息、经济和社会的加速全球化，以及斯德哥尔摩进入了国际公认的大都会区的圈子（Linzie, 2002）。

在一定程度上，由于瑞典对政治难民实行自由移民政策，斯德哥尔摩地区的人口变得更加多样化，日常生活则更加国际化。斯德哥尔摩人出国旅游和接待外国游客比以往更为频繁。蒸蒸日上的旅游业在城市环境中留下了自己的印记：大型游轮开始在斯德哥尔摩的港口停靠，国内连锁酒店被抛售，而国际连锁酒店则在它们的位置上冒了出来。比萨店、酒吧和汉堡店如雨后春笋般涌现，商店纷纷将宣布打折的瑞典语告示牌"REA"，更换成国际公认的"SALE"。娱乐生活熠熠生辉，商业生活更加全球化，而英语成为许多公司和大学的通用语言。

斯德哥尔摩作为瑞典公路和铁路网络中心节点的传统作用已经扩展，覆盖到航空、电信和数据传输等领域。阿兰达（Arlanda）机场成为国内国际的主要机场，为瑞典三分之二以上的航空旅客提供服务，其中 80% 旅客的始发地或目的地在斯德哥尔摩地区。

政治也经历了革故鼎新的过程：斯德哥尔摩市和县都下定决心在更广泛视角的基础上发展，决心要在欧洲和国际舞台上发挥作用，针对未来制定愿景和目标，并且提升斯德哥尔摩、参与全球竞争。

自 1987 年起颁布实施的新《国家规划和建筑法》，要求开展长期的总体城市物质空间规划。从 1952 年以来，斯德哥尔摩首次更新了她的总体规划，并打那时开始定期修编。这些后来的规划都有一个共同的重点，那就是内城和近郊的填实加密，这样做是为了更好地利用位于市中心的土地，改善公交和骑行的先决条件，抵制蔓延并消除对私家车的依赖（Ingo，2002）。在每次新的规划过程中，甚至更为明显的是，这种雄心壮志成为物质空间规划积极环境与气候政策方法的不可或缺的部分——虽然在实践中，对于今天的斯德哥尔摩人，应给后代留下一个最严格字面意义上的"绿色城市"的传统理念，这些规划所提供的空间比以往更小。这种新的规划范式也塑造了新的示范区，比方说哈马碧湖城（Hammarby Sjöstad）和皇家海港（Royal Seaport）——精神上类似于 1952 年总体规划中的瓦林比，但更加符合当前的可持续性目标。

在此期间，在斯德哥尔摩和瑞典的其他两个大都市地区城市规划政策引发最棘手冲突和僵局的部分是交通系统的发展。1990 年，瑞典中央政府委派三位经验丰富、德高望重的谈判代表，在各个大都市地区内部，推动关于可持续交通投资计划的讨论，这项计划可让环境保护需求与工业运输需求协调一致。在斯德哥尔摩，瑞典央行前行长本特·丹尼斯（Bengt Dennis）受命负责监督这一进程，经过多轮谈判，三个最大的政党就 1991—2005 年间所谓的交通投资"丹尼斯一揽子计划"（Dennis Package）达成一致。尽管当地的公众舆论相当负面，但这些交通运输项目中的大部分已经实施。

产业政策的争议要小得多。人们普遍认为，斯德哥尔摩应努力成为一个多元化的国际大都市地区——一个以知识、能力、创造力和交流为特征的社会（Andersson，1985）。2007 年，斯德哥尔摩市议会通过了《愿景 2030》，它要建立一个世界级的成长型和创新型区域。斯德哥尔摩开始将自己定位为"斯堪的纳维亚之都"，而斯德哥尔摩县则将其愿景定为"欧洲最具吸引力的大都市地区"。无论现实与否，这些口号均反映出人们的雄心壮志，它们需要这座城市和这个地区都有完善的政策，以确保为居民、企业和游客提供良好的生活环境。

对首都地区来说，大部分从经济和人口增长重振以来发生的事情都是积极的。

斯德哥尔摩的人口每年都在持续增长：城市每年约有 1.6 万人的增长，加上这一区域的外围地区每年还有 2 万人的增长，并且迄今为止增长稳定。斯德哥尔摩的出生人数高于死亡人数，同时国内外迁入的人口多于迁出人口。不过，多年来外国净移入的人口，几乎占到该城市和地区净移入人口总数的一半。由于无论是在瑞典还是国外，移民对不断变化的形势和政治都相当敏感，所以这个现实可以让那些做预测和规划的人立此存照。

对于斯德哥尔摩的未来，也许更为重要的是，劳动力和住房市场功能性地域在地理上的持续扩张，从而将相邻行政区的大部分地区纳入进来。交通基础设施的扩建缩短了通勤时间，而更多人的通勤距离也更长了。按照国际标准，在首都地区的大部分地方，人口仍然相对稀少，但对瑞典城市化后期的人口来说，开敞旷地和亲近自然的机会受到了高度重视。同时，县行政委员会、县议会和市政府之间的合作已经扩大，涵盖了一系列影响瑞典中东部大多地区的问题。首都地区的很多网络正开始紧密地结合在一起，而市县的边界正在逐年变得无关紧要。

可持续发展之都

过去几十年间，斯德哥尔摩没有任何其他领域的政策像环保政策这样如此全面。这不仅反映出人们对于环境挑战和气候变化威胁有了更为深刻的了解，而且也反映出我们所有人都受环境问题影响的事实：个人、家庭和企业、市、区域、国家和超国家组织等。政党、公共管理机构、科学家、民间社团、说客和媒体都为这些问题所触动。

与其他国家一样，瑞典对环境可持续性所面临威胁的认识也在不断提高。雷切尔·卡森的《寂静的春天》（1962）敲响了有毒物质扩散的警钟。[11] 此后，环境问题在一个又一个领域层出不穷：新的危机报告、新的环境灾难、新的研究、新的政策、新的法律，如此等等。环境和公共卫生部门的目标和预算成倍增加，而且重点从具体行业，转移到对复杂系统功能联系和效力的认识上。

1972 年的斯德哥尔摩会议为斯德哥尔摩带来曙光，并且激励城市和区域管理机构增加其与环保有关的活动。在那里，如同在世界大多数地区一样，来自《布伦特报告》，即《我们共同的未来》中的"可持续发展"一词，成为表述共同利益的词汇，而且 1992 年的里约热内卢会议的《21 世纪议程》，在地方和区域尺度上更具影响力。人们引入了新的概念，发展了环保政策的新分支，在其中，强调所有民族和国家都相互依存的气候政策，看起来是至关重要的。

斯德哥尔摩市和县都制定了环保计划。这些计划重点关注其自身活动的目标，以及公共管理机构编制的报告和计划如何影响公众意识和行为。交通和能源领域已经做了许多工作，但这个活跃而成功的大都市地区，如果要以如此之高的物质生活水平，实现雄心勃勃的国家可持续发展目标，还有很多工作要做。

最近，斯德哥尔摩决定将环保计划与城市的经济规划联系起来。这一决定促成了一项社会、经济和生态可持续城市发展的公共政策出台。斯德哥尔摩还通过诸如《2007市长公约》等纲领，与其他首都签订共同协议。其中，缔约城市承诺致力于让温室气体的减排比欧盟所规定的更快（目前在1990—2020年期间减少20%）。根据斯德哥尔摩目前的气候与能源行动计划，已经实施和谋划的举措应该足以令其实现2015年的排放目标。

这座城市直接参与环境和气候政策最重要的领域之一，也就是能源供应，通过私有化在1991年部分退出，到2001年则完全退出。城市由此失去了对燃气、电力和区域供热生产和配送的直接控制，因而无法再对可再生能源和化石原料间的选择加以引导，也不能再利用定价政策来左右消费及其社会效应。能源系统在环保上的重要性和复杂性，提醒人们注意另一个正在讨论的要私有化的复杂系统：公共交通，目前它仍由斯德哥尔摩县议会所有和掌控。

日益增长的小汽车交通，以及对环境和气候的担忧，促使瑞典政府在2002年资助全面试行为期六个月的交通拥堵收费制度。该制度作为一项特别国税设立，它围绕斯德哥尔摩内城设置收费警戒线，并与临时扩充的公交运输系统服务相结合。试行结束后，居民受邀参加当地的全民公投，对将试行永久化的提案投票。当地政党对于这项瑞典税收政策的新要素意见相左，而它已经成功地在新加坡、伦敦和挪威的几个大城市，以传统通行费或分时拥堵费的形式实施了。斯德哥尔摩试行道路收费于2006年启动，并经地方公投后在2007年永久生效。此后，斯德哥尔摩各政党和中央政府同意保留拥堵费（或更确切地说是拥堵税），尽管他们在税收的用途上存在分歧：用来改善道路（使纳税人受益），或是用来改善公共交通（提供驾车的替代方案）（Isaksson，2008）。

如上一章所述，欧盟委员会于2010年，将斯德哥尔摩命名为欧洲首个"绿色之都"。我们不仅可以将该奖项视作是对这座城市本身的赞誉，也可将其视作是对市县居民、机构和企业的褒奖。每个人的参与都为目标的达成做出了贡献，而要实现未来的目标，还需要持续的参与。在国际社会积极关注的鼓舞下，斯德哥尔摩的政治领导人树立了一个新的目标，那就是即便在2010年之后，斯德哥尔摩仍将是欧洲的环保之都。这是一个艰巨的挑战。

2.7 小结：回顾与展望

在 1850 年至 2010 年间，斯德哥尔摩的人口从 9.3 万，增加到 84.7 万，周边不断扩大的通勤地区的人口增长了将近 160 万。生活在斯德哥尔摩劳动力市场区域的瑞典人的相应比例，从 3% 左右增加到略高于 25%。这种发展状况体现出较欧洲城市地区平均水平更高的增长率。目前，斯德哥尔摩连片建成区人口规模的排名为 30，而在 1850 年为 45 左右。在交通基础设施上的投资，有助于解释这种快速而持续的增长。19 世纪后半叶，瑞典的铁路投资提高了斯德哥尔摩的可达性，之后的投资保护和强化了斯德哥尔摩作为瑞典交通和通信网络中心节点的地位。在那以后，规模经济、服务业的增长和越来越强的知识导向，看起来是更加重要的解释性因素。

回望 160 年的历史，比起近期在温室气体减排和改善当地环境的成就，斯德哥尔摩的经济增长似乎会更令人印象深刻。然而，一位来自 1950 年的观察家可能会得出不同的结论，这是因为改善当地环境对居民有切实和直接的好处。到 1950 年，在给排水系统、垃圾处理和住房改善方面的持续投资，使人们的预期寿命大幅提高：男性从 25 岁提高到 67 岁，女性则从 31 岁提高到 72 岁。

政治学家也许会对现代治理体系的建立，以及社会工程与实用主义的印象更为深刻，这是自大约 80 年前社会民主党开始主导政治舞台以来，许多地方和国家政策的特点。1920 年代斯德哥尔摩公共管理部门的改革，1952 年和 1970 年的市政改革，1963 年启动并于 1971 年实施的责任由市级向县级的转移，以及 2007 年的拥堵收费制度等，都是这种实用主义的突出案例。政治学家甚至可能会说，长期以来采用的解决问题的习惯，以及寻求各方都能接受的解决方案的做法，现在可以视作是重要的制度资本——这种资本有助于为政治进程提供新的知识，并降低政治僵持的风险，而这可能会有助于让斯德哥尔摩更加绿色环保。

然而，斯德哥尔摩最近通过的温室气体减排行动计划表明，这种制度资本可能已经有所侵蚀。尽管该计划在大多数方面都志存高远，但它采取的视角却相当狭隘，只考虑了城市边界内所产生的温室气体排放。根据阿克塞尔松（Axelsson，2012）的观点，这种定义严重低估了斯德哥尔摩家庭和企业所造成的温室气体排放总量。

另一个严重的短板是没有对前面提到的城市热岛效应进行讨论。考虑到自 1940 年代以来，城市与区域规划似乎取得了相当圆满的成果，人们本来以为会开展应对植被损失和废热排放的讨论。由于大气中温室气体的浓度还将在很多年内持续上升,所以不管国际和国内是否就降低目前的排放水平达成协议,斯德哥尔摩的行动计划本来还应该就以下问题进行讨论:斯德哥尔摩及其周边城市如何提高其适应能力,以防止因反复出现的热浪、其他类型的极端天气或海平面上升而可能造成的损害。

从社会工程学的角度来看,更为严重的是,该计划对于执行各项建议措施缺乏成本的估算。要求核算成本并不意味着要将当前环境威胁的等级降低。它仅仅反映了一个事实,即任何社会的资源都是有限的;用于环境保护的资源越多,用于学校或老人护理等其他重要支出的可用资源就越少。我们需要进行成本估算,从而确保能将总预算的合理部分用于应对气候变化,同时也用于以其他的方式改善环境。我们也需要这些成本估算来确保这部分预算的高效使用。例如,就目前而言,我们无法知道为减少小汽车交通量而提出的措施,是否会让单位花费所减排的温室气体,与那些为让住房更节能而提出的措施一样多。对于通过研究和创新来减少排放和改善环境的必要性,任何持社会工程学观点的人,在发现这样的讨论缺失时,都会感到令人沮丧的意外。

一直到1950年前后,斯德哥尔摩的增长似乎主要是由国家和国际的发展所驱动的。从那时起,她作为国家知识中心的作用就越来越明显,有部分增长也变成了内生驱动的增长。此外,根据城市和城市区域的国际比较(Mälardalsrådet, 2012),就知识资本和创新速度而言,斯德哥尔摩近来已经发展成为欧洲领先的大都市地区之一。这应该让人们对环境持更加乐观的看法。将这种创新能力与其产业多样性,以及政治实用主义相结合,斯德哥尔摩地区或许会——套用布罗代尔(Braudel)的话来说——成为一台全球的"电力变压器",这台变压器激发了世界各地的城市可持续性措施。

注释

1. 除了二战后新增的西北部的瓦林比-哈塞尔比(Vällingby–Hässelby),以及西南部的沙特拉-斯卡尔霍尔姆(Sätra–Skärholmen)以外。
2. 斯德哥尔摩生产电话、牛奶分离器、钻机、灯塔和炸药的公司。
3. L. M. 爱立信(L. M. Ericsson)与瑞典电报管理局(Telegrafverket)的互动,就是这种全国性采购现象的例子,但庞大的、以趋势为导向的本地市场的重要性也不容高估。1912年,斯德哥尔摩是世界上人均电话数量最多的城市之一:斯德哥尔摩每千人205部,伦敦30部,纽约88部(Magnusson, 2010)。
4. 英国长期以来一直是瑞典的重要贸易伙伴;对美贸易的增长主要在一战后。
5. 其他几个较大的城市也没有并入县议会,因为人们认为,这些城市大到足以独立承担诸如医疗保健等县的重要职能。斯德哥尔摩的独特之处在于,它还受制于自己的"地方行政委员会"（即国家政府的地方部门），因为瑞典王室历来更喜欢对首都保持比其他城市更强的控制力。斯德哥尔摩市政府普遍认为，这种不平等待遇对其不利。

6. 或叫作"北欧模式"；其他北欧国家也有类似的做法和政策。
7. 本节的大部分内容均基于芒努松（Magnusson, 2010）的"社会资本主义"（Den sociala kapitalismen）和"瑞典模式"（Den svenska modellen）两个章节。
8. 1965 年，瑞典中央政府决定在 10 年内建造 100 万套出租公寓。
9. 编者按：如第 1 章所述，斯德哥尔摩对城市废物的处理，一直是可持续发展研究人员争论的话题。一些人赞扬斯德哥尔摩在高效焚烧和区域供热设施上的投资，这些设施以城市废物为给料；其他人则将这一地区相对较高的人均废物生成量，看作一种负担，并且认为焚烧一种不可持续的选择。
10. 瑞典国际援助的既定目标是至少占瑞典国内收入总值（GDI）的 1%。
11. 在瑞典，帕姆斯蒂纳（Palmstierna, 1968）几乎有同样的影响力。

参考文献

Andersson, Å. E. (1985) *StorStaden, K-samhällets Framtid*, Stockholm: Prisma.
Andersson, Magnus *et al.* (1997) *Stockholms årsringar*, Stockholm: Stockholmia förlag.
Andersson, Monica (2009) *Politik och stadsbyggande. Modernismen och byggnadslagstiftningen*, Stockholm: Stockholm University.
Andersson, O. (2012) *Vykort från Utopia. Maktens Stockholm och medborgarnas stad*, Stockholm: Dokument Press.
Axelsson, K. (2012) *Global miljöpåverkan och lokala fotavtryck*, Stockholm: Stockholm Environment Institute.
Batty, M. (2008) "The size, scale, and shape of cities," *Science*, 319: 769–771.
Börjesson, M. (2012) "Are subway investments profitable?" Stockholm: Expert Group on Public Economics, Ministry of Finance.
Braudel, F. (1985) *Civilization and Capitalism 15th–18th Century*, vol. 1: *The Structures of Everyday Life*, New York: Harper & Row.
Carson, R. (1962) *Silent Spring*, Boston: Houghton Mifflin.
Dufwa, A. (1985) *Stockholms tekniska historia*, vol. 1: *Trafik, broar, tunnelbanor, gator*, Stockholm: Liber förlag.
Eriksson, E. (1990) *Den moderna stadens födelse. Svensk arkitektur 1890–1920*, Stockholm: Ordfront förlag.
Eriksson, E. (2001) *Den moderna staden tar form. Arkitektur och debatt 1910–1935*, Stockholm: Ordfront förlag.
Gullberg, A. (2001) *City: drömmen om ett nytt hjärta. Moderniseringen av det centrala Stockholm 1951–1979*, Stockholm: Stockholmia förlag.
Hall, [Sir] Peter (1998) *Cities in Civilization*, London: Pantheon Books.
Hallerdt, B. (1992) *Stockholms tekniska historia*, vol. 5: *Ljus, kraft, värme*, Uppsala: Almqvist & Wiksell.
Hammarström, I. (1970) *Stockholm i Sveriges ekonomi 1850-1914*, Stockholm: Almqvist & Wiksell.
Hårsman, B. and Quigley, J. M. (2010) "Political and public acceptability of congestion pricing: Ideology and self-interest," *Journal of Policy Analysis and Management*, 29(4): 854–874.
Henderson, J. V. and Thisse, J.-F. (eds.) (2004) *Handbook of Regional and Urban Economics*, vol. 4: *Cities and Geography*, Amsterdam: Elsevier.
Ingo, S. (2002) "Miljöfrågorna i regionplaneringen," in C. Söderbergh (ed.) *Stockholmsregionen 50 år av regionplanering 1952–2002*, Stockholm: Regionplane- och trafikkontoret.
Isaksson, K. (2008) *Stockholmsförsöket: en osannolik historia*, Stockholm: Stockholmia förlag.

Johansson, B. and Strömquist, U. (2002) "Stockholmsregionen: Sveriges tillväxtcentrum." In C. Söderbergh (ed.) *Stockholmsregionen 50 år av regionplanering 1952–2002*, Stockholm: Regionplane- och trafikkontoret.

Johansson, I. (1987) *StorStockholms bebyggelsehistoria. Markpolitik, planering och byggande under sju sekler*, Möklinta, Sweden: Gidlunds.

Kallstenius, P. (2010) *Minne och vision, Stockholms stadsutveckling I dåtid, nutid och framtid*, Stockholm: Max Ström.

Keynes, J. M. (1936) *The General Theory of Employment, Interest and Money*, London: Macmillan.

Larsson, Y. (1977) *Mitt liv i stadshuset*, Stockholm: Stockholms kommunalförvaltning.

Linzie, J. (2002) "Stockholmsregionen i världen." In C. Söderbergh (ed.) *Stockholmsregionen 50 år av regionplanering 1952–2002*, Stockholm: Regionplane- och trafikkontoret.

Lundewall, P. (2006) *Stockholm: Den planerade staden*, Stockholm: Carlsson bokförlag.

Magnusson, L. (2010) *Sveriges ekonomiska historia*, Stockholm: Norstedts.

Mälardalsrådet (2012) *Stockholm Report 2012*, Stockholm.

Ohlsson, P. T. (1994) *100 år av tillväxt*, Stockholm: Brombergs bokförlag.

Palmstierna, H. (1968) *Plundring, svält, förgiftning*, Stockholm: Rabén & Sjögren.

Pettersson, R. (ed.) (2008) *Bekvämlighetsrevolutionen*, Stockholm: Stockholmia förlag.

Sax, U. (1998) *Vällingby: ett levande drama*, Stockholm: Stockholmia förlag.

Schéele, S. (1991) *Stockholmare och andra. Demografiska fakta, utvecklingstendenser och framtidsfrågor*, Uppsala: Konsultförlaget.

Schumpeter, J. A. (1943) *Capitalism, Socialism and Democracy*, London: Allen & Unwin.

Sidenbladh, G. (1985) *Norrmalm förnyat 1951–1981*, Stockholm: Arkitektur.

Snickars, F. and Axelsson, S. (1984) *Om hundra år. Några framtidsbilder av befolkning, samhällsekonomi och välfärd under 2000-talet*, Ds SB 1984: 2, Stockholm: Liber/Allmänna.

Stockholms stads generalplaneberedning (1963) *1962 års cityplan*, Stockholm.

Stockholms stads generalplaneberedning (1965) *Tunnelbaneplan för Stor-Stockholm*, Stockholm.

Stockholms stads stadsplanekontor (1952) *Generalplan för Stockholm 1952*, Stockholm.

Stone, B. Jr. (2012) *The City and the Coming Climate: Climate Changes in Places We Live*, New York: Cambridge University Press.

Strandh, S. (1985) *Från pyramid till laser. Ur teknikens historia*, Stockholm: Natur och Kultur.

Swedish Environment Protection Agency (2012) *Konsumtionsbaserade miljöindikatorer*, Report No. 6483, Stockholm.

Wijkmark, B. (2002) "Regionplaneringen – förspelet; Sex regionplaner; Att utveckla en regiondel," In C. Söderbergh (ed.) *Stockholmsregionen 50 år av regionplanering 1952–2002*, Stockholm: Regionplane- och trafikkontoret.

World Commission on Environment and Development (1987) *Our Common Future* (the Brundtland Report), Oxford. Oxford University Press.

第3章

可持续性概念的应用:学术、政策和规划上的解读

乌尔丽卡·贡纳松-奥斯特林(Ulrika Gunnarsson-Östling),卡琳·爱德华松·比约恩贝里(Karin Edvardsson Björnberg),约兰·芬维登(Göran Finnveden)

3.1 引言

尽管1960年代前的政治辩论中尚未用到"环境"一词,但环境问题在斯德哥尔摩向来举足轻重(Lilja,2011)。1960年代至1970年代,这个词有了新的生态学含义:它不再简单地指代环境的自然特征,而是蕴含了对生物之间,以及生物与生态系统之间相互作用更为深入的理解。这种语义上的转变,反映出这座城市环境工作重点的变化。在转变发生之前,城市毫无疑问也在处理诸如水体及空气质量之类的问题,但并未就环境问题采取综合性的对策。在1960年代末和1970年代初,新的生态意识开始萌芽,此外,它还在城市预算的辩论中留下印记。继《里约宣言》和《21世纪议程》之后,斯德哥尔摩环境整治与规划的重点再次改变:从创造良好的环境(生态)条件,转变为1995年批准的实施计划中所提到的,进一步促进更广泛意义上的可持续发展。近年来,当人们将生态可持续性束之高阁,从而推动经济发展或"可持续增长"时,我们可以看到重点的进一步转换。

在城市层面,可持续发展的概念通常由该市的规划人员付诸实践。尽管有研究涉及规划师和决策者们如何把可持续发展的概念运用到环境政策和规划当中去(例如,Porter和Hunt,2005;Lombardi等,2011),但对怎样在日常规划和决策中将这一概念做实的重大研究,尚待开展。本章就该研究议题阐述了看法,探讨了学术界和斯德哥尔摩政界所理解和讨论的可持续发展的多维概念,如何影响地方层面的规划和决策。尽管学术界(Baker,2006;Lafferty和Meadowcroft,2000)和斯德哥尔摩政界,对可持续发展的含义都有"第一层"或是表面上的理解,但在实际规划当中,几乎没有人直接或间接引用这一概念。在与斯德哥尔摩相关的重大规划里,人们并未明确提及可持续发展的概念;它在解决不同规划目标的

冲突上，似乎也未发挥任何作用。这与斯德哥尔摩政治层面的环境问题去政治化相类似。如第 3.3 节所述，政界人士倾向于将环境问题，视为可以通过知识累积和技术进步来解决的问题。环境问题在行政序列中这种"变本加厉"的去政治化，对地方规划产生了影响。如 3.4 节所述，规划人员避免采用既定的可持续性目标，部分原因在于缺乏如何处理各目标间冲突的政治指导方针。值得注意的是，他们的理由往往是可持续发展的内涵难以界定的。

本章分为五个部分。第 3.2 节简要讨论了可持续发展的概念。虽然它有广为接纳的核心内涵，但人们对它仍有诸多不同、有时甚至是矛盾的解读（Connelly，2007）。关于这一概念背后的规范性原则，以及它应该如何在国家和地方政府层面实施，人们尚存异议。

第 3.3 节就斯德哥尔摩市怎样在政治层面实施可持续发展理念，进行了历史回顾。本节揭示了多年来，"环境和可持续发展"等词汇所附着的内涵是如何变化的。这些词汇的应有之义，正在经历一场思想派别上的争斗。正如本章所示，多种学说常常并存，但在任何给定的时间点上，总会有一种学说趋向于占据主导地位。

第 3.4 节用了两个规划案例来解释可持续发展的概念如何在斯德哥尔摩的规划层面应用。两个案例分别是城市总体规划及其"步行城市"（或瑞典语中的 Promenadstaden）（Stockholm City，2010 年）的核心理念，以及《国家交通基础设施规划》（Swedish Road Administration，2009a）。这样，一个案例是对地方有影响的国家层面的规划，而另一个则是纯粹的地方规划。这两个规划案例显示，尽管国家和地方两级通过的政治文件（目标、指标等），都有对环境可持续性的正式"规定"，但规划并未就这些规定作出明确回应。例如，当要在不同而且矛盾的目标之间选择时就是这样。

第 3.5 节讨论了如何将第 3.2 和 3.3 节提及的思想派别问题，纳入斯德哥尔摩实际规划和决策的语境当中去。环境问题在地方层面上去政治化，随之而来的是人们不愿对价值取舍进行深入的思考。这导致在规划过程中，环境问题的优先级别降低。缓和这种趋势的一个办法，应当是采用多规划方案或未来愿景，在这些方案和愿景里以不同的方式来解决环境问题。通过使用可供比选的不同愿景，规划有可能会重新政治化，围绕可持续发展的表面共识也有可能受到有力的挑战。

3.2 可持续发展的概念

可持续发展是一个有诸多历史渊源的多维度概念。《布伦特报告》让它更广泛地为大众所熟知。该报告将可持续发展定义为"发展既满足当代人需求，又不损害后代人满足其自身需求的能力"[World Commission on Environment and Development（WCED），1987，p.43]。可持续发展理念的一个历史渊源是，人们日益关注全球环境的恶化，以及经济增长可能的极限（Robinson，2004）。另一个渊源则是，人们认识到发展中国家迫切需要经济增长，以满足其人民的需要。在《布伦特报告》中，联合国尝试通过可持续发展的原则，化解社会经济发展与自然资源本底保护之间的矛盾。

尽管人们通常将可持续发展理解成一个大一统的概念，认为它既化解了社会与经济发展间的紧张关系，同时也保护了环境，但对其确切含义却有很大分歧。虽然大多数学者都认为可持续性非常重要，不过他们对以下问题仍存异见：满足人类需求要采取哪些行动？制定发展政策时，应优先考虑谁的需求或利益？社会经济发展与环境保护之间冲突的程度如何？有许多不同的办法来实施这一概念，这取决于如何定义可持续性，以及哪些问题被认为是最重要的（如 Harvey，1996；Redclift，2005）。因此，虽然可持续发展是"国际环境与发展议题的主导概念"（Meadowcroft，1999，p.13），但许多人已将其视为"在研究未来的学者和专业人士当中，应用差异最大的概念之一"（Newman 和 Kenworthy，1999，p.1；另见 Baker，2006）。

应急孰之所需？

围绕着可持续发展概念的主要争论之一，是在制定公共政策时应当考虑谁的需求。布伦特委员会定义可持续性的概念，用的是人类中心的术语。换句话说，这一概念本质上针对的是人类的需求。只有当其他生物体和生态整体（例如生态系统和生物圈）有助于满足人类之需时，它们的需求或利益才有意义。人们采取环保措施，在根本上只不过是因为环境对人类的健康或幸福不可或缺而已（Baker，2006）。可持续发展以人类为中心的定义，已经在文献中遭到批判。一些学者对环境仅有工具主义价值的观点——环境只有在对其他（工具主义的或与生俱来的）价值有所裨益时方有价值——提出了质疑。这些学者认为，环境——包括单个生物、物种和生态系统，具有与生俱来的价值（例如 Rolston，1988）。因此，努力发展的成就，不应仅仅优先用来保障人类的长期福祉，而且还应当以尊重自然固有价值的方式来谋划。

批评的另一点与可持续发展概念缺乏行动指引有关。尽管布伦特委员会所定义的可持续发展概念，就关注人类福祉的意义来说是直截了当的，但由于人类需求的概念模糊不清，使得这一概念难以实施。我们正在谈论的是什么需求？我们是否正在谈论人类的基本需求，即为了保证我们的生存而必须满足的需求？或者我们是否也在谈论我们自认为需要，但将其称之为我们的心仪之物或许倒是更为贴切的东西？显然，我们必须根据哪些需求（或必需品）要纳入考虑，而采用截然不同的政策。

再者，除了诸如生存、防卫和自由等人类最基本的需求之外，需求往往为社会所创造。这意味着它们经常因时而变（Redclift，1992）。生活在古埃及或中世纪英国的人们的需求（至少部分）与生活在当今人们的需求相异。即使在同一代人中需求也会因收入水平、年龄、民族或文化背景的不同而迥异。这似乎带来了方法论上的问题：除非我们仅仅讨论人类的基本需求，并就这些需求的内容达成共识，否则我们如何才能将可持续发展的原则，作为社会变革的标准样板？我们无法确知未来社会的模样，或者子孙后代的需求将是什么。那么，我们如何才能基于（人类）福祉机会不减的理念来制定政策呢？

何以满足人类之需？

在经济类文献中，满足人们的需求通常被解释为满足人们的偏好。[1] 如果发展能够满足当代人的偏好，同时不损害满足后代偏好的机会，那它就是可持续的。因此，诺伊迈尔（Neumayer，2010，p.7）将可持续发展定义为"不削弱永续提供不下降人均效用（福利）能力"的发展（另见 Rees 和 Wackernagel，1996）。[2]

那些产生效用供应能力的东西，就是通常所说的资本。与可持续发展的经济学概念有关的问题中，争议最大的问题之一是，需要什么形式的资本来提供"永续而不下降的效用"，或将资源保护维持在可以满足后代所需的水平上。这个问题的答案，实际上存在强可持续性和弱可持续性两种基本范式（Pearce 等，1989）。弱可持续性要求维持资本的总量，但允许其不同部分（自然资本、人力资本和人造资本）间的相互替代。这意味着，只要以等量的生产性资本替代自然资本，就能安全地减少自然资本（Ayres 等，2001；Munda，1997）。相反，强可持续性假设自然资本根本无法被其他类型的资本所替代。因此，它要求分别保留不同类型的资本。在最偏激的解释当中，强可持续性要求对所有自然资源进行保护（物种、冰川和矿产等），因为它们不能被其他任何东西替代（Hansson，2010）。另一些解释则没有那么偏激，它们允许特定条件下进行相互替代。一种比较温和的解释要求资源存量总价值保持不变，但允许不同类型自然资本之间的替代（Neumayer，2010）。另一种较为温和的解释，则对不同形式自然资本之间的可替代性施加了限制，并呼吁对那些自然资源的实物储备加以保护，它们被认为对维持重要而且不可替代的环境功能，或是生命支持功能至关重要（Ekins，2003；Deutsch 等，2003）。

人们对弱可持续性概念和强可持续性概念，都已提出支持和反对的理由。人们一直批评弱可持续性概念并未超出福利最大化的传统标准（Beckerman，1994），从这个意义上来讲它是多余的。批评还认为，弱可持续性概念建立在不切实际的假设之上，这个假设就是不同形式的资本间可以完全替代。比方说，伊金斯等（Ekins 等，2003）认为，至少一些由自然资本所承担的功能是其独有的，这是因为它们不能被其他资本要素所取代（Holling 和 Meffe，1996）。基本的生命支持功能，以及设施的服务（如自然保护区所传递的美学、休闲或科学价值）就是两个例子。人们认为，很难看出生产资本如何能彻底抵消气候或生态系统稳定性的恶化，或是弥补美学上的损失，如景观或冰川的丧失等。另一方面，由于强可持续性概念对当代人要求过高，所以从这个意义上来讲，人们一直批评它不切实际并难以付诸实施。人们相信，人类生存的不确定性，使得减少对后代满足其偏好能力的担忧变得合乎情理。强可持续性概念还因道义上令人反感而一直为人诟病，这是由于它似乎是将资源转移给尚未出生的人，而这些资源本可以用来纾解在世者的困苦（Beckerman，1994）。

经济增长与环境保护之间冲突的程度如何？

关于社会经济发展与环境保护目标间冲突的程度，各种可持续性学说的看法不一。传统新古典主义学说是其中一个派别，它们否认经济增长与环境保护之间存在根本冲突。环境恶化的起因在于市场失灵，也就是说，环境恶化的成本没有充分内部化（不是由生产者或消费者承担，而是甩给了第三方）。假如将成本内部化，那么市场将会解决环境恶化的问题。因此，用传统的新古典主义术语来说，环境问题从根本上可还原为经济问题或是市场缺陷，政策干预则要做相应的调整。

其他学说没那么极端，但对兼顾经济增长与保护自然资本本底的可能性，仍持乐观态度。在瑞典，自从社会民主党首相约兰·佩尔松（Göran Persson），在1996年提出绿色福利国家（Gröna Folkhemmet）的愿景以来，生态现代化一直是可持续发展的主流学说（Anshelm，2002，p.36）。尽管这一学说付诸实践的方式不同，但它通常认为，持续的经济增长可以兼容，有时甚至是需要环境友好型的发展（Hajer，1995；Hedrén，2002）。通过诸如清洁技术、环境管理和产品设计之类的工业进步，自然资源可用于以可持续的方式促进社会经济发展。

相比之下，传统的生态（环保）论者认为必须保护自然，使其免受经济活动的负面影响。照此观点，社会经济的发展总要以这样或那样的方式消耗自然资本，这意味着技术进步在保护环境上也很难走远，因而需要采取其他的措施。从历史上看，环境保护是通过建立国家公园来实现的。国家公园是野生动物的避难所，它们与外界隔绝，不受人类干扰。然而，保护主义者的做法有时会适得其反。斯德哥尔摩群岛的昂索（Ängsö）国家公园，就是一个著名案例。公园建于1909年，旨在保护岛上特殊的植物群落。人们对岛上的放牧活动实行严格的管制，迫使当地放牛的农民离开。这致使岛上很快就灌木丛生，对草甸和珍稀物种构成了重大威胁。而这些草甸和珍稀物种，恰恰是人们本来打算通过上述措施进行保护的。在这个案例当中，保护主义者没能看到，人类在他们想要保护的生态系统中扮演了重要角色。因此，把人类仅仅视作令人不安的因素，可能意味着无法实现目标（在这个案例中，目标是保护珍稀植物）。相反，将人类看成生态系统的一部分则很重要，这也就是说不仅要关注偏远的自然地区，还要关心人们日常生活所处的环境，而这样的环境往往存在于城市当中。

有一个更为现代的生态学说认为，地球已经进入人类世。这是一个人类作为地球环境变化主要推动者的地质时期。在人类世，我们不能将生态系统看成是与人类并行存在的，相反人类是生态系统的一部分并对其产生重大影响。人类依赖于生态系统提供的服务（Daily，1997），因此至关重要的是，不越过可能严重影响这些服务供给的底线（Rockström等，2009）。社会—生态系统的管理对保障生态系统服务可持续供给来说变得非常重要（Galaz等，2012）。

可持续发展在代内公平上有何需要？

尽管根据布伦特委员会的定义，可持续发展是建立在代际公平上的，但它也适用于同一代人（代内公平）。我们可以名正言顺地将这一原则扩展到代内的情境中去。因为我们很难在不同年代人的身上看出，不平等的福利机会在道义上有多么紧要，而同一代人的情形则不然。因此，环境公平[3]（Harvey，1996）话语将代内不平等，置于可持续发展议程的首位。环境公平话语中强调当今社会的不平等，以及社会不平等与环境退化之间的相互联系，这一点得到了主要来自美国的研究的支持，这些研究表明，某些社会群体承担了不成比例的环境问题负担（Shrader-Frechette，2002）。因此，环境公平在美国是一个得到政治认可的概念，美国环境保护署（EPA）的环境公平办公室正努力将其纳入EPA开展的所有活动中去（US EPA，2012）。

内涵激增是否损害这一概念的实效性？

除了在可持续发展概念的规范基础方面存在意见分歧外，人们对学术文献中出现的各种含义，是否会给实际规划和决策造成问题也有不同看法。一些作者认为，由于缺少精准的定义，可持续发展的概念不能用作政治的参考标准（Lélé，1991；Beckerman，1994；Robinson，2004）；它不过是一盒万金油罢了。然而，其他人则认为这个概念的模糊性是"不可避免的"（Jacobs，1999；Connelly，2007），或者甚至认为它是某种积极的因素。这是因为它能让政治议程不同、有时甚至矛盾的民众和政治家，就共同目标达成一致（Mitcham，1995；Robinson，2004）。

贝克（Baker，2006）建议，可以通过了解那些本质上有争议的概念来了解可持续发展概念的复杂性。本质上有争议的概念或多或少在"第一层"政治含义上一致。不过在这种表面的统一之下，蕴藏着更深层次的分歧。[4] 可持续发展概念的模糊性和开放性，使得它很容易通过改变，适应不断变化的形势。这也让它很容易被一些人和组织把持并重新定义——他们希望用具体的示例来展示这一概念，以便与他们自己的政治议程相吻合。

3.3 可持续发展方面的政治议题

自从1863年斯德哥尔摩市议会成立至今，斯德哥尔摩的政界人士一直在就诸如空气质量和废水处理等问题辩论。然而，在1966年之前的政治辩论中，并未用到环境一词（Lilja，2011）。1960年代末期和1970年代初，这一术语从仅仅指代环境的自然特征，到开始有了生态学含义，还有对包括人类在内的生物体之间相互作用的认识。人们的观念由此发生转变，生态意识逐步形成。利亚（Lilja，2011）研究了1961年至1980年间斯德哥尔摩市议会的预算辩论，发现人们对环境概念的性质有了更高要求。这意味着尽管对这一术语的含义存在分歧，但到1960年代末，所有各方都在谈论环境。因此，环境问题对许多人来说变得很重要。

1970年代初，斯德哥尔摩的环境概念变得更加制度化。1976年，斯德哥尔摩首个环境政治计划提案出台（2012年，这一计划的第七版正式通过，现简称为环境计划）。贡纳松 - 奥斯特林（Gunnarsson-Östling，即将出版）在回顾这些计划以及斯德哥尔摩市议会关于这些计划的政治辩论时，揭示了在1960年代萌芽的环境议题是如何随着时间的推移而变化的。[5]

1976年的辩论显示，各政治党派之间有着强烈的共识。人们认为环境问题主要不是政治决策的后果，而是某种偶发事件，可以通过理性和科学的解决方案加以修正。大家相信，通过更多的清单和更多的知识是能够实现这些方案的。这是一个持续存在的趋势，尽管大家在意识形态上的差异也十分明显，尤其是在1989年、1995年和2003年的辩论中，各党派讨论了资本主义和共产主义制度的利弊，也就是将自由还是将管控作为解决环境问题的方法。各党派间的另一个分野，跟强弱可持续性的差别有关。多年来，一些政党（首先是绿党和左翼党）倾向于将其观点建立在对可持续发展的激进看法上，认为至少有必要保留某些类型的自然资本。其他党派（主要由温和党和自由党代表）则通常为较弱的可持续性概念辩护（Gunnarsson–Östling，即将推出）。举例来说，在2003年的辩论中，自由党的比约恩·荣（Björn Ljung）鞭挞了环境计划，因为"它既没有促进城市的增长，也没有推动区域的增长"，他反过来主张基于市场的发展：

> 如果我们要从长计议来解决环境问题（对此我们均无异议），则必须把环境也视为增长和发展的一个部分。那您就不能设置大量障碍。如果您试图长期阻止增长和发展，那么后果简单明了，我们所有眼下拥有的优质环保技术都将化为泡影。[6]

相反，绿党认为增长不一定等同于经济增长：

> 良性增长可以分布在数个领域。它不仅仅是经济的增长，也可以是生活质量的提升；它不必是小汽车交通的增长，也可以是人力资本的增长。[7]

1995年，在新的环境计划提案之前，先与不同的参与者进行了更为广泛的磋商，并且市民们也加入进来。这是1992年，在里约热内卢召开的联合国环发问题重大会议的直接结果。会议强调了公民和其他持分者参与决策和实施环保行动的重要性。例如，在斯德哥尔摩的规划当中，这意味着环保运动已获得对在编规划发表意见的机会。但是，我们对这种做法在实践中的作用知之甚少，还需要开展更多的研究。这种民主观基于一种求取共识的方法及这样的理念，即只要我们彼此的交谈足够充分，就可能会达成一致（Dryzek，2000）。联合国里约会议的另一个结果是，从现在开始，斯德哥尔摩环境计划的重点将转向可持续发展，而不仅仅是"环境的保护"。

从2003年起，斯德哥尔摩环境计划的既定目标是，不仅要为可持续发展做出贡献，而且还要为提高吸引力添砖加瓦（Stockholms stad，2003）。此外，计划将环境问题更多定位为公民和消费者个人的责任，而非集体监管所关注的问题。因此，鼓励市民通过积极选乘公共交通工具出行，成为使用环保产品和服务的负责任消费者，爱护自然，提升阳台花箱的生物多样性，进行垃圾分类，并考虑室内环境以防出现健康问题（Stockholms stad，2003，pp.7-8），由个人承担起"做正确的事"的责任。

2008年，环境问题进一步相对化。比方说，现在这一计划声称，"健康环境"的含义可能因人而异。该计划还表示，可持续发展与经济增长并不矛盾（Stockholms stad，2008，p.3）。甚至交通这个从前被视作牵涉环境问题的大难题，现在也被当成是福利国家的重要问题，这是由于"高效的交通是在全球环境中保持竞争力的先决条件"（Stockholms stad，2008，p.5）。因此，经济增长已成为一个引人注目的概念。即使是左翼党也在这场辩论中表示，经济增长令人振奋，因为收入增加将意味着有更多的资源用于改善环境（Gunnarsson-Östling，即将推出）。

2012年版的环境计划遵从上面的总体方针，不过更加注重城市的发展。这版计划的经济主义及增长导向的观点变得更为明确。现在它将可持续城市的理念更加清晰地表述为：要从根本上仰赖技术创新来解决环境问题。这版计划与城市《愿景2030》（Vision 2030）有关。《愿景2030》特别约定，到2030年，斯德哥尔摩应该具备强大的国际竞争力，并被视为欧洲主要的增长地区。愿景还进一步宣称，到2050年，斯德哥尔摩有望实现零化石燃料目标（Stockholms stad，2007）。尽管如此，交通运输问题已更多地转向提供高效的交通运输，作为提高竞争力和解决本区域交通运输系统瓶颈问题的先决条件（Stockholms stad，2012年，p.6）。

在1989年、1995年和2003年的辩论中，环境问题的政治化非常明显。现在它已经销声匿迹，取而代之的是，辩论在很大程度上成为怎样确定目标的数字演练。因此，环境问题再次去政治化了。这也就是说，人们认为通过运用更多的知识和科学，可以有效解决环境问题；另外，经济必须增长的观念，以及小汽车作为未来社会至关重要的交通技术的地位，看起来都是不容置疑的（Gunnarsson-Östling，即将推出）。在环境计划的几个目标领域里，技术解决方案受到的重视显而易见。例如，在关于交通的第一部分当中，该环境计划指出，"高效、平稳运行的交通运输系统对于全球经济中的竞争力至关重要"（p.6）。同时，环境计划承认公路运输"对城市环境具有负面影响，其表现形式是噪声、内城的有害空气、障碍，以及不断累积的环境冲击等"（p.6）。依照该计划，这一冲突将通过更为先进的技术来解决，比如经环保认证的小汽车，更完善的基础设施，以及更具成本效益的资源利用方式等。

最新一版环境计划关注的领域包括环保运输、无毒物品和建筑、可持续能源利用、可持续水土利用、环保废物管理，以及健康室内环境等。这些领域丝毫没有随时光的流逝而受触动。这一计划就这些领域拟定了许多清晰的目标，它们都与国家环境质量的目标[8]有关。我们可以举个例子，看一下拟定目标的细致程度：该计划规定，颗粒物（PM10）的水平必须达到 $50mg/m^3$ 的标准，并且每年超标不得多于 35 天（Stockholms stad，2012，p.8）。此外，斯德哥尔摩市还有一个长期目标，即到 2050 年实现零化石燃料排放。如果要达到这一目标，温室气体排放平均每年必须减少 2.5%，或在规划期内（2012—2015）减少 10%（Stockholms stad，2012，p.18）。然而，我们目前尚不清楚，在大力开发以道路交通基础设施为重点的交通运输系统的同时，应当怎样来实现这些目标。

有趣的是，我们可以把这版环境计划的部分内容，理解为含有一种温和的强可持续性概念。例如，该计划第四节中关于水土可持续利用的若干目标，就是基于这样的理念，即应当保有一定数量的自然资本，以确保满足休闲、教育、审美或其他（人类）需求。该计划明确指出，为维护生态系统重要的（满足需求的）功能，应当避免侵占它们。如果确实侵占了土地和水域，则应给予补偿。补偿不是通过人造资本，而是"通过等效（生态）功能的方式"或"以等效的城市绿化功能"来实现（p.22）（见目标 4.2 和 4.3）。

3.4　现实中发生了什么？

案例 1：步行城市——斯德哥尔摩市总体规划

2010 年，斯德哥尔摩市新版总体规划实施，该规划又名瑞典的《步行城市》（*The Walkable City*）或 *Promenadstaden*（Stockholm City，2010）。总体规划是建议性的，在编制片区详细规划时用作指导工具。详细计划为城市部分地区编制，具备法律约束力。

该规划明确提到了可持续发展，指出"诸如可持续增长和可持续发展之类的概念是不确定的，因为它们没有固定的定义，并且存在诸多的内在矛盾"（Stockholm City，2010，p.10）。因此，该规划宣称"本版总体规划基于《愿景 2030》，也就是目前斯德哥尔摩市对可持续增长的定义"（同上）。

从各种不同的视角来看这两个引用都非常有趣。尽管人们有若干官方文件可用，譬如国家环境质量目标等，但大家还是认为很难给可持续发展下定义。于是这个术语在一定程度上从可持续发展变成了可持续增长，然后可持续增长的概念又被赋予特定的含义。通过这种方式，就避免了给可持续发展下明确的定义。

尽管《愿景2030》对增长有清晰的描述，它指出未来人口增长预期将达到约20%，但接下来并未给可持续增长下任何明确的定义。这份愿景与前面提到的生态现代化学说也高度吻合。例如，它声称"创新已经解决了很多环境问题"（Stockholms stad，2007）。它还提到，"交通运输系统的特点是，环保技术和物流业已在根本上中和了碳排放"（同上）。在"可持续增长的城市政策"的标题下，规划呼吁要让《环保法》变得更加灵活。这表明环保立法可能阻碍预期的增长，从而成为一个本应规避的，不招人待见的障碍。

这个规划的一些细节看起来很有意思。它谈到了交通运输领域里的许多问题。这些问题包括：道路拥堵，这是一个由来已久，并且拜人口增长所赐，预计将更加严重的问题；需要大力削减的温室气体排放；需要降低的空气污染物浓度；以及改善城市不同片区联系的需求等。规划随后提出了新交通基础设施的建议。这些建议建立在所谓的《斯德哥尔摩协定》（Stockholmsförhandlingen，2007）基础上。协定的环境影响评估得出的结论是：交通拥堵将会加剧；空气污染物排放将会上升；温室气体排放会略有减少，但与要达到的大幅减排还相去甚远。规划对温室气体排放的低估也引人注目——比方说未将实际的新建道路排放量计算在内（Finnveden 和 Åkerman，2011）。因此，实际上总体规划最终事与愿违，但规划对此未作评论。此外，这个规划也无法满足符合国家政策文件（如国家环境质量目标）阐明的可持续发展条件，尽管通过避免使用"可持续发展"这一概念，它躲开了这种情况的发生。

《愿景2030》宣称，到2030年，交通运输系统将基本上中和碳排放，而环境影响评估完全不支持这一点。相反，环境影响评估预计会有大量导致气候变化的气体排放。《愿景2030》与《斯德哥尔摩协定》的环境影响评估之间缺乏连贯性，我们不了解这背后的原因。《愿景2030》的文件并未提供任何线索来说明，为何它预测交通运输排放量的变化，远比环评表述的要激进，而正是环评负责刻画这些因子可能的变化。

《步行城市》重视绿色空间，认为它们非常重要，但同时也指出，绿色空间保护和城市发展之间可能存在冲突。这个规划里的关注重点是绿色空间的直接用途。例如，规划涉及绿色空间部分的标题为"运动、休闲和有吸引力的绿色空间"，而没有探讨绿色空间的间接用途，例如净化空气、降噪、调节气候和其他生态系统服务等。因此，规划中并未出现上面谈到的更为现代的生态议题。假如我们必须在绿色空间的重要性与城市发展之间进行平衡的话，那么这版规划不认可绿色空间的间接用途则可能影响到这种平衡。

此外，尽管《步行城市》将影响到环境"孰优"和"孰劣"的分类，但规划中并没有对环境公平的相关论述。人们预计，《斯德哥尔摩协定》的交通规划，会使斯德哥尔摩富裕的城市中心的排放减少，而不那么富裕的郊区的排放则会增加。我们可以拿这一结果跟斯德哥尔摩收入分配的变化来类比，这两者相似：尽管斯德哥尔摩市的收入在增加，但我们看到郊区的增长要慢得多。

案例2：交通运输基础设施

这个案例与《国家交通基础设施规划》有关。尽管它是国家层面编制的规划，但它对斯德哥尔摩来说另有深意，因为规划里的很多投资标的，都牵涉到斯德哥尔摩地区。规划由瑞典交通运输机构[9]编制，并已呈报给中央政府（Swedish Road Administration，2009a）。与规划一起呈报的，还有针对该规划的环评报告（Swedish Road Administration，2009b）。该规划的规划期为2010—2021年。规划针对瑞典的交通运输系统，提出约合500亿欧元的新的投资及养护建议，重点用在公路和铁路上。

斯德哥尔摩外环路项目（Stockholm Bypass project）是规划提出的一项投资计划。这是一条位于斯德哥尔摩市西部边缘的环城高速公路连接线，预计耗资将超过250亿瑞典克朗（约合29亿欧元），这令其成为规划中最为昂贵的道路项目。这一项目也是《愿景2030》文件和《斯德哥尔摩协定》的组成部分，但它的争议相当之大。这条外环路是连接斯德哥尔摩地区南北片区的高速公路，大部分穿行在斯德哥尔摩以西的隧道里。高速公路的支持者认为，它不仅划算，而且对于一个成长中的城市来说也很重要。反对者则指出，这条路会增加出行量，而投资于公共交通也能够实现同样的功能，并有助于建立更加可持续的交通系统。

瑞典国家交通政策的总体目标是，确保为全国民众和企业提供经济高效且可持续的交通运输服务。更具体地说就是，交通部门应当为实现"减少气候影响"的目标，以及其他环境质量目标做出贡献。而交通运输系统的发展为实现这些目标发挥着重要作用。"减少气候影响"目标要求大幅削减温室气体排放。为了与气候变化的两级目标保持一致，与1990年的温室气体排放水平相比，交通部门到2020年要减排40%，到2030年减排80%，到2050年减排95%（Swedish Road Administration，2009c）。

规划谈到，对经济效率和基于标准的成本收益分析，已经在引导规划发展了

（Swedish Road Administration，2009a），但对可持续交通服务却没有进行类似的分析评价。造成这种差异的一个原因，可能在于现有评价经济效率的既定方法。规划还谈到，由于缺少相应的可持续性量化工具，所以才没有对可持续性进行评估。

环境评估给国家基础设施规划所下的结论是：

- 将会导致更多对生物多样性的负面冲击（这与"动植物丰富的多样性"这一国家环境质量目标有直接冲突）；
- 将只会以有限的途径来实现"洁净的空气"这一环境质量目标；
- 将不会减少受到超过议会所设参考标准值的噪声影响的人数，因此无法推动有关人类健康和美好环境方面的可持续发展。

关于温室气体排放，规划声称能够实现小幅减排（Swedish Road Administration，2009a，b）。因此显而易见是，规划的那些项目（Swedish Road Administration，2009c）无法达到气候目标所要求的大规模减排。此外，这些专业行政机构在几个方面，对能耗和温室气体的排放估计不足。比方说，没有将规划所涉及的实际基础设施建设的排放量计算在内（Finnveden 和 Åkerman，2011）。因此，这个规划反过来还可能会造成温室气体排放的增加。

值得注意的是，环境评估尽管用了"可持续发展"这个术语，但规划本身却在很大程度上回避对可持续发展、可持续交通或类似术语的讨论。规划既没有包含这些术语的定义，也没有对其本身的可持续性进行评估。通过这种方式，规划规避掉了它不支持可持续发展的结论（Finnveden 和 Åkerman，2011）。

3.5 讨论和小结

学术界，以及斯德哥尔摩和瑞典的具体政策与规划文件，总体上如何解读和使用可持续发展的概念？我们可以就此提出不少观察后的看法。首先，政治家们往往能对可持续发展概念的总体架构达成广泛共识。联合国及其他国际、国家组织建立的不同的可持续性指标清单，就说明了这一点。这些清单的内容通常相似，表明大家对运用可持续发展概念时应当考虑哪些方面，是有广泛共识的。在瑞典的决策制定中，往往也能观察到广泛共识的存在。16个"国家环境质量目标"就是一个将生态可持续发展付诸实践的例子。这些目标已在瑞典议会的一致认可下获批。同样，在斯德哥尔摩市议会内部，政界人士在很大程度上，对环境问题的重要性，以及地方层面所应采用的环境目标和指标意见一致。然而，巨大的分歧潜藏在对"可持续发展"是什么，这个公认的"第一层"或表面的理解之下。

分歧关乎推动可持续发展所应采用的手段，也关乎在各种目标间不得不进行的取舍。例如，减少气候影响的目标，既能理解为可通过削减小汽车交通量实现，也可理解为卓越汽车环保技术的自然结果。

其次，如第 3.3 节所述，我们可以认为，斯德哥尔摩的政界人士倾向于将环境问题去政治化，并（过度）强调政治共识的价值。从城市的角度来看，解决环境问题可以并且应该利用累积的知识和更加高效的技术。最新的《斯德哥尔摩环境计划（2012—2015）》，对于交通运输和环境保护冲突技术解决方案的重视，就是这种方法的一个例证。

最后，就规划来说，我们通过观察可以得出两个结论。第 3.4 节表明在规划程序里，可持续发展的概念在很大程度上被忽略了。规划当中陈述的内容与开展的环评之间也存在冲突。例如，《愿景 2030》认为运输系统将基本实现碳中和。这与《斯德哥尔摩协定》和《国家交通基础设施规划》的环境评估均有矛盾，后者显示温室气体的排放不会大幅减少。在《愿景 2030》和总体规划《步行城市》中，规划文件所述的内容与该规划重点部分（《斯德哥尔摩协定》）环评的矛盾结果间的这种冲突，仅仅通过不对总体规划进行环评就规避掉了。强制开展总体规划环评，可能会使这种冲突更加明显。

此外，第 3.4 节还揭示了在地方层面环境问题非政治化的倾向是怎样影响地方规划的。这一倾向体现在"如果我们对工具有更深的认识，仅此一项就将有助于我们实现可持续发展的目标"的理念中，也体现在由此导致的对直面（带有政治色彩的）价值取舍的勉为其难里。由于没有如何处理目标冲突的政治方针，斯德哥尔摩的规划人员很难朝着既定的可持续发展目标努力。因此在实践当中，规划人员会避免遵循既定的可持续性目标。他们的做法是声称可持续发展难于界定，并借此来得偿所愿，从而忽略了存在的各种可能性。这样，他们就不会得出规划与可持续发展相左的结论。这当然非常重要，因为一个明确支持不可持续发展的规划，实施起来会更加困难。

将可持续发展框定为与政治无关的事情，听起来可能像是对规划人员的一种厚爱。因为大家觉得，他们的工作方式应该跟政治沾不上边儿。然而，这会使规划人员只推荐一个规划、一种解决方案，既没有精准界定可持续发展的概念，也没有揭示与其他社会目标的冲突。规划文件因此充斥着一种肤浅的共识。相反，我们建议，可以基于哪些目标对可持续发展重要的不同理解，编制多个规划或未来愿景。这就意味着，比方说，既要通过已取得共识的环境目标的实现，也要通过其他社会目标的实现来描述斯德哥尔摩的发展。但是，为了避免将目光仅仅局限于技术问题，了解民众自己的理想生活方式也很重要。因为民众心向往之的东西和道德价值观念不同，所以他们对是什么造就卓越的或可持续的城市，始终会有争执。规划应该有效地让这些争执引起注意，而不是假装有一致的意见。

注释

1. 如前所述，满足人们的偏好是否就等于满足了他们的需要，这一点值得怀疑。可以认为，有时一个人真正需要的是其当下未被满足的偏好。豪斯曼和麦克弗森（Hausman 和 McPherson，2006，p.120f.）提到一个年轻人想要一辆大马力摩托车的例子。不管这一偏好多么强烈，满足这种偏好并不必然是这个年轻人所需要的。
2. 重要的是提供永续且不下降的人均效用的能力；不下降的效用本身并非必需（Neumayer, 2010; Howarth, 1997; Page, 1983）。
3. 环境公平是一种以人类为中心的论述。不过，有些作者并不仅仅关注人类享受环境品质的机会或易受环境风险影响的状况。例如，洛和格利森（Low 和 Gleeson, 1997）将"环境中的公平（justice within the environment）"，理解为环境价值在人口中的分配，而"对环境的公平（justice to the environment）"则关涉人类对待非人类自然的方式。
4. 公平的概念，是一个有本质争议概念的好例子。大多数人都认为，公平就是给予人们应得之物。但关于给予人们应得之物意味着什么，则有诸多不同看法（Swift, 2006, pp.11–12）。
5. 人们通常把某个话语描述为一种讨论、思考，以及解释诸如环境和可持续发展等现象的方法（比如 Dryzek, 1997; Winther Jørgensen 和 Phillips, 2000）。这种方法意味着，讨论环境和可持续发展的方式，不仅被看作是对外部世界的清晰映射，而且还对创造世界起到积极作用。这是因为一些行动变得事关重大，另一些则变得不可思议（Hansen and Simonsen, 2004; Winther Jørgensen and Phillips, 2000）。
6. 自由党比约恩·荣（Björn Ljung）的发言. 在斯德哥尔摩市政厅召开的市议会会议记录，第 51 页. 斯德哥尔摩 2003 年 2 月 17 日，星期一（作者译）。
7. 绿党维维安·贡纳松（Viviann Gunnarsson）的发言. 在斯德哥尔摩市政厅召开的市议会会议记录，第 52 页. 斯德哥尔摩 2003 年 2 月 17 日（作者译）。
8. 国家环境质量目标是一个由 16 个环境质量目标，以及许多更短期目标组成的系统。1990 年代后期，瑞典政府首次采用这些目标（Swedish Ministry of the Environment, 2001; Swedish Ministry of Sustainable Development, 2006）。它们阐述了长期可持续的环境质量与状况目标，目的是为国家、区域和地方各级环境计划，提供一个连贯的框架。
9. 编者注：在 2010 年之前，瑞典的公路、铁路、海运和空运等交通运输机构是独立的，在那之后建立了包括多种交通运输方式的统一交管部门。

参考文献

Anshelm, J. (2002) "Det gröna folkhemmet. Striden om den ekologiska moderniseringen av Sverige," in J. Hedrén (Ed.) *Naturen som brytpunkt. Om miljöfrågans mystifieringar, konflikter och motsägelser*, Stockholm: Symposion.
Ayres, R. U., van den Bergh, J. C. J. M., and Gowdy, J. M. (2001) "Strong versus weak sustainability: Economics, natural sciences, and 'consilience'," *Environmental Ethics*, 23(2): 155–168.
Baker, S. (2006) *Sustainable development*, London: Routledge.

Beckerman, W. (1994) "'Sustainable development': Is it a useful concept?" *Environmental Values*, 3: 191–209.

Connelly, S. (2007) "Mapping sustainable development as a contested concept," *Local Environment*, 12(3): 259–278.

Daily, G. C. (ed.) (1997) *Nature's Services: Societal Dependence on Natural Ecosystems*, Washington, DC: Island Press.

Deutsch, L., Folke, C., and Skånberg, K. (2003) 'The critical natural capital of ecosystem performance as insurance for human well-being," *Ecological Economics*, 44(2–3): 205–217.

Dryzek, J. S. (1997) *The Politics of the Earth: Environmental Discourses*, Oxford: Oxford University Press.

Dryzek, J. S. (2000) *Deliberative Democracy and Beyond: Liberals, Critics, Contestation*, Oxford: Oxford University Press.

Ekins, P. (2003) "Identifying critical natural capital: Conclusions about critical natural capital," *Ecological Economics*, 44(2–3): 277–292.

Ekins, P., Simon, S., Deutsch, L., Folke, C., and De Groot, R. (2003) "A framework for the practical application of the concepts of critical natural capital and strong sustainability," *Ecological Economics*, 44(2–3): 165–185.

Finnveden, G. and Åkerman, J. (2011) "Not planning a sustainable transport system: Swedish case studies," in *Proceedings of World Renewable Energy Congress 2011*, 8–13 May, Linköping, Sweden.

Galaz, V., Biermann, F., Folke, C., Nilsson, M., and Olsson, P. (2012) "Global environmental governance and planetary boundaries: An introduction," *Ecological Economics*, 81: 1–3.

Gunnarsson-Östling, U. (forthcoming 2013) "Mellan ekologi och tillväxt. Miljöpolitiska handlingsprogram i Stockholm 1976–2012" (Between ecology and growth: environmental action plans in Stockholm 1976–2012), in T. Nilsson (ed.) *Du sköna nya stad. Privatisering, miljö och EU i Stockholmspolitiken* (Brave new city: Privatization, environment and EU in Stockholm politics), Stockholm: Stockholmia förlag.

Hajer, M. A. (1995) *The Politics of Environmental Discourse: Ecological Modernization and the Policy Process*, Oxford: Oxford University Press.

Hansen, F. and Simonsen, K. (2004) *Geografiens videnskabsteori: En introducerende diskussion. Frederiksberg*, Roskilde, Denmark: Roskilde Universitetsforlag.

Hansson, S. O. (2010) "Technology and the notion of sustainability," *Technology in Society*, 32: 274–279.

Harvey, D. (1996) *Justice, Nature and the Geography of Difference*, Malden, MA: Blackwell.

Hausman, D. M. and McPherson, M. S. (2006) *Economic Analysis, Moral Philosophy, and Public Policy*, Second edition, New York: Cambridge University Press.

Hedrén, J. (2002) "Naturen som hot mot det moderna: några ideologikritiska reflektioner," in J. Hedrén (ed.) *Naturen som brytpunkt: Om miljöfrågans mystifieringar, konflikter och motsägelser*, Stockholm: Symposion, pp. 298–333.

Holling, C. S. and Meffe, G. K. (1996) "Command and control and the pathology of natural resource management," *Conservation Biology*, 10, 328–337.

Howarth, R. B. (1997) "Sustainability as opportunity," *Land Economics*, 73(4): 569–579.

Jacobs, M. (1999) "Sustainable development as a contested concept," in A. Dobson (ed.) *Fairness and Futurity: Essays on Environmental Sustainability and Social Justice*, Oxford: Oxford University Press, pp. 21–45.

Lafferty, W. M. and Meadowcroft, J. (2000) "Introduction," in W. M. Lafferty and J. Meadowcroft (eds.) *Implementing Sustainable Development: Strategies and Initiatives in High Consumption Societies*, Oxford: Oxford University Press, pp. 1–22.

Lélé, S. M. (1991) "Sustainable development: A critical review," *World Development*, 19(6): 607–621.

Lilja, S. (2011) "'Miljö' som makt i Stockholmspolitiken 1961–1980," in T. Nilsson (ed.) *Stockholm blir välfärdsstad: Kommunpolitik i huvudstaden efter 1945*, Stockholm: Stockholmia förlag, pp. 295–331.

Lombardi, D. R., Porter, L., Barber, A., and Rogers, C. D. F. (2011) "Conceptualising sustainability in UK urban regeneration: A discursive formation," *Urban Studies*, 48(2): 273–296.
Low, N. P. and Gleeson, B. J. (1997) "Justice in and to the environment: Ethical uncertainties and political practices," *Environment and Planning A*, 29: 21–42.
Meadowcroft, J. (1999) "Planning for sustainable development: What can be learned from the critics?" in M. Kenny and J. Meadowcroft (eds.) *Planning Sustainability: Implications of Sustainability for Public Planning Policy*, London: Routledge, pp. 12–38.
Minutes of Proceedings for Stockholm City Council meeting, held at Stockholm City Hall, Stockholm on 17 February 2003, Stockholms kommunfullmäktiges handlingar 2003, Protokoll 2003:2.
Mitcham, C. (1995) "The concept of sustainable development: Its origins and ambivalence," *Technology in Society*, 17(3): 311–326.
Munda, G. (1997) "Environmental economics, ecological economics, and the concept of sustainable development," *Environmental Values*, 6(2): 213–233.
Neumayer, E. (2010) *Weak versus Strong Sustainability: Exploring the Limits of Two Opposing Paradigms*, 3rd ed., Cheltenham, UK: Edward Elgar.
Newman, P. and Kenworthy, J. (1999) *Sustainability and Cities: Overcoming Automobile Dependence*, Washington, DC: Island Press.
Page, T. (1983) "Intergenerational justice as opportunity," in D. MacLean and P. G. Brown (eds.) *Energy and the Future*, Totowa, NJ: Rowman & Littlefield, pp. 38–58.
Pearce, D. W., Markandya, A., and Barbier, E. (1989) *Blueprint for a Green Economy*, London: Earthscan.
Porter, L. and Hunt, D. (2005) "Birmingham's Eastside story: making steps towards sustainability?" *Local Environment*, 10(5), 525–542.
Redclift, M. (1992) "The meaning of sustainable development," *Geoforum*, 23(3): 395–403.
Redclift, M. (2005) "Sustainable development (1987–2005): An oxymoron comes of age," *Sustainable Development*, 13(4): 212–227.
Rees, W. E. and Wackernagel, M. (1996) "Urban ecological footprints: Why cities cannot be sustainable – and why they are a key to sustainability," *Environmental Impact Assessment Review*, 16(4–6): 223–248.
Robinson, J. (2004) "Squaring the circle? Some thoughts on the idea of sustainable development," *Ecological Economics*, 48, 369–384.
Rockström, J., Steffen, W., Noone, K., Persson, Å., Chapin, F. S. III, Lambin, E. F., Lenton, T. M., Scheffer, M., Folke, C., Schellnhuber, H. J., Nykvist, B., de Wit, C. A., Hughes, T., van der Leeuw, S., Rodhe, H., Sörlin, S., Snyder, P. K., Costanza, R., Svedin, U., Falkenmark, M., Karlberg. L., Corell, R. W., Fabry, V. J., Hansen, J., Walker, B., Liverman, D., Richardson, K., Crutzen, P. and Foley, J. A. (2009) "A safe operating space for humanity," *Nature*, 461: 472–475.
Rolston, H. III (1988) *Environmental Ethics: Duties to and Values in the Natural World*, Philadelphia: Temple University Press.
Shrader-Frechette, K. S. (2002) *Environmental Justice: Creating Equality, Reclaiming Democracy*, New York: Oxford University Press.
Stockholm City (2010) *The Walkable City: Stockholm City Plan*, Stockholm: City Planning Administration.
Stockholms stad (2003) *Stockholms Miljöprogram 2002–2006: På väg mot en hållbar utveckling*, Stockholm.
Stockholms stad (2007) *Vår vision*. Retrieved from www.stockholm.se/OmStockholm/Vision-2030/Innovativ-och-vaxande/
Stockholms stad (2008) *Stockholms Miljöprogram 2008–2011. Övergripande mål och riktlinjer*, Stockholm.
Stockholms stad (2012) *Stockholms miljöprogram 2012–2015*, Stockholm.
Stockholmsförhandlingen (2007) *Samlad trafiklösning Stockholmsregionen för miljö och tillväxt – till 2020 med utblick till 2030*, Överenskommelse mellan Stockholmsregionen och staten December 2007. Retrieved from www.regeringen.se/content/1/c6/09/47/70/f3df2c98.pdf (accessed 3 May 2013).

Swedish Ministry of Sustainable Development (2006) "Environmental quality objectives: A shared responsibility," Summary of Government Bill 2004/05:150, Stockholm.

Swedish Ministry of the Environment (2001) "The Swedish environmental objectives: Interim targets and action strategies," Summary of Government Bill 2000/01:130, Stockholm.

Swedish Road Administration (2009a) *Nationell plan för transportsystemet 2010–2021*, Vägverket.

Swedish Road Administration (2009b) *Miljökonsekvensbeskrivning för Nationell plan för transportsystemet 2010–2021*, Vägverket.

Swedish Road Administration (2009c) "Vägverkets handlingsplan för begränsad klimatpåverkan." Publikation 2009:82, Vägverket.

Swift, A. (2006) *Political Philosophy: A Beginner's Guide for Students and Politicians*, Second edition, Cambridge: Polity Press.

US Environmental Protection Agency (2012) *Environmental Justice*. Retrieved from www.epa.gov/Compliance/environmentaljustice/ (accessed 29 June 2012).

Winther Jørgensen, M. and Phillips, L. (2000) *Diskursanalys som teori och metod*, Lund, Sweden: Studentlitteratur.

World Commission on Environment and Development (1987) *Our Common Future*, Report of the United Nations World Commission on Environment and Development, Oxford: Oxford University Press.

第4章

可持续的城市结构：分析性城市设计理论的发展与应用

拉尔斯·马库斯（Lars Marcus），贝里特·巴尔福斯（Berit Balfors），
提格兰·哈斯（Tigran Haas）

4.1 引言

斯德哥尔摩在城市规划与设计方面，有着堪称国际领先的历史。1950年代，瓦林比以瑞典对邻里单元概念的诠释而享誉世界；最近，哈马碧湖城（Hammarby Sjöstad）在可持续城市设计中也发挥了类似的作用。对于工业社会的特殊需求及其熟练却又不十分专业的劳动力的集聚，瓦林比是一个成功的回应。在瑞典的语境中，这样的劳动力在社会地位上往往是同质化的，并意味着要在大公司或公共组织里终生就业，而且薪资的级差通常很小。为此，瓦林比所代表的扩展邻里单元模式，有了包括工作场所和商业活动在内的范围更广的功能。它在原本会以住宅为主导的城市片区里，呈现出一种质朴，但又有高质量的城市设计、住房，尤其是广阔绿地的人文环境。低密度、大量绿地和高程度的区划，自然产生了巨大的交通需求，这种需求由当时世界一流的公交系统来应对，我们可能会注意到，这个公交系统的发展并非出于环保动机，而是出于经济动机，因为据估计，当时大多数人都买不起私家车。今天人们很容易遗忘的是当时瑞典社会的种族、社会地位的同质性，甚至很大程度上还有经济的同质性。这种同质性意味着，总体上二战后在斯德哥尔摩建造的诸多邻里单元中（其中瓦林比是最有野心的），大多数都有相似的特点，而随着时间的流逝，这种特点将发生改变。

令人吃惊的是，哈马碧湖城可以说是建立在瓦林比模式的基础之上的，因为从1950年代开始的交通与城市发展协调规划，使斯德哥尔摩踏上了成为可持续交通大都市的道路；区域的流动性和对保护自然的关注，为未来的发展创造了先决条件。同时，哈马碧湖城显然又是卓尔不群的，它是对关心环保的知识型社会的回应。在这样的社会当中，尽管对高度集中的劳动力的需求仍然不可或缺，但

更加多样化和专业化的劳动力才是当下所需。就其本身来说，这隐含着至少在劳动力市场的专业领域对知识交流和亲身会面有更大的需求。瓦林比模式通常不提供这样的交流空间。这就是为什么哈马碧湖城，以及斯德哥尔摩很多其他较为新近建成的地区，都具有更高密度、更短距离（因为绿色空间要少得多）和为高强度使用而设计的公共场所的特征。对高密度有利的目标至关重要；同样雄心勃勃的可持续性目标主要是通过各种技术的应用来实现的。因此，与广袤的绿色体系中早期邻里单元的郊区景观相比，在 1990 年代初出现的是一种对生态城市规划与设计的新的（特别是瑞典的）诠释，这种诠释建立在绿色、可持续和紧凑发展的理念基础上，为此，哈马碧湖将会证明她是其中的佼佼者。

然而，从更广泛和更理论化的角度来看，像瓦林比和哈马碧湖城这样的项目，反映出一些标准观念的悠长历史，这些标准观念就是关于如何营建最佳城市以实现更美好社会的观念，而它们通常是建立在建筑师带有推测性的思维基础之上的。据弗朗索瓦丝·肖艾（Françoise Choay，1997）所言，正是这一传统在 19 世纪后期被正式确定为"城市主义理论"。尽管很显然，这里的"推测性"不该暗含任何贬义的解读（"建筑师们"也不该），但有必要承认，这种理论成为一种无法超越其局限来做出解释的特殊知识类型。这种理论就是赫伯特·西蒙（Herbert Simon，1969）所说的可能性理论（即事物应然的理论），而不是关于现实性的理论（即关于事物实然的理论）。鉴于我们正在目睹当下由多方危机带来的全球性挑战（尤其是在城市发展方面），仅仅基于这种理论的实践是不尽如人意的。

在本章中，我们试图把对城市设计，尤其是对可持续城市设计知识基础的认识论方面的探讨作为一个背景，介绍瑞典皇家理工学院在该领域的若干研究方向，以及这些知识基础与当下斯德哥尔摩城市设计实践之间的紧密联系。我们认为，该领域目前面临新的挑战，需要进行某种知识革命。在这场革命中，城市设计师要从以经验为基础的匠人，转变为以理论为基础的专家。一方面，这意味着要对城市的生态系统有更多的了解。另一方面，与该领域相关性更强的是，它需要对主要的工具（空间形态）有更为系统的了解，人们可以通过这种工具，组织和塑造包括生态系统在内的不同城市系统。在第 4.2 节中，我们回顾了当前可持续城市发展的理论和趋势。在第 4.3 节中，我们介绍了生态和环境领域所需知识的不同案例。在第 4.4 节中，我们提出了关于空间形态更系统的知识概念。最后，在第 4.5 节中，我们讨论了斯德哥尔摩的一个实际案例，在这个案例中，我们运用了这种生态系统与空间形态方面的综合知识。本章最后对设计理论进行了讨论。讨论试图澄清为什么今天比以往任何时候，都需要一种更大程度建立在分析性知识基础上的城市设计理论,并且它与该领域已经很强的推测性理论的分支是相辅相成的。

4.2 当代城市设计的趋势

在国际背景下,人们用各种方式来研究和解释主导当今城市设计话语的理论和思想,形成了不同的分类和定义,比方说"城市设计的领地""完美意象""城市设计力场""城市主义的综合范式""城市主义者的文化与营城方法""规划理论的新方向""优秀设计的典范"和"城市设计的分类法"等。然而,突出的三个主流思想是"新城市主义""后城市主义"和"可持续城市主义"(Haas,2008,2012),而其他的重要类型如"日常都市主义""生态都市主义"和"景观都市主义",则可称作榜眼。

最后,它们都关注公共空间的塑造和构成,关注有变化、有趣味、可亲近、能互动和有差异的宜居和健康场所的创造。但是,它们在方法上的确有所不同。有些以传统的方式开展工作,提倡基于历史和已经验证的原则(新城市主义和可持续城市主义),将公共广场和周边街区作为塑造和构成城市不可或缺的部分;而其他则转向适用于全球化、媒介化和当代建筑转变(后城市主义、城市营销和场所品牌计划)的先锋方法。有一些理论和思想在公共领域的微观范畴(日常城市主义)内寻找叙事和隐藏的维度,还有一些则转向与城市生态设计和系统性景观设计方案(生态和景观都市主义)相关的解决办法。

这些方法常常将自己写入上面所说的悠久传统中,它们全都偏爱推测性理论。在这种推测性理论中,往往难以获得为解决方案所做的分析性支撑。这给该领域的实践带来相当大的压力,原因在于在面对新知识的严峻挑战时缺乏知识的支持,这些新知识的挑战来自全球人口及消费变化、社会不平等加剧、石油峰值、全球变暖,以及生物多样性丧失等(Brito 和 Stafford-Smith,2012)。随着世界变得愈加城市化,而且大多数人居住在城市,以及城市化和郊区化地区,城市必须首当其冲来处理这些紧迫的问题。我们也看到这些变化如何开始造成影响,改变了未来规划、城市设计的必要条件,以及我们所知道的专业人员的角色。面对这种情况,令人困窘的是城市设计领域的知识,是在人们实际感知和体验城市的尺度上组织和塑造城市结构的,它是如此仰赖其分析基础薄弱的理论。这并不是说,开展更多研究才是唯一的解决之道——胡乱运用科学知识,确实跟盲目运用推测性知识有同样的风险。不过我们清楚地发现,研究的任务是要为加强城市设计理论的分析基础做出贡献。目前人们也正采取措施朝这个方向迈进（Droege，2007；Beatley 等，2009；Palazzo 和 Steiner，2011）。在下面的小节中，我们将更仔细地审视我们认为在培养城市设计的可持续性方面最具影响力的理论，更具体地说，就是处理在瑞典的语境中如何来接纳和诠释这些理论。

可持续城市设计的主脉

"可持续城市主义"是一个被广泛使用的习语，它通常带有生态和绿色的含义，并形成一个相当完整的当代城市、社区、居民点的跨学科规划和城市设计框架。它通过关注塑造我们建成环境形态和功能的全部复杂事物——基础设施、土地开发、建成景观、社会网络、治理和经济体系，以及所有共同构成大都市地区的设施（Calthorpe，2010；Farr，2007；Haas，2012），以整体的方式来探索可持续性和城市设计。在实践中，可持续城市主义的重点是，确定能够在城市化地区应用的，起催化作用的小规模干预措施——这些干预措施在总体上，致力于实现向可持续社区、片区和区域的全面转变。就其最全面的含义而言，在可持续城市设计所指的那些方法中，城市和城市主义的议题，以及那些环境、保护和可持续的议题，可以有并且确实在很大程度上有相同之处。

这个方法包括下面的要素：更为密集和紧凑的建设和增长；交通手段、模式和土地利用的一体化；通过实施无车区政策，创造可步行的混合使用的城市环境，允许并鼓励步行和骑行；公共交通和运输上的投资；创造食物、商品和原料在本地生产的，闭环城市生态代谢和自给自足的农业系统；通过将人与自然相结合，创造包括步行至开放空间在内的健康和环境效益；社区雨水系统、废物处理和食物生产（永续农业）；以及将可持续、可再生和被动式技术融入建造形式（如太阳能、风能和生物质能）的投资和责任感。

与此同时，一种略有不同的范式出现了："生态和／或景观都市主义"。与新城市主义或后城市主义相比，建筑和城市设计并非这里主要的关注点。生态都市主义的观点是，地球及其资源的脆弱性是为推测性设计的创新提供了机会，而不是为推广传统解决方案提供了技术上的合法性。这种方法还设想了一种都市主义，它有能力吸纳并适应生态学和都市主义与生俱来的矛盾状况（Corner，1999；Mostafavi 等，2010）。景观都市主义利用景观，而不再仅仅依靠建筑作为设计的手段：基础设施、公共空间和开放空间——这种方法对开敞性更能够应对自如。景观都市主义实际上运用了两种手段，一种是环境科学，另一种则是设计文化。就其本身来说，它成了生态知识、城市规划与设计的混合体（Waldheim，2006）。

生态和/或景观都市主义是一种真正的营城方法，它是通过对生态、城市设计和景观强有力的融合，对气候变化带来的复杂性的认识和适应，以及将韧性和节能方案作为重点来实现的。

纳入并应用于瑞典的语境

在瑞典语境下的城市设计术语中，人们已经（并正在）对这些理论，尤其是可持续城市主义，进行解释和"全球在地化"。这种新的方法更适合于城市生态设计，它主要与能源效率相关，而较少涉及通过复杂性和完整性来创建完美社区。在交通模式方面，紧凑性/密度和连接网络的问题或多或少得到了解决，但"场所营造"的基本部分——创建具有可负担性、可达性和可得性的友好社区，仍然长路漫漫。此外，新城市主义的"邻里规划"能够定位在可持续城市主义的范式里，其核心既未被吸收也未被转移到瑞典，至少没有被完整地吸收和转移。

尽管如此，瑞典仍然在可持续城市主义方面，提出了自己的并且是相当新颖的方法。像以前一样，瑞典（尤其是斯德哥尔摩）渴望在这点上发挥新的领导作用。哈马碧湖城这个雄心勃勃的大型棕地开发项目，作为可持续城市设计方面的标志性案例，已经在国际上享有盛誉。就像在瓦林比案例中一样，哈马碧给到访游客留下深刻印象的，远远不止其建筑成就；它还包括市政规划对不同城市系统及其责任政府部门的协调，以及这些系统和政府部门一起努力实现共同目标的方式（图4.2，p.71）。这里曾经是一片工业废地，优秀的城市设计和精心的可持续规划，已经将这个城市衰败地区，转型为公认的环境意识变革的典范。所有建筑的设计均实现了减废目标，特别是在二氧化碳减排方面。屋顶（其中一些是环保的）隐藏着太阳能电池板；扶手上也装有太阳能条以满足能源需求，并且采用了一些最先进的可行技术来处理废物，例如真空系统。为了进一步改进传统的回收和再利用方法，这一片区有其自己的试验性污水处理中心。在给排水技术改良、循环利用、注重环保材料，以及用可再生燃料为建筑物供暖等方面，这一片区把城市设计理念跟生态思想结合在一起。然而，当涉及对本地生态系统更深层次的整合，以及对生态和/或景观都市主义所宣传的景观的理解时，它就要薄弱一些了。

居民们之所以被吸引到这一地区，是因为恰恰这些建筑物本身就体现出了它们的价值。同时，哈马碧湖城有多样化的交通系统来为居民服务，这与斯德哥尔摩可持续模式的选择一致。轻轨基础设施已经建成，在哈马碧中心地带设有四站，并且直连斯德哥尔摩的地铁网络。另有计划将有轨电车进一步向东延伸，直接与斯德哥尔摩的主要交通枢纽之一相连。此外，这一地区的拼车共乘也很成功。

第4章 可持续的城市结构：分析性城市设计理论的发展与应用

哈马碧还为居民提供学前和小学设施、文化活动、儿童场所，以及其他旨在吸引居民进入公共领域的设施。在城市设计方面，除了瑞典规划和城市设计的遗产之外，新城市主义、公交导向开发（TOD）和精明增长等的原则（Congress for New Urbanism，1999 年；Haas，2008；Dittmar 和 Ohland，2003；Duany 等，2009），以及通过采取诸如敏感修复和海岸种植等措施的生态和/或景观都市主义的原则，都对这一片区的发展有所启发，并在某些方面得到了应用。

专栏 4.1　哈马碧湖城可持续城市

　　哈马碧湖城是可持续城市概念的起点，以及启发未来项目灵感的来源，同时也是国际品牌概念共生城市（Symbio City）的基础。这个项目由斯德哥尔摩市和几家房地产开发商共同开发。可持续城市的概念是由瑞典顶尖咨询公司斯维克

图片来源：伦纳特·约翰松（Lennart Johansson），InfoBild

（Sweco）提出的，该公司提供城市规划、建筑、工程和环境技术等领域的服务，公司还有乌尔夫·兰哈根（Ulf Ranhagen）教授，他在瑞典皇家理工学院建筑与环境学院工作。

这个概念是对可持续性进行评估的一种工作方法，它基于决策者、专家和公众之间开诚布公、富有创造性和建设性的沟通与合作。重要的步骤包括现状调查分析、关键问题及目标详述、影响分析以及策略选择等。人们用一些工具让这个流程更为便利，如SWOT分析、情景技术、反推法和战略环境评估（SEA）等。在可持续发展的城市中，人们强调可再生资源的利用，将资源消耗最小化，而且以最大限度回收和再利用的方式来管理资源。新的系统解决方案为污水、废物和能源生产之间的协同增效提供了空间，并使高效的土地利用、景观规划和运输系统间的协调成为可能。生态循环模式就说明了这一点，它对于资源流动最终从线性走向循环的转变至关重要。

这一概念适用于新城与新镇的规划，在那儿有一个"机会窗口"，将能源需求削减75%以上，并实现基于可再生能源的能源供应。此外，这一概念还可用于制定战略，这些战略可以让现状城区朝着可持续的方向不断调整。在哈马碧真的是功德圆满：环境压力减少40%，富营养化减少50%，地面臭氧减少45%，耗水量减少40%。

（来源：共生城市，斯德哥尔摩市）

共生城市：哈马碧湖城背后的概念

作为一种新的城市设计和综合的系统方法（图4.1），哈马碧模式跟皇家理工学院城市规划与环境系的研究（Ranhagen和Groth，2012）之间的密切关系，对本章所探讨的观点非常重要。为哈马碧湖城打下基础的城市战略，后来在"共生城市"模式中得到完善。通过对这一模式的推广，哈马碧湖城由此成为一个展示大尺度方法的地方，这个方法是瑞典专家应瑞典政府和瑞典贸易委员会的要求设计和开发的。这一样板展示了协调各种城市功能的重要性，以及整体方法对于城市规划的好处——这些举措可以降低能耗，提高可达性，促进社会融合，以及更好地培育价值观。通过采用整体方法来改善复杂的城市环境，她创造了一种将与城市规划和城市设计，以及各种城市子系统的管理结合在一起的治理观点纳入考虑的模式。综合起来，这些东西对废物、能源、给水、污水，以及公共交通、文化和自然等采用一种系统的方法，并借此形成城市开发的综合和跨学科方法的基础。这一概念已在像中国、南非、印度和加拿大这样迥然不同的国家得到应用。

第4章 可持续的城市结构：分析性城市设计理论的发展与应用

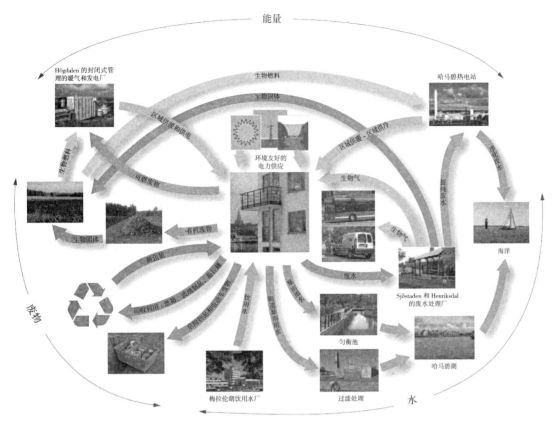

图 4.1 共生城市概念图，这个概念是一种可持续发展的综合系统方法，它是哈马碧湖城项目的基础，关键部分由斯维克（SWECO）咨询公司和乌尔夫·兰哈根（Ulf Ranhagen，瑞典皇家理工学院建筑学院建筑与环境学院）开发
图片来源：改绘自兰哈根（Ranhagen）和格罗特（Groth），2012

在欧洲，比方说，法国的纳博讷（Narbonne）、爱尔兰的科克南港区（Cork South Docklands），以及英国的伦敦奥林匹克村（London Olympic Village）都已经运用了这一概念，尽管它的首次应用是在哈马碧湖城。

共生城市的方法侧重于如何利用城市治理、城市规划、教育、信息技术的概念、公众参与，以及其他协调活动来促进可持续城市化。职能机构在这个方面，以及在公共和私营部门的协调上至关重要。共生城市的概念的基础是完全的系统性，构成可持续城市的所有部件都在其中发挥着同样至关重要的作用，从而将不同的部门、参与者和系统联系在一起。结果被充分地优化并在城市的各个系统之间产生协同作用：能源、废物管理、供水和卫生、交通和运输、景观规划、可持续建筑和城市功能等。这些部门通常老死不相往来，从而导致出现次优化的局面。共生城市方法为实现结果的最优化，找到了各个部门与它们的系统投资之间的联系（图4.1）。所有这些综合方法，都试图利用城市各个系统之间的协同作用，支持与时俱进、以人为本、气候中性和环境可持续发展社会的愿景，不过同时也承认城市规划中所固有的诸多权衡。正如鲁特福德（Rutherford，2008）指出的那样，通过将许多与城市和福利政策相关的职责和任务下放给城市，瑞典（斯德哥尔摩）版的单一自治体（可持续）联网城市在很大程度上得到了支持。

尽管共生城市概念和哈马碧湖城地区可被视作是成功的故事，但对它们一直也有清醒的批评。一方面，这涉及社会问题：哈马碧湖城已经远超预想成为都市精英的聚集地，他们或许认同这一地区的精神特质，但与此同时他们所过的又是高消费的生活方式。这种悖论已经成为诸多目光关注的焦点，尤其成为日常新闻报道的焦点。例如，有报道称，该地区私家车的数量已经大大超出了规划师的计划。人们也对瑞典政府雄心勃勃地推销和输出（尤其是向中国推销和输出）这种规划模式提出了批评。这种批评集中在随着这种输出接踵而来的伦理和技术的不可通约性上，例如解决方案有时未做调整，就或多或少直接从瑞典语境投射到中国语境中去。这种批评与全球城市品牌化的趋势有关，在这种趋势下，可持续性时常在瑞典案例中扮演核心角色，但这里面的目标显然不仅是无私的，而且它们还成为高度竞争的战略计划的一部分。此外，对斯德哥尔摩来说，市场营销主导的视角使得开发出哈马碧湖城的续篇至关重要，以继续推动这座城市成为环境友好型发展的领导者。因此，斯德哥尔摩在哈马碧湖城的知识和经验的基础上启动了一个新项目开发区，即"斯德哥尔摩皇家海港"（Norra Djurgårdsstaden）。这个新开发区通过对建筑、技术设备和交通解决方案执行更为严格的环保规定，致力于实现更先进的可持续性方面的目标。水和废物的回收系统就是一个有效运用这些机制的例子（其他例子见图4.1）。

专栏4.2　斯德哥尔摩皇家海港

斯德哥尔摩皇家海港的愿景是利用其和水域、环绕城市开发区的皇家城市国家公园相毗邻的优势。斯德哥尔摩市对斯德哥尔摩皇家海港的宣传是"可持续城市建设和设计的全球展示平台，在这里可以开发、测试和展示创新的环保技术和创造性的解决方案。"皇家城市国家公园是一片受特别法律保护的大块区域，目的是为子孙后代保留其自然和文化，落成之时成为世界上第一个城市国家公园。

为了将斯德哥尔摩皇家海港和城市国家公园连接在一起，人们强调，类似橡树这样的景观要素是价值连城和非常重要的保护对象。此外，人们将努力在开发区内种植新的橡树。这个开发区位于一块棕地区，它曾用于形形色色的工业，比方说煤气厂和港口活动等，这就增加了土壤修复的需求。据斯德哥尔摩市称，早

第4章 可持续的城市结构：分析性城市设计理论的发展与应用

图片来源：斯德哥尔摩市和BSK建筑师事务所

先的煤气厂（也可参见第2章）将"被改建成一个充满活力的场所，有艺术画廊、露天舞台和其他文化吸引物。"现状石油运输港将搬迁至斯德哥尔摩区域的其他地方，而渡轮和游轮码头将开发并整合到未来的城区中去。

斯德哥尔摩皇家海港得益于从哈马碧湖城汲取的环保经验，不过她更上层楼，令这个新开发区成为独特的对气候"有益的"城市发展项目，从而证明城市能够减少碳排并以气候友好的方式发展。为了符合这个新开发城市地区的环保形象，与开发商达成的协议包含了住房建设方面详细的可持续性要求。对斯德哥尔摩皇家海港典型的可持续性要求包括：环境质量认证、气候变化适应、室外环境、能源系统、水和废物回收利用系统、环保交通、建筑和材料等。

公共管理机构、开发商和工商界在整个规划和建设过程中密切合作，是斯德哥尔摩皇家海港开发一个重要的方面。这就意味着牵涉其中的主要参与者，必须要有努力实现这一城市片区可持续发展目标的责任感。有几个研究项目与斯德哥尔摩皇家海港开发有关，涉及能源（如智能电网、节能建筑）、生态学（如生物多样性）和采购。

（来源：斯德哥尔摩市）

4.3 可持续城市的分析性理论

城市绿地的新作用

因此，我们看到了城市规划与设计在应对环境危机上的各种新方法，不过我们也可以得出这样的结论：到目前为止，一般来说，大多数已经实施的项目和成为惯例的策略（包括共生城市方法），在可持续城市主义的范式中都能见到。然而，近年来，人们可以发现大家在研究和实践上的兴趣与日俱增，知识储备也在不断增加，这些在更大程度上是以生态都市主义范式为基础的。也许我们可以称其为从第一代可持续城市发展的研究和实践（主要针对气候变化）向第二代的转变，第二代的研究和实践将这一领域扩大，从而涵盖了整个生态系统，特别是涵盖了生物多样性。

这一点体现在城市绿地开始发挥越来越重要的作用上。在这方面，城市绿地远远超出了传统赋予它们的游憩功能。作为城市中的生态系统，它们的规划、设计和保育正在迅速走向前沿。早期的城市设计很少视支撑城市生态系统为己任，因此常常错失了这样做的机会。自然，这样的任务也意味着要对城市生态系统的功能有更多的了解；这就是为什么目前在这里起主导作用的往往是景观设计师。推而广之，这也就是说要对城市生态系统，以及它们与人类系统紧密相连的方式有更加深入的理解，它使我们必须超越前面所讨论的那种推测性理论，并经由必要的学科建立起真正分析性理论的支撑。虽然我们在生态和景观都市主义中，以及一定程度上在可持续城市主义（包括共生城市概念）中，都能够发现这样的尝试，但它们仍然是有限的，而且没有吸纳近几十年发展起来的全部的必备知识。

城市生态系统服务

生态系统的商品（如食物）与服务（如吸收废物），是人类直接或间接地从生态系统功能中获得的收益（Costanza 等，1997）。"生态系统服务"一词是从人类对环境依赖性长期认识的沿袭中演变而来的（Wilkinson，2012）。在《千年生态系统评估》（*Millennium Ecosystem Assessment*，2005）里，生态系统服务被归为四大类：供应、调节、支持和文化。在城市中，绿地作为生态系统服务生产者的作用（即生态系统通常无偿为人类利益提供的服务）是最为人关注的特性。这些服务包括微气候调节、空气过滤和雨水排放（如 Bolund 和 Hunhammar，1999）。另一个与绿地相关的生态系统服务的例子是授粉。阿尔内（Ahrné，2008）对熊蜂和城市化的研究发现，当人们在琢磨如何维持相当数量的熊蜂种群时，需要考虑具有高度多样性区域（如农园）的重要性。研究得出的结论是，为了造福这些物种，有必要积极规划更大规模的城市景观。这样的立场还包括要考虑涉及生物多样性的质量，它指的是城市地区各种生物的多样化。生物多样性对于生态系统的运转和可持续性至关重要。不同物种起着特定作用并有特定功能，物种丰富程度和功能类型的变化，会影响生态系统内部处理资源的效率（Alberti，2005）。生物多样性促进了生态系统的可持续性，进而促进了生态系统所产生服务的可持续性（Elmqvist 等，2003）。为了提高生物多样性，绿地应提供适宜的生活条件（生境），以满足各类物种（如某些类型的植物）的特定需求。总体上，破碎的绿地结构（连通性较差的城市地区的典型特征）往往难以提供这样的条件，而能够在斯德哥尔摩近郊区见到的较大的自然和半自然植被连通区，对于维持整个地区的生物多样性至关重要。另一方面，在中心区内，绿地往往较小，但可以有较高的生态质量。将这些区域与城市近郊区的绿地连接起来，可以促进物种迁移并维持中心区的生态系统服务（Mörtberg 等，2012；Ernstson 等，2010 中的案例分析）。因此，城市和城市近郊区的绿地对生物多样性来说非常重要。如果规划和设计得当，绿地还可以带来诸如游憩、教育和健康之类的多种社会效益。

近几十年来，城市绿地在适应气候变化方面也受到越来越多的关注。要减轻城市地区极端天气事件的影响（比如热浪和暴雨），绿地对于城市气候和暴雨积水的蓄滞就非常重要（Gill 等，2007）。此外，绿地还有助于消除大量的空气污染（Shan 等，2007）。由于在城市环境中通常会有对土地的激烈竞争，因此绿地不仅仅是在具有很高自然价值时才被认为是可持续的；为了让绿地有效地提供生态系统服务，应该用管理和开发的制度与技术体系对它们给予支持。

这些观点与城市新陈代谢的概念密切相关，这一概念通过与生物体新陈代谢的过程类比来分析城市。因此，城市新陈代谢所涉及的包括能量、水和其他物质的流动和存储，与这些流动相关的实物运输，以及管理这些流的制度、经济和技术体系等（Kennedy 等，2007）。应当认为，城市既依赖其区域环境，也依赖其全球环境。城市新陈代谢的概念表明，在讨论绿地的保护、维护和发展时，需要对制度和社会环境做出应对。

调和人类与生态系统之间的冲突

与此同时，城市中的社会（人类）系统与生态系统之间显然存在冲突。例如，在像绿色走廊这样的生态系统中的流动，很容易与类似交通干道这样的（人类）社会系统中的流动发生冲突，而且出于健康原因，某些物种在城市中也不受待见。然而，许多可以感知的冲突反映了我们思维中过时的范式。比方说，城市和农业功能不兼容的想法是 20 世纪的概念，在更早期的历史中几乎无人采信。相反，在整个 20 世纪，即便是在西方，历史上也满是都市农业的例子。斯德哥尔摩的情况也是如此，例如，自 19 世纪末以来，在该市的中心地区就开始进行农园园艺的实践了。根据比约克曼（Björkman，2012）的研究，从 2000 年初开始，人们对农园园艺的兴趣就已日渐浓厚。此外，瑞典的许多城市正在制定城市园艺指南，以满足学龄儿童和移民等新用户的需求。不过，某些冲突确实需要内省的思考和知识的演进，尤其是在向城市规划与设计传授知识时。

由于斯德哥尔摩地区城市的不断发展，城市地区的环境既受到现状绿地上新的土地利用主张的影响，也受到噪声、空气和水污染物额外排放的影响，这些都对本已紧张的生活环境造成了冲击（Balfors 等，2005，2010）。由于毫不间断的城市化进程，人们将绿地变成用于住房、工业和基础设施的区域。其结果是这些地方以及相关地区动植物群落的生存条件，因破碎化和生境丧失的过程而改变，从而影响了这些地区的生物多样性（Balfors 和 Mörtberg，2006；Mörtberg 等，2006）。要维持或培育城市化地区的生物多样性，必须满足一些相互关联的生态条件。其中之一是存在由核心区、廊道和缓冲区组成的生态网络。其他先决条件是促进核心区之间交流的连通性，以及自然生境的时间连续性（Zetterberg 等，2010）。在斯德哥尔摩地区，有几项研究对维持转型期城市景观中生物多样性的生态条件做了调查（Mörtberg 等，2012；Zetterberg，2011；Andersson 和 Bodin，2009；Borgström 等，2006）。规划决策导致景观构成和格局的改变会影响生物多样性。这些影响可能发生在现场——仅仅影响开发区域，也可能发生在场地之外，因为像物种存续和传播这样的生态过程，通常在大尺度上发挥作用。因此，基于场地的方法不足以在影响评估中考虑生物多样性。相反，必须考虑自然生境的质量、数量和空间完整性，以及整个景观中物种和群落存续的要求。

用景观方法进行生物多样性评估也符合瑞典政府的目标。这些目标提出，有必要在景观层面采用人类活动对生物多样性影响的评估方法。这些方法可以分析许多单项规划决策的累积影响，它们可能导致重大变化，包括自然生境的丧失、隔离和扰动。决策所涉及的许多过程都有时间和空间维度，可以通过地理信息系统（GIS）进行量化、分析和可视化。当把这些过程量化之后，就可将其用在基于地理信息系统的生境建模中，以研究和预测变化对生物多样性构成要素的影响（Gontier 等，2010）。人们能够针对大区域进行空间预测，还可以应对规划方案的长期效应。斯德哥尔摩市在不同的规划活动中，都用到了基于地理信息系统的生境模型,斯德哥尔摩县行政委员会在编制该县欧亚猞猁区域管理规划时也使用了该模型(Zetterberg,2011)。

城市规划和生态系统设计中的预测工具

把生物多样性问题纳入城市发展规划和项目的评估中,需要有预测的工具,它们要用到土地利用变化对该地区栖息动植物影响的相关知识(Gontier等,2006)。这些工具主要以景观生态学知识为基础,能够令景观层面上的生态影响评估成为可能。此外,这些工具还应考虑预测不同时间尺度的植被变化,以及发展情境的结果。很多基于地理信息系统的生态模型,都可以作为生物多样性评估的预测工具。比方说,它们可以用在欧盟监管的决策支持流程中,如环境影响评估(EIA)和战略环境评估(SEA)等。最恰当模型的选择取决于研究目的和范围,以及成果应用的语境。其他需要考虑的问题还包括,例如要对哪些生物多样性构成要素建模,数据和专家知识的可得性和质量,时间范围,可用资源,以及进行分析的人员的能力。

最近,塞特贝里(Zetterberg,2011)展示了一个工具箱,它带有基于网络的景观生态方法和图论指标,从业人员可以在物质空间规划和设计中,通过有力地践行这些方法和指标来分析景观连通性。绿色矩阵由博丁和塞特贝克(Bodin 和 Zetterberg,2010)开发,现在可从网上免费获得。这个工具的使用者包括顾问、城市的生态专家,以及参与规划和决策的其他利益相关者。

环境影响评估和战略环境评估中的生物多样性考量

在对诸如道路或新居住区建设之类的项目做出决定之前,瑞典法律要求进行环境影响评估(EIA),在环评中确定项目的影响。但是,城市扩张和重大基础设施投资的最初决策往往是在战略阶段做出的,在这个阶段,本区域的长期发展是由政策、规划和计划决定的。因此,对于这类决策当中的一些(如城市总体规划的审批)来说,就需要开展战略环境评估(SEA),以处理战略决策对环境的影响。运用战略环境评估的根本原因,是要通过有依据和可持续的决策来帮助创造更好的环境(Fisher,2003)。此外,SEA 还有助于更有效地促进可持续发展,并将累积影响的评估考虑在内(Glasson 等,1999;Therivel,2010)。然而,在政策、规划和计划里所证明的高度抽象的概念,涉及预测影响的重大方法论问题(Hildén等,1998)。

欧盟 2004/35/EC 指令涉及对某些规划和方案环境影响的评估。它的颁布增

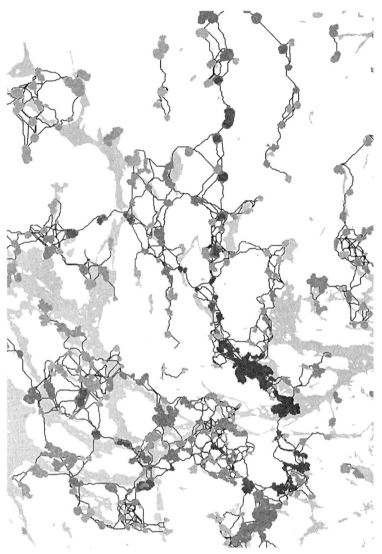

图 4.2　绿色矩阵（MatrixGreen，评估景观连通性的软件工具）的输出

加了在物质空间规划中考虑环境因素的必要性。这样一来，在为城市开发和基础设施投资做规划时，在规划流程的前期阶段就应把自然保护和生物多样性问题纳入进来。《生物多样性公约》也强调，在环境评估中必须考虑到生物多样性问题。因此，我们需要做出努力，在环境影响评估和战略环境评估中，加强对生物多样性的考虑。

为了保护类似斯德哥尔摩这样的城市地区的绿地，在规划和决策过程中，需要考虑可能导致破碎化和生境丧失的规划、项目和活动的影响。对潜在影响进行的一以贯之的评估，可以在规划过程中加强对生物多样性的考量，并且从长远来看有助于生物多样性的保护。这也符合国内和国际的政治追求——它们要求保护绿地，以维护城市地区的生物多样性。此外，在分析上更有依据的城市设计，必然可以提升新开发项目的价值，从而能够提高斯德哥尔摩地区生态系统服务的绩效。

由于生境的丧失和破碎化，现状生态网络将会受到影响。因此，规划在景观层面应该有机会获得生态系统的动态知识，以保护自然与生物多样性的价值，或至少减轻不断的发展对这些价值的冲击。从长远来看，这将有助于城市的可持续发展。因此，为了缓解城市环境的进一步恶化，在规划和决策中必须加强学科专业知识的作用，比方说强化人类活动对生态过程影响的专业知识的作用。

4.4 走向有分析支撑的城市设计理论

涵盖生态系统的城市设计

第二代可持续城市发展的实践和研究，对城市中的生态系统有更为深入和更加广泛的了解，它们需要上一节所讨论的那种分析性知识来提供更强有力的支撑。这对于城市设计，更进一步说对于城市形态研究，都具有全新的意义。我们在这里将城市形态学定义为，由城市的实体建成结构所产生的空间结构。正如可持续城市主义以及某种程度上如新城市主义所阐明的那样，无可否认，第一代强调要整合环保上更先进的技术体系，从而在涉及像能源和废物处理系统，以及（更引人注目的）公交系统这样的可持续性问题时，能够提升城市结构的表现。然而，尽管在技术上有所提高，但这些东西依旧停留在相当常规的城市设计实践范畴内。另一方面，第二代则要求更加直接地对待城市形态：城市形态怎样能不单包含社会和经济系统（就像它一直以来所做的），还能包含生态系统？如前所述，关于城市与自然二元对立的新观点，让我们看到了这样一个事实，即生态系统一直在城市发展中发挥着十分重要的作用，比方说通过支持都市农业来发挥作用。因此，城市景观与自然景观间的严格区分是20世纪的神话，这一点变得越来越清楚。推而广之，这也就在相当深的理论层面上提出了新的研究问题，因为假若我们要学到城市形态怎样才能不单包含社会系统，而且还能包含生态系统的相关知识，我们就需要弥合人类与生态系统之间的知识鸿沟。

近年来，瑞典皇家理工学院建筑学院已经与瑞典皇家科学院，以及斯德哥尔摩大学合作，力争创建一个名为"社会生态城市系统空间形态学"（Marcus 和 Colding，2011）的新研究领域，它整合了韧性理论，以及空间形态学和设计理论上的最新进展，瑞典皇家理工学院建筑学院借此参与其中的，正是这样一种替代方法的开发。这跟被称为"社会生态城市设计"的专业实践理念结合在一起（Barthel等，2013），该理念可以看成是生态和/或景观都市主义在分析上强化后的产物。一方面，这种方法借鉴了韧性理论，最初由加拿大生态学家C. S. 霍林（C. S. Holling）1973年提出，另一方面借鉴了在空间句法研究中发展起来的空间形态学（Hillier和Hanson，1984）。韧性理论是作为一种理解自然系统中非线性动态的方法发展起来的，比如生态系统在面对自然扰动时借以维持自身的变化过程。最重要的是，在这里，自然系统在所谓的"社会生态"系统方面与人类系统融为一体，弥合了人类—环境的二元对立（Folke，2006）。尝试以超越纯粹保护主义的方式，将自然系统整合到规划中特别重要；生态系统服务的概念通过详细阐述生态系统为人类系统的利益所提供的大量服务（例如授粉、空气和水的净化、自然排水），再次证明它在面对这一任务时是至关重要的。接下来，我们的目标是将这些有关韧性、社会生态系统和生态系统服务的知识转化为空间形态，从而使其能够应用到城市设计的实践当中。为此，我们需要一种先进的空间形态理论，以应对城市设计所特有的城市微观尺度的问题。这就是近几十年来，在"空间语法"研究项目中所发展起来的东西，有趣的是，它起源于建筑学的空间学科，而不是地理学，对这类理论来说大多数情况都是这样。

空间句法：城市形态学的分析方法

近几十年来，空间语法研究在开发更多空间形态分析方法方面处于领先地位。尽管最近的城市空间建模发展迅速，尤其是由于地理信息系统的发展，但它所涉及的几乎完全是对城市系统总体层面的分析（Batty，2005）。这有部分原因在于收集精细尺度数据的困难，但更重要的是，它可以追溯到在更精细尺度上构建相关城市空间模型的困难。因此，人们一致认为，关于如何对所谓的"城市空间感知"层面（即人们在街道上体验城市的层面）进行建模的知识尚显落后。这些问题中有许多是直接在空间句法里解决的，在空间句法中，人们对城市空间的感知层面——即对个体在街道层面感知城市空间的尺度，采取了一种分析方法，其明确的目的就是获得能够支撑建筑和城市设计的知识（Hillier，1996；Hillier和Hanson，1984）。空间句法维持了空间建模的系统视角，但加入了更多来自城市形态学的富有想象力的几何描述，它将这两种传统融合成专注于空间的分析性城市形态学。因此，我们可以这样解释空间句法：它是一个在更广范围内和很大程度上尚不成熟的研究领域里的原创和成功的学派，可以恰如其分地称之为"空间形态学"。

一系列来自世界各地的，基于空间句法模型的长期研究发现，城市形态对要素的配置属性与步行活动之间具有很强的关联性（Hillier 等，1993；Hillier 和 Iida，2005）。此外，大量研究（如 Greene 等，2012；Koch 等，2009）也发现了城市形态与其他城市现象之间的相关性，其中活动作为媒介发挥作用。例如，毫不奇怪，我们会发现在街道系统中高度可达并聚集大量活动的街道，也会成为零售业的重要场所。许多研究已经证实了这一点（如 Scoppa，2012；Bernow 和 Ståhle，2011）。更进一步来说，从长远看，这样的街道似乎也可能让楼面面积的出租获取更高的租金。实际上，这一点也得到了印证（如 Desyllas，2000；Netzell，2010）。其他研究表明，城市形态与犯罪（Hillier 和 Xu，2004）、社会隔离（Legeby，2010；Vaughan，2007）和能感知的绿色空间可达性（Ståhle，2005）等城市现象之间存在类似的关联性。

这里与绿色矩阵建模软件有着明显的联系，这个软件也是建立在图论对空间网络的描述基础上的，不同的是，空间语法处理的显然是人类系统，因此强调认知描述，而绿色矩阵处理的则是生态系统和景观连通性。显然，目前斯德哥尔摩大学与瑞典皇家理工学院，正在合作开展更深入研究的一个重要部分，是对不同物种群的运动进行几何描述，以研究这种空间模式在多大程度上能与人类系统相结合。这意味着要调查人类和其他物种，能够在多大程度上共享同一城市空间，它可以在社会生态城市设计的发展中，为城市规划与设计提供信息和支持。

空间资本：走向城市形态学中的分析性理论

空间语法研究开辟了新的天地，并为分析与知识的演进，打开了城市空间富有挑战性的认知层面。这对于本章讨论的可持续城市发展方法十分重要，原因有二：首先，为了让研究进一步形成对城市作为复杂系统的自下而上的理解（即变量之间的非线性关系系统，其中较低空间尺度上的变化会对较高的尺度上产生突发的意外影响），城市空间感知层面的建模和分析具有战略意义（Batty，2005）。其次，对于专业实践来说，要想通过城市设计（其中空间形态最终是主要媒介），在城市系统中进行以经验为依据的干预，就需要对空间形态的变量在细节、认知层面的作用有新的认识。这种分析性理论也已成功引入到专业咨询的实践中。

在瑞典皇家理工学院建筑学院，将空间语法研究扩展到更广泛的空间形态学领域的研究工作，已经开展了十年之久。这项工作的推进兵分三路。首先，有一路开发分析的工具，将地理数据包含在空间句法纯几何分析的特性当中（Ståhle 等，2005），其中决定性的一步是开发基于地理信息系统的"场所句法工具"（图 4.3）。

■ 可持续的智慧——探索斯德哥尔摩城市可持续发展

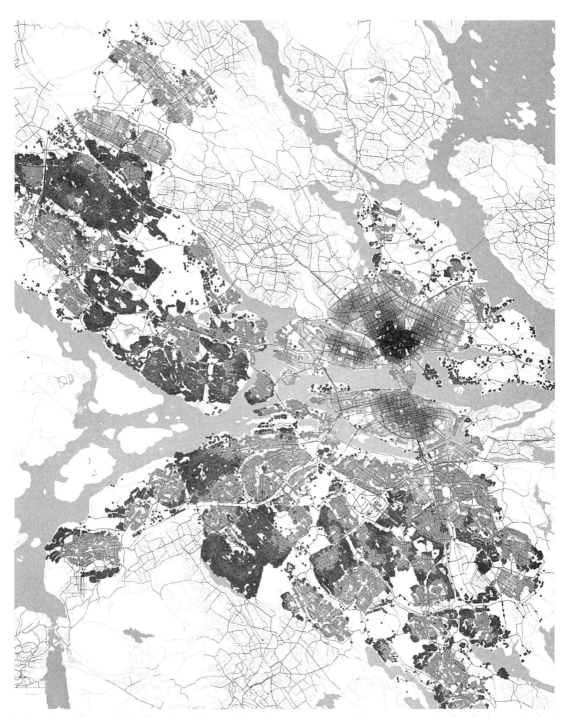

图 4.3 使用"场所句法工具"(Place Syntax Tool)创建的图像,它是一个基于地理信息系统的软件工具,用来对典型的距离的测度进行计算,比方说单独的街道路段尺度上建成建筑物里的邻近度和居间度,并有可能用地理数据(在这个实例中是人口)来权衡分析结果。它是由瑞典皇家理工学院建筑学院的亚历山大·斯托勒(Alexander Ståhle)、拉尔斯·马库斯和丹尼尔·科克(Daniel Koch),以及瑞典皇家理工学院交通与区位分析部门的安德斯·卡尔斯特伦(Anders Karlström)开发的(Ståhle 等,2005)。图中所示的是斯德哥尔摩市完整步行街和小径系统的居间性分析(半径为 2000 米,网络为黑白两色),以及从系统中每个地址点出发,沿着半径 500 米范围的同一街道和小径网络可及的人口(原文为彩色点)(Legeby,2010)

其次，有一路制定新的几何描述与度量方法，旨在捕获那些空间句法研究中通常不包含的变量，比方说空间密度和多样性（Marcus，2010a）。除了其他以外，这产生了"紧凑蔓延"的概念，借此将密度的度量和开放空间的度量整合到一个概念框架里，目的在于消除城市设计中的加密和绿地保护之间的二元对立（Ståhle，2008）。再次，有一系列战略实证研究批判性地讨论了在其他研究领域中应对城市系统的空间变量，如城市社会学中的"社会隔离"（Legeby，2010）、经济地理学中的本地市场（Bernow 和 Ståhle，2011）、景观设计学中的城市绿地规划（Ståhle，2005）、城市设计中的填实加密（Ståhle，2008）、创新系统理论中的知识环境（Koch and Steen，2012），以及医学和健康研究中的步行友好性等（Choi，2012）。

这些方法论的发展和实证研究，现在被合成在一个名为"空间资本"的理论框架中（Marcus，2010a），这个框架基于对空间感知的描述来建构城市的建筑模型。该模型以城市作为空间网络的理论概念为基础，其中根据不同的区位及其相互关系在网络中的位置，赋予它们特定的使用价值，进而赋予交换价值，因此可以说形成了空间资本。该模型不仅有助于对与城市空间维度相关的社会、经济和生态系统进行理论解释，同时也为专业实践提供有关如何通过城市规划与设计来创建、开发和维护城市系统的信息。

4.5 阿尔巴诺：迈向社会－生态城市设计原则

当来自建筑学、城市形态学和系统生态学领域的研究人员，参与到斯德哥尔摩一个名为阿尔巴诺（Albano）的新大学校园的实际开发中时，基于空间形态学的知识与韧性理论和城市景观社会生态系统的研究结合在一起（Colding 等，2006；Andersson 等，2007；Barthel 等，2010a；Ernstson 等，2010）。本项目在可持续城市设计方法（我们称之为"社会－生态城市设计"）的开发方面发挥了重要作用（Barthel 等，2013）。

这项合作得到了公共房地产公司 Akademiska hus 的支持，后来斯德哥尔摩市在这一地区的正式规划中对其进行了调整。本项目涉及斯德哥尔摩阿尔巴诺（Albano）战略要地的一个新的大学校园，它位于该市三所主要大学间的十字路口，并通过更高的邻近性以及共享的设施，具备了支持不同大学院系间进行更多交流的巨大潜力。这块场地还位于内城（拥有所有的城市吸引物）和皇家城市国家公园（具有其独特的自然和历史特质）之间的边界内。因此，我们的目标是开发一个将既有大学联系在一起的城市校园，同时通过社会－生态城市设计的概念，促进和提高该地区的自然和生态质量。

我们确定了三个主要的城市形态要素，作为对该地区设计的支撑，即"绿色干道、活力场地和绩效建筑（performative buildings）"，它们与城市形态学中的既有概念（街道、地块和建筑），以及城市生态中的连接性、异质性和密度等概念（Alberti，2008）都有相似之处。但是，这些要素是用空间资本概念中形成的更正式的解释来分析的：距离、密度和多样性（Marcus 2010a；Marcus 和 Colding，2011）。尽管后者的变量通常跟城市设计的相关社会和经济进程联系在一起，但在本项目中，它们的拟定也涵盖了城市中的相关生态过程。

正如任何社会城市过程，都要有不同活动节点间的可达性一样，生态过程也需要活动节点（如生境）间的可达性。因此，我们可以将"街道"和其他类似连接空间的概念扩大，把生态连接区也纳入其中。在该项目中，这样的空间被称为"绿色干道"，尽管它们要求设计不仅要知晓社会需求，也要知晓生态需求，不过一般来说，它们不但具有支撑生态系统的潜力，而且还有支撑社会系统的潜力。同样的，城市从古到今的特点，就是将土地划分为不同活动和/或所有者的独立地块。就城市地区的社会和生态系统这两者来说，这种土地细分已经证明对多样性的发展具有积极的影响（Colding，2007；Marcus，2000）。在一个称为"活力场地"的研究中就有对这一问题的应对。该研究强调，可以将土地细分这一要素扩展为一种工具，它培育和支持的不仅有经济活动或所有权上的多样性，而且还有生物多样性。最后，就像我们可以把建筑看作是需要通过建筑形式，局部提高和加强土地利用的一种表现一样，我们也可以将建筑扩展，令其既支持社会需求，也支持生态需求，例如通过设计绿色屋顶、绿色墙体，以及社会－生态一体化的水和空气系统等。在本项目中，这些被说成是"绩效建筑"的样子，意味着它们不仅在技术和社会意义上是高绩效的（performative），而且在生态学意义上也是如此——也就是说，这些建筑形成了空间系统中的强化节点，这些节点不仅像在任何城市项目中一样支持社会系统，而且还支持本地生态系统。最终，我们还需要将这些要素设计成一个系统性的整体，对于这项任务，此处介绍的分析工具（如场所句法工具和绿色矩阵）可以证明是至关重要的。综上所述，对这类城市设计要素及其系统关系认识的发展，可以使城市设计成为支持、加强本地和区域生态系统的一种手段，而不是对其构成威胁。反过来，这种城市开发也许会解决城市与自然的二元对立。

最后，该项目强调，城市形态的三个要素（绿色干道、活力场地和绩效建筑）

需要嵌入到不同的制度环境中，如产权、社会网络和本地文化，并且需要随时间的推移加以维护和管理。总而言之，有关城市形态这三个要素及其空间结构的知识，以及它们与早期城市形态学和城市生态学的概念化方面已经确立的联系，代表的是一个大有可为的工具箱，它可用来设计城市空间系统，这些系统不仅可以承载和维持社会进程，还可以承载和维持城市的生态进程。当然，这需要有进一步的研究，尤其是当涉及将这些要素发展为绩效系统时，空间句法和绿色矩阵的整合看起来在研究中就大有可为。

专栏 4.3　阿尔巴诺韧性校园

可持续城市设计领域发生了明显变化，从主要应对气候变化的第一代研究和实践，走向拓宽领域将生物多样性也涵盖在内的第二代研究和实践。两者对城市设计和城市形态来说有着截然不同的含义。第一代强调将更先进的技术系统融入城市结构当中，比如能源和废物处理系统，不过更引人注目的还有公共和私人交通系统，尽管它在技术上有所改进，但往往会导致相当传统的设计解决方案。第二代要求城市形态更直接地参与其中，并提出这样的问题：如何能做到未来的城市设计不仅要像以往所做的一样包含社会和经济系统，而且还包含生态系统？也就是，我们如何学到弥合人类和生态系统之间古老二元对立的知识，将其作为对未来城市设计实践的支撑？

阿尔巴诺韧性校园项目将被视作是对第二代实践的贡献。该项目作为公共房地产公司 Akademiska hus 所支持的建筑师、城市形态学家和系统生态学家之间的跨学科研究项目肇始，后来由斯德哥尔摩市在这一地区的正式规划中进行了调整。它涉及斯德哥尔摩阿尔巴诺（Albano）战略要地的一个新大学校园，校园位于三所世界一流高等教育机构之间的十字路口处，通过更高的邻近性以及共享的设施，具备了支撑不同大学院系间开展更多交流的巨大潜力。这块场地还位于拥有所有城市吸引物的内城，以及具有其独特自然和历史特质的皇家国家城市公园的边界之间。因此，其目标一直是开发一个城市校园，将既有大学联系在一起，同时通过社会-生态城市设计的概念，提高该地区的自然和生态质量。

对这个概念来说，关键是要看如何使既有的设计要素，如街道、建筑地块和建筑本身能够支持生态系统，而不仅仅是支持社会系统。正如社会系统需要重要节点间的连通性一样，生态系统也是如此，这就是为什么本项目中的重要街道被设定为"绿色干道"的原因。同样，生态系统与社会系统一样，也需要有离散的空间来发展多种多样的用途（如生境），这也是在项目中被设定为"活力场地"

■ 可持续的智慧——探索斯德哥尔摩城市可持续发展

图片来源：KIT 建筑师事务所（斯德哥尔摩）

的东西。最后，在一些地方，生态系统像社会系统一样，需要通过诸如水厂、农园或绿色建筑等特定的建设来加以强化。这些基本的准则不但使社会系统和生态系统之间矛盾的需求浮出水面，同时也使人们对城市环境中生态系统的空间绩效性有了更深的了解，这就是为什么该项目也引出了瑞典皇家理工学院建筑研究人员，与斯德哥尔摩大学生态学家之间的合作研究项目，项目的目标在于开拓一个研究领域，可以暂且称之为"城市社会－生态系统空间形态学"。

4.6 讨论：作为认识论框架的设计理论

在本章中，我们试图通过转变来认清实践所需的知识范围，以便通过城市设计让城市结构成功朝更高的可持续性发展。这种转变就是由城市设计中传统可见的更带推测性的理论（我们也认为，这些理论是当前可持续城市设计中大多数文献的典型），转向与城市设计相关的诸多领域，在这些领域中，更具科学性或分析性的理论正在迅速发展。由于我们把城市空间理解为城市设计的首要媒介，因此我们也强调，在空间形态学上要发展更具分析性的理论。

综上所述，这使我们的努力与设计理论的最新发展紧密保持一致，该理论认为，正是通过认识论上更深层次的理解，才能将设计过程的神秘面纱揭开（Lawson，2005）。我们可以将设计过程有效描述为一个不同知识类型的应用过程（Marcus，2010b）。首先，在任何的设计过程中，我们在寻求设计问题的潜在解决方案时都需要有支撑，而这正是前面讨论的那种推测性理论所提供的。推测性理论的一个典型案例是"艺术理论"（如《未来主义宣言》）；也就是说，理论提供了观察世界的新方法，从而产生了新的可能性——在未来主义的情况下，世界是运动的，在艺术中产生了新的表达的可能性（Hillier，1996）。成功设计师的典型特征是她或他有能力吸收这类观察世界的各种方法，这是成功设计师的"全部技能"（Schön，1983），她或他可以从中寻找解决特定设计问题的可能方案。其次，就其对手头任务的适宜性来说，显然需要对可能的解决方案加以检验，而恰恰在设计过程中的这一刻，就需要有"分析性知识"，它能够告诉设计师，鉴于特殊情况下的需求所提出的解决方案是否可行。建筑学中典型的推测性理论，如勒·柯布西耶（Le Corbusier）的"当代城市"（la ville contemporaine），它（为尽量简化起见）许诺要在宽阔、宁静的绿色景观中居住——显然需要进行检验。在我们对这一概念出人意料后果的丰富经验里，这种需求是显而易见的——例如当它既涉及荒凉，也涉及交通拥堵时。这并未削弱勒·柯布西耶在创造城市规划与设计有广阔发展前途新领域上的卓越成就,但它确实强调需要有分析性理论,这种理论可以检验推测性理论提出的主张。然而,分析性知识只能回答设计方案提出的有限范围内的问题——尤其是可以量化的问题。这就是为什么任何设计方案也都需要用"话语知识"来处理的原因。话语知识就是在其更广泛的社会和文化环境中,能够从所处环境对方案进行考虑和评估的知识,是我们通常会在人文科学或社会科学中找到的知识。虽然我们在此广泛讨论了前两种知识形式,即推测性知识和分析性知识,但我们并未触及最后一种知识——话语知识,而是仰赖我们的同事在后续章节中的贡献。本章的主要论点是,鉴于当前的全球挑战,为了在我们的城市中建立更具可持续性的城市结构,我们需要扩展该领域在专业实践中的知识基础,以便跟今天相比,在更大程度上将分析性理论吸纳进来,而且我们必须在不丧失该领域推测性理论传统优势的情况下来这么做。

参考文献

Ahrné, K. (2008) "Local management and landscape effects on diversity of bees, wasps and birds in urban green areas," Doctoral thesis No. 2008:41, Faculty of Natural Resources and Agriculture Science, Swedish University of Agricultural Science (SLU).

Alberti, M. (2005) "The effects of urban patterns on ecosystem function," *International Regional Science Review*, 28(2): 168–192.

Alberti, M. (2008) *Advances in Urban Ecology: Integrating Humans and Ecological Processes in Urban Ecosystems*, New York: Springer.

Andersson, E. and Bodin, Ö. (2009) "Practical tool for landscape planning? An empirical investigation of network based models of habitat fragmentation," *Ecography*, 32: 123–132.

Andersson, E., Barthel, S., and Ahrné, K. (2007) "Measuring social-ecological dynamics behind the generation of ecosystem services," *Ecological Applications*, 17: 1267–1278.

Balfors, B. and Mörtberg, U. (2006) "Landscape Ecological Assessment: A tool for prediction and assessment of impacts on biodiversity," paper given at the conference "Ecological Impact Assessments: Science and Best Practice," Bath Spa University, 11–12 July, British Ecological Society.

Balfors, B., Mörtberg, U., Gontier, M., and Brokking, P. (2005) "Impacts of region-wide urban development on biodiversity in strategic environmental assessment," *Journal of Environmental Assessment Policy and Management*, 7: 229–246.

Balfors, B., Mörtberg, U., and Geneletti, D. (2010) "Landscape ecology for SEA: Lessons learned," paper given at the 30th Annual Conference of the IAIA, "The Role of Impact Assessment in Transitioning to the Green Economy," 6–11 April, Geneva.

Barthel, S., Folke, C., and Colding, J. (2010a) "Social-ecological memory in urban gardens: Retaining the capacity for management of ecosystem services," *Global Environmental Change*, 20: 255–265.

Barthel, S., Colding, J., Erixon, H., Ernstson, H., Grahn, S., Kärsten, C., Marcus, L., and Torsvall, J. (2013). *Principles of Social-Ecological Urban Design: The Case of Alban University Campus*, TRITA-ARK-2013:3, KTH, Stockholm, Sweden.

Batty, M. (2005) *Cities and Complexity*, Cambridge, MA: MIT Press.

Beatley, T., Newman, P., and Boyer, H. (2009) *Resilient Cities: Responding to Peak Oil and Climate Change*, Washington, DC: Island Press.

Bernow, R. and Ståhle, A. (2011) "Värdering av stadskvaliteter: PM Sammanfattning av metod och resultat," Stockholms stad, Stockholms Läns Landsting, Haninge kommun, Lidingö stad, Nacka kommun, Stockholm.

Björkman, L.-L. (2012) *Fritidsodlingens omfattning i Sverige*, Rapport 2012:8, Alnarp: Swedish University of Agricultural Sciences, Fakulteten för landskapsplanering, trädgårds- och jordbruksvetenskap.

Bodin, Ö. and Zetterberg, A. (2010) *MatrixGreen v 1.6.4 User's Manual: Landscape Ecological Network Analysis Tool* (www.matrixgreen.org), Stockholm: Stockholm Resilience Centre and KTH Royal Institute of Technology.

Bolund, P. and Hunhammar, S. (1999) "Ecosystem services in urban areas," *Ecological Economics*, 29: 293–301.

Borgström, S. T., Elmqvist, T., Angelstam, P., and Alfsen-Norodom, C. (2006) "Scale mismatches in management of urban landscapes," *Ecology and Society*, 11(2): art. 16.

Brito, L. and Stafford Smith, M. (2012) "State of the planet declaration," in *Planet under Pressure: New Knowledge towards Solutions*, International Council for Science.

Calthorpe, P. (2010) *Urbanism in the Age of Climate Change*, Washington, DC: Island Press.

Choay, F. (1997) *The Rule and the Model*, Cambridge, MA: MIT Press.

Choi, E. (2012) "Walkability as an urban design problem: Understanding the activity of walking in the urban environment," Stockholm: KTH.

Colding, J. (2007) "'Ecological land-use complementation' for building resilience in urban ecosystems," *Landscape and Urban Planning*, 81: 46–55.

Colding, J., Lundberg, J., and Folke, C. (2006) "Incorporating green-area user groups in urban ecosystem management," *Ambio*, 35: 237–244.

Congress for the New Urbanism (1999) *Charter of the New Urbanism*, New York: McGraw-Hill Professional.

Corner, J. (1999) *Recovering Landscape: Essays in Contemporary Landscape Theory*, Princeton, NJ: Princeton Architectural Press.

Costanza, R., d'Arge, R., de Groot, R., Farber, S., Grasso, M., Hannon, B., Limburg, K., Naeem, S., O'Neill, R. V., Paruelo, J., Raskin, R. G., Sutton, P., and van den Belt, M. (1997) "The value of the world's ecosystem services and natural capital," *Nature*, 387: 253–260.

Desyllas, J. (2000) "The relationship between urban street configuration and office rent patterns in Berlin," PhD thesis, University College London.

Dittmar, H. and Ohland, G. (2003) *The New Transit Town: Best Practices in Transit-Oriented Development*, Washington, DC: Island Press.

Droege, P. (2007) *The Renewable City: A Comprehensive Guide to an Urban Revolution*, New York: John Wiley.

Duany, A., Speck, J., and Lydon, M. (2009) *The Smart Growth Manual*, New York: McGraw-Hill Professional.

Elmqvist, T., Folke, C., Nyström, M., Peterson, G., Bengtsson, J., Walker, B., and Norberg, J. (2003) "Response diversity, ecosystem change, and resilience," *Frontiers in Ecology and the Environment*, 1: 488–494.

Ernstson, H., Barthel, S., Andersson, E., and Borgström, S. T. (2010) "Scale-crossing brokers and network governance of urban ecosystem services: The case of Stockholm," *Ecology and Society*, 15(4): art. 28.

Farr, D. (2007) *Sustainable Urbanism: Urban Design with Nature*, New York: John Wiley.

Folke, C. (2006) "Resilience: The emergence of a perspective for social-ecological systems analysis," *Global Environmental Change*, 16(3): 253–267.

Gill, S. E., Handley, J. F., Ennos, A. R., and Pauleit, S. (2007) "Adapting cities for climate change," *Built Environment*, 33(1): 115–133.

Glasson, J., Therivel, R., and Chadwick, A. (1999) *Introduction to Environmental Impact Assessment: Principles and Procedures, Process, Practice and Prospects*, London: UCL Press.

Gontier, M., Balfors, B., and Mörtberg, U. (2006) "Biodiversity in environmental assessment: Current practice and tools for prediction," *Environmental Impact Assessment Review*, 26: 268–286.

Gontier, M., Mörtberg, U., and Balfors, B. (2010) "Comparing GIS-based habitat models for applications in EIA and SEA," *Environmental Impact Assessment Review*, 30(1): 8–18.

Greene, M., Reyes, J., and Castro, A. (2012) *Proceedings of the Seventh International*

Space Syntax Symposium, Pontefica Universidad Católica de Chile.
Haas, T. (2008) *The New Urbanism and Beyond: Designing Cities for the Future*, New York: Rizzoli.
Haas, T. (2012) *Sustainable Urbanism and Beyond: Rethinking Cities for the Future*, New York: Rizzoli.
Hildén, M., Valve, H., Jónsdóttir, S., Balfors, B., Faith-Ell, C., Moen, B., Peuhkuri, T., Schmidtbauer, J., Swensen, I., and Tesli, A. (1998) *EIA and Its Application for Policies, Plans and Programmes in Sweden, Finland, Iceland and Norway*, TemaNord 1998:567, Copenhagen: Nordic Council of Ministers.
Hillier, B. (1996) *Space Is the Machine*, Cambridge: Cambridge University Press.
Hillier, B. and Hanson, J. (1984) *The Social Logic of Space*, Cambridge: Cambridge University Press.
Hillier, B. and Iida, S. (2005) "Network effects and psychological effects: A theory of urban movement," in A. Cohn and D. Mark (eds.) *Spatial Information Theory*, Berlin: Springer Verlag, pp. 473–490.
Hillier, B. and Xu, J. (2004) "Can streets be made safe?" *Urban Design International*, 9: 31–45.
Hillier, B., Penn, A., Hanson, J., Grajewski, T., and Xu, J. (1993) "Natural movement: or, configuration and attraction in urban pedestrian movement," *Environment and Planning B: Planning and Design*, 20: 29–66.
Holling, C. S. (1973) "Resilience and stability of ecological systems," *Annual Review of Ecology and Systematics*, 4: 1–23.
Kennedy, C., Cuddihy, J., and Engel-Yan, J. (2007) "The changing metabolism of cities," *Journal of Industrial Ecology*, 11: 43–59.
Koch, D. and Steen, J. (2012) "Decomposing programmes: Re-coding hospital work with spatially syntactic information," in M. Greene, J. Reyes, and A. Castro (eds.) *Proceedings of the Eighth International Space Syntax Symposium*, Santiago de Chile: PUC.
Koch, D., Marcus, L., and Steen, J. (2009) *Proceedings of the Seventh International Space Syntax Symposium*, Trita-Ark-Research Publication 2009:1, KTH.
Lawson, B. (2005) *How Designers Think: The Design Process Demystified*, Oxford: Architectural Press.
Legeby, A. (2010) "Urban segregation and urban form: From residential segregation to segregation in public space," Licentiate thesis, TRITA-ARK 2010:1, KTH, Stockholm.
Lindström, P. and Lundström, M. J. (2008a) "Provide sustainable environmental solutions in urban development," in P. Lindström and M. J. Lundström (eds.) *Sustainability by Sweden: Perspectives on Urban Governance*, Karlskrona, Sweden: Boverket, pp. 26–29.
Lindström, P. and Lundström, M. J. (2008b) "SymbioCity: The holistic approach to sustainable urban development," in P. Lindström and M. J. Lundström (eds.) *Sustainability by Sweden: Perspectives on Urban Governance*, Karlskrona, Sweden: Boverket, pp. 4–10.
Marcus, L. (2000) "Architectural knowledge and urban form," PhD thesis, TRITA-ARK 2000:2, KTH, Stockholm.
Marcus, L. (2010a) "Spatial capital: A proposal for an extension of space syntax into a more general urban morphology," *Journal of Space Syntax*, 1: 30–40.
Marcus, L. (2010b) "The architecture of knowledge for educations in Urban Planning and Design," *Journal of Space Syntax*, 1: 214–229.
Marcus, L. and Colding, J. (2011) "Towards a spatial morphology of urban social-ecological systems," paper presented at "Urban Morphology and the Post-carbon City," ISUF 2011 (the 19th International Seminar on Urban Form), Montreal, 26–29 August.
Millennium Ecosystem Assessment (MEA) (2005) *Ecosystems and Human Well-Being: Synthesis*, Washington, DC: Island Press.
Mörtberg, U., Balfors, B., and Knol, W. C. (2006) "Landscape ecological assessment: A tool for integrating biodiversity issues in strategic environmental assessment and planning," *Journal of Environmental Management*, 82(4): 457–470.
Mörtberg, U., Zetterberg, A., and Balfors, B. (2012) "Urban landscapes in transition,

lessons from integrating biodiversity and habitat modelling in planning," *Journal of Environmental Assessment Policy and Management*, 14: 1250002-1–1250002-30.

Mostafavi, M., Doherty, G., and Harvard University Graduate School of Design (2010) *Ecological Urbanism*, Zürich: Lars Müller.

Netzell, O. (2010) "Essays on lease and property valuation," PhD thesis, TRITA-FOB 2010:4, KTH, Stockholm.

Palazzo, D. and Steiner, D. (2011) *Urban Ecological Design*, Washington, DC: Island Press.

Ranhagen, U. and Groth, K. (2012) *The SymbioCity Approach*, Stockholm: SKL International.

Rutherford, J. (2008) "Unbundling Stockholm: The networks, planning and social welfare nexus beyond the unitary city," *Geoforum*, 39: 1871–1883.

Schön, D. (1983) *The Reflective Practitioner*, New York: Basic Books.

Scoppa, M. (2012) "Towards a theory of distributed attraction: The effects of street network configuration upon the distribution of retain in the City of Buenos Aires," dissertation, The School of Architecture, Georgia Institute of Technology, Atlanta, Georgia, USA.

Shan, Y., Jingping, C., Liping, C., Zhemin, S., Xiaodong, Z., Dan, W., and Wenhua W. (2007) "Effects of vegetation status in urban green spaces on particle removal in a street canyon atmosphere," *Acta Ecologica Sinica*, 11: 4590–4595.

Simon, H. (1969) *Sciences of the Artificial*, Cambridge, MA: MIT Press.

Ståhle, A. (2005) "Mer park i tätare stad: Teoretiska och empiriska undersökningar av stadsplaneringens mått på friytetillgång," Licentiate thesis, TRITA-ARK 2005:2, KTH, Stockholm.

Ståhle, A. (2008) "Compact sprawl: Exploring public open space and contradictions in urban density," PhD thesis, TRITA-ARK 2008:6, KTH, Stockholm.

Ståhle, A., Marcus, L., and Karlström, A. (2005) "Place syntax: A space syntax approach to accessibility," in *Proceedings of the Fifth International Space Syntax Symposium*, Delft University of Technology, pp. 131–139.

Therivel, R. (2010) *Strategic Environmental Assessment in Action*, 2nd ed., London: Earthscan.

Vaughan, L. (2007) "The spatial syntax of urban segregation," *Progress in Planning*, 67: 205–294.

Waldheim, C. (2006) *The Landscape Urbanism Reader*, Princeton, NJ: Princeton Architectural Press.

Wilkinson, C. (2012) "Social-ecological resilience and planning: An interdisciplinary exploration," doctoral thesis in Natural Resources Management, Department of System Ecology, Stockholm University.

Zetterberg, A. (2011). "Connecting the dots: Network analysis, landscape ecology, and practical application," PhD thesis, Trita-LWR, ISSN 1650-8602; 1062, KTH, Stockholm.

Zetterberg, A., Mörtberg, U., and Balfors, B. (2010) "Making graph theory operational for landscape ecological assessments, planning and design," *Landscape and Urban Planning*, 95(4): 181–191.

第 5 章

可持续城市的流与网络：基础设施开发和规划的理论与实践

福尔克·斯尼卡斯（Folke Snickars），拉尔斯-约兰·马特松（Lars-Göran Mattsson），布·奥洛夫松（Bo Olofsson）

5.1 引言

重大城市基础设施为城市生活提供了前提条件。本章讨论城市的可持续性在基础设施系统（如道路网、公共交通、电信网络以及供水和废物管理）中的作用，特别是从可持续性的角度，分析了斯德哥尔摩区域基础设施供给的规划和管理系统。本章比较了不同类型城市基础设施网络之间的异同，以及它们是如何相互作用、共同发展，有时又是相互阻碍的。除此之外，本章还研究了就基础设施系统开发所做的战略选择对环境和社会的影响。

我们首先讨论了"基础设施"的概念，以及它在城市和区域基础设施网络中的含义。然后，我们建立了一个战略规划的概念模型，作为理清时间刻度和应对不确定性的一个流程。随后我们将这些理论上的考量，带入到斯德哥尔摩区域可持续基础设施供给的问题中去。我们在基础设施供给和用基础设施系统创造服务的市场解决方案之间，进行了重要的区分。我们还讨论了像斯德哥尔摩这样的地区，是否可以在不扩展其现有基础设施系统的情况下保持持续的增长，并探究了在增长的场景中由谁来规划并为这些系统筹措资金。

我们可以把斯德哥尔摩地区，看作是一个建立在自然禀赋，以及人工基础设施系统之上的经济和社会体系。梅拉伦湖（Lake Mälaren）原本是波罗的海的一个咸水内陆群岛。由于地表隆起（被上一个冰河期冰川扩张压入海平面下的土地重新缓缓浮出水面），梅拉伦湖与波罗的海之间的自然水流交换受阻，从而开启了湖水淡化的进程。从那以后，来自梅拉伦湖的淡水就打城市正中心排入波罗的海，并与其咸水交汇混合。拜随之而来的湖海水位高差所赐，从中世纪早期开始，船只就必须要经拖行才能通过现状老城区前面的急流。

我们必须护卫今天的斯鲁森（Slussen）水闸这个出入口，以保持对梅拉伦湖周边土地的控制。斯德哥尔摩的第一座城堡，就建造在急流南侧一块出露的岩石上。自打中世纪时期斯德哥尔摩建城以来，它的地面就以每年3~4毫米的速度持续抬升，但由于缔造老城的沙砾沉积层受到自然侵蚀，梅拉伦湖的水位比波罗的海的水位高出仍然不足半米。梅拉伦湖的淡化令其可以作为淡水供应的水源，这是斯德哥尔摩建城的一个重要前提。斯德哥尔摩地区总人口逾200万，他们的供水仍然来自梅拉伦湖的地表水。它既是斯德哥尔摩一份重大的自然财富，但也让这座城市容易遭受人为与自然的双重威胁。例如，如果气候变化使海水水位升高（哪怕只是略微升高），那么梅拉伦湖和波罗的海的水位高差就会逆转，使斯德哥尔摩失去可靠的淡水供应。

作为一个大都市区的范例，斯德哥尔摩的自然禀赋，既是（由市中心直达郊区的）公路和铁路交通系统，也是大多数公用事业系统的重要决定因素。地理环境使得活动超乎寻常地扎堆在空间相对逼仄的内城里。例如，斯德哥尔摩的淡水自然资源禀赋，加上老城前的水闸，左右了城市结构和建成环境的形成，包括它的交通、给水、排污和能源网络等。给水系统既是城市居民的物理屏障，也是他们的城市配套设施（历史上还是交通设施）。

与此同时，斯德哥尔摩是一个高度仰赖其交通系统的地区。它的密度比人们对此等规模地区的预期要低，但开发是集中在交通走廊沿线的。如图5.1所示，这一地区有着清晰的指状结构，郊区中心位于手指的关节处。这种有机分散的原因之一在于地铁和通勤列车系统，它们成为手指中的"指骨"，并由中央商务区向外延伸出相当长的距离。现状散布的建筑，也体现了斯德哥尔摩在建造、规划和提供公共服务等方面分权决策的特点。在斯德哥尔摩市周边本区域内还有24个自治市，拥有为公共服务向公民独立征税的权力，这些公共服务涵盖了从学校到老年护理、能源供应和废物处理等项内容。

因此，相对于建立在连续的平原上，并且只有一个联合政治决策机构的区域而言，斯德哥尔摩地区的地理环境、自然资源和制度体系，令其更加仰赖于基础设施网络的效率。斯德哥尔摩地区是一个复杂的城市系统。在这个系统中，政治上的决策者们必须同时平衡竞争与合作的战略，从而促进增长和可持续发展。斯德哥尔摩地区区域规划机构的持续存在，正是这种复杂性的体现。自1971年起，斯德哥尔摩县议会就一直在政治上肩负着大都市区规划的责任，其中包括规划、公交运营和医保上的职责。它与国家和市两个层面的政治机构一道，共同负责提供一系列其他类型的基础设施。然而，由于瑞典市政当局有瑞典宪法所赋予的规划垄断权，使得大多数区域政策的协调，都是市政当局在自愿的基础上进行的。

■ 可持续的智慧——探索斯德哥尔摩城市可持续发展

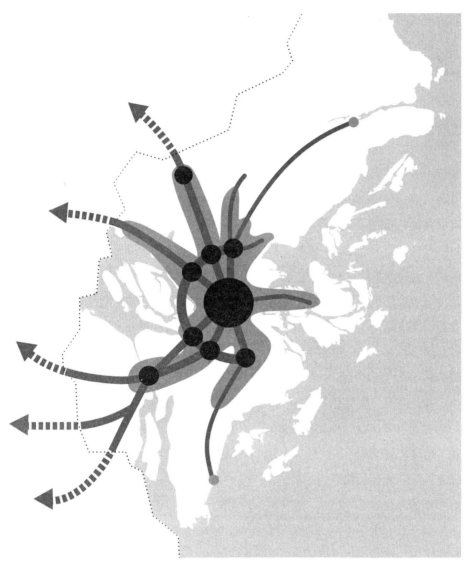

图 5.1 斯德哥尔摩地区及其发展方向示意图
图片来源：斯德哥尔摩县议会，2010 年

规划垄断权具有强大的民主意义，不过它也带来一些挑战。例如，由于城市决策的不协调，在区域层面带来令人心烦的规模效应；在土地利用规划，以及基础设施系统可持续扩展的相关潜力方面，带来会被看成是次优方案的区域解决方案。

5.2 何为基础设施？

在 1980 年代和 1990 年代，不少瑞典的城市研究人员认为，任何大都市地区（如斯德哥尔摩地区）都可视作是一种物质、经济和社会基础设施的形式

（Andersson 等，1984；Andersson 和 Strömqvist，1987；Johansson 和 Snickars，1992 年）。这种概念化将基础设施定义为物质资本或非物质资本的变体（例如 Johansson 和 Snickars，1992）。从不同的时间和活动角度来看，基础设施最重要的属性是用途的多样性。从这个意义上讲，基础设施的这一概念与可持续发展的概念密切相关：两个概念都强调以长远眼光来引领发展战略。

有一种方式是就技术属性来定义基础设施。表 5.1 从这个角度，总结了一些最重要的城市基础设施的类型，包括网络和建筑等。如果我们把基础设施视为城市活动的舞台，那么可以说城市地区本身就是一种基础设施，反过来讲它也由基础设施所构成的。很多研究人员试图对一个城市地区的基础设施资本总值进行评估。赫德森等人（Hudson 等，1997）列举了一个针对纽约的案例，表明基础设施所涉及资本存量十分巨大。案例以实物和价值来计量这些资本存量，并提供了将其细分为网络、公用事业设施和建筑的详细情况。

有技术和组织特征的城市基础设施　　　　　　　　　　表 5.1

公用事业供应网络	信息和通信网络	交通运输网络	存量建筑
给水	电话	道路和街道	住宅区
电力和燃气	邮政	高速公路	办公楼
区域供热	有线电视	铁路、地铁和有轨电车	商业服务建筑
废物处理	交通管制	空中走廊	教育设施
排水	宽带互联网	港口、航道和运河	医院
		管道	文化设施
			城市环境

用时间、空间和功能上的定义，对器物导向的定义加以补充，是很有启发意义的（表 5.2）。我们从时间的维度着眼，可以将基础设施定义为，具有跨越时间的空间固定性的资本形式。基础设施的容量会随时间缓慢变化，经济社会进程与基础设施之间的适应过程，也会随着时间的推移而发展。从这个角度来看，我们可以将基础设施看作是一个稳定或渐变的平台或舞台，它上面有更快的变化过程在起作用。这就产生了套叠的动态过程，它们跨越时间相互作用。在城市地区，规划往往会涉及快慢变化进程之间复杂的相互作用。因此当规划要新增公路或铁路网时，我们可以假设变化迅速的交通流量是存在均衡的。反之，当我们计划在公共和私人交通系统中开展行动时，固定资本的存量是不变的。

将基础设施资本与其他形式的资本区分开来的属性　　　　表5.2

规模和范围	定义基础设施的属性
时间的	固定地点的耐用资本
	变化缓慢的容量与空间格局
	与社会和经济活动进程相比迟缓的速度
	快速进程在其上发挥作用的稳定平台
空间的	为空间格局提供的服务
	为集体用户提供的服务
	效用通常随距离衰减
功能的	基本功能是创造可达性
	第一个基本原则是多功能用途
	第二个基本原则是跨越时间的普适性
	第三个基本原则是系统和网络属性
	第四个基本原则是不可分割性

从空间视角来看，基础设施服务是按用户的地理分布格局来供给的。给予用户的效用一般会随着距离的增加而衰减。我们通常把基础设施的"网络属性"称之为它的第一空间属性。换言之，基础设施的效用跟它促进不同地区之间交互作用的能力有关。空间视角还让人们注意到关于基础设施方面的私人产品和公共产品之间的关系。从概念上讲，这与空间固化的公共产品的概念不同，尽管这些概念之间存在很强的联系（Johansson 和 Snickars，1992）。某个产品可以在供给侧或需求侧是"公共"的，也可以同时在两侧都是。如果它是一个"地方"公共产品，那么它只在本地或行政区划单元内提供公用事业服务。地铁系统是一个"区域"公共产品的例子，即便我们会争论说它在拥挤的情况下，由于用户效用下降而容易发生竞争。斯德哥尔摩国家城市公园，以及斯德哥尔摩地区"发展手指"之间的绿色走廊也是区域公共产品（图5.1）。体育设施往往是本地公共产品，而输配电网则是国家甚至一定程度上是国际公共产品。由于网络服务主要是为斯德哥尔摩地区居民提供的，因此可以说，人们更应该将其称之为区域公共产品或"俱乐部产品"。

最后，我们可以从基础设施的功能属性来思考——也就是说，基础设施创造了互动的可能性,黑格斯特兰德（Hägerstrand，1973）等地理学家将其称之为"可达性"。基础设施的第一个基本功能属性在于其多功能的用途。例如，一条道路可以在同一时刻为各种不同的活动服务。基础设施的第二个基本功能属性是跨越时间的普适性。一条道路会保持长期固定不变的状态，这使得当下的用户，笃信使用这条道路的机会将会持续存在，这样他们无论采取短期还是长期的行动都是有可能的。

基础设施第三个基本功能属性是其系统和网络属性。一条新路连接城市的两个不相连的部分，会产生一种协同增效的作用，并且还会开辟新的机会。基础设施的第四个基本功能属性是其不可分割性。换句话说，通常来讲，我们不可能提供完全符合需求的基础设施。相反，许多基础设施的投资都是"波浪起伏"的——这些投资必须以追加的方式来投入。例如，就城市来说，这可能意味着基础设施投资影响的（及出资的）人将会为数甚众，而他们并不认为这些投资符合其个人的最大利益。但整体来看，所有的潜在用户群体，都会因新基础设施的供给降低了成本而受到积极的影响，新的地铁线路就是一个很好的例子。然而，尽管这是一种普遍趋势，但某些形式的基础设施投资，确实存在分配不均和福利效应（Graham 和 Marvin，2001）。

城市系统的快速与缓慢的进程

为了理解城市基础设施动态的复杂性，在微观和宏观尺度上，对城市系统的快速和缓慢的进程加以区分，可能会有启发意义（Bettencourt 等，2007，on the paces of urban life）。图 5.2 给出了在个体或是微观尺度，以及宏观系统尺度下，一些缓慢和快速进程的例子。当然，在实践中更加有趣的问题是，缓慢和快速的进程如何与微观和宏观尺度相互作用，以及这种相互作用如何产生系统的模式与动态。例如，在微观尺度上，这种进程可能是缓慢的，在宏观层面上，这种进程则可能是快速的；在微观尺度上，从一个住所迁往另一个住所的缓慢的个体进程，可能导致宏观尺度上住房市场快速的动态进程，因为许多人做出了类似的决策。相比之下，在特定时间、以特定的交通方式去通勤上班，这些"快速"的日常个体决策，会导致宏观尺度上可以预见的（缓慢变化的）拥堵模式的产生。

根据已有论据，大都市地区的规模经济和范围经济，将产生扩展基础设施系统所需的经济盈余，从而使净收益即便是在城市快速增长时期也能保持正值。换句话说，即使基础设施供应不够稳定，个体对收益和效率的评估会迅速改变，人口将会增长和（或）变得更加多样化。因此，大的区域可以追加基础设施的供给，让全部人口都可以雨露均沾地获益。如果我们接受这种公共产品的论点，那么大都市地区应该能够以较低的人均成本供给基础设施，并且随后也会对可持续性产生积极的影响。因此，由于这种使用效率的显著提高，更快的城市化进程将会促

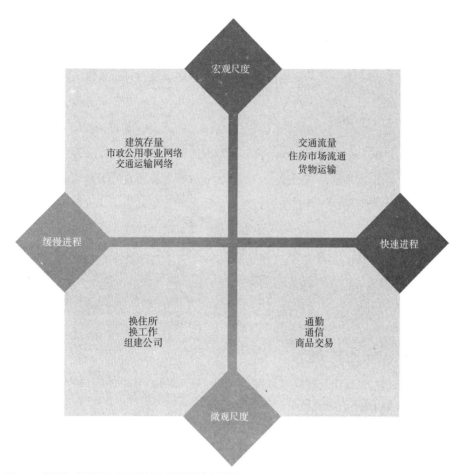

图 5.2 微观和宏观尺度上的快速和缓慢的城市进程

进国家层面的可持续发展。

基础设施的"开发",通常是根据规划的原则来确定的,或者换个说法是根据集体选择权的原则确定的(Törnqvist,2011)。相形之下,基础设施的"使用",通常遵循的是市场原则。在考虑是用有计划的公共供给还是用市场供给时,一个经常出现的论点是,一个时期内的行动可能会对未来一个时期产生不可逆转的影响。城市系统是一个复杂的动态系统。正如全球气温的微小变化在越过"临界点"后,就可能带来灾难性、系统性的影响一样,城市系统也会有临界点,它们会导致未来发展的条件发生不可逆转的变化。居住区的退化过程就是这种临界点的一个例子。这是一个缓慢的过程,在这个过程中,单个家庭会改变他们对住房的选择,比如鱼贯搬离一个特定的居住区,这可能会引发快速退化的进程——首先是这一地区状况的恶化,然后是其外观的衰败。这种新状态一旦出现就殊难逆转(Olsson,2002)。

基础设施规划是区域规划的核心，因为它具有持续性和系统的复杂性，而且其影响有长期性、不确定性和风险性。规划的基本任务是，根据对外部事件（如国家经济增长）的最佳预测，选择一个政策包（如地铁系统）来将其福利功能（如长期可持续性）最大化。规划人员可根据系统功能的科学知识进行基础设施决策，但也要考虑到跟市场参与者合作的方式，会影响到关于网络脆弱性及公交客流量等方面的场景。所有这些决策均反映出有关规划流程，以及公私基础设施投资等涉及的各式各样的不确定性。

规划人员和决策者在进行基础设施投资时，面临着五花八门的不确定性。不确定性的本质取决于对所关注的具体系统特性的理解。问题在于，大多数情况下，规划人员并不能完全弄清不确定性的本质，而只能凭经验猜测或提出框架假设。例如，他们有时可能会推断，与特定系统相关的不确定性是动态的，即输入、输出水平和状态因时而变，但系统的结构却保持相对稳定。这种动态的不确定性会随着时间推移而消解，使规划人员能够根据当前的信息进行渐进的调整——这是一种自适应的决策策略。一个典型情况是，尽管政府的预算决策有部分是基于长期的预测，但它是根据当下的情况来拨款的。或者，系统可以有相对稳定或静态的输入，但系统框架本身可能是动态的——也就是说，结构可以演进或改变。其结果就是所谓的"准静态不确定性"。在这种情况下，不断购买信息以降低风险，并对新出现的变化保持警惕是值当的。例如，公共管理机构可以委托大学开展研究，从而改善决策的信息基础。

如果我们认为，不确定性是"百世不易的"（即始终存在的），那么灵活的决策策略可能是最好的选择，以避免在出现不确定外部因素时感到懊悔。这就是所谓"预防原则"背后的主要思路。全球范围的气候变化就是一个典型的情况。由于静态不确定性不会随着时间的推移而化解，因此我们要采取的适当措施是，降低对于未来不确定外部事件的脆弱性。这一策略可用于设计区域供热管网，让这些管网既能很好地利用现有的给料，也可与替代能源（如可再生能源）配合使用，将来这种方式可能会越来越普遍。另一个例子是如果出现气候变化，那么就将新的城市建设限定在不易受淹的地区。伯尔迪察（Berdica，2002）、耶内柳斯（Jenelius，2006），以及伯尔迪察和马特松（Berdica 和 Mattsson，2007）等人，已经把这些概念置于脆弱性的背景当中。本文献中的大多数实例研究的是交通系统，不过对大多数其他的城市基础设施系统也提出了深刻的见解。

最后，当决策者在战略上相互依赖的时候，就会出现"竞争的不确定性"。在区域层面，不同的参与方往往在战略上相互对抗。例如，由于瑞典市政当局为争夺住户，所以会在住房建设领域做出战略决策，以提高自己相对于周边市政当局的竞争地位。

在对各式各样广泛或真实的不确定性进行预判时，使用场景分析是缩小决策选择范围的一种方法。场景有两种解释。一种定义将"场景"这一术语与外部因素关联，例如在表5.3里被称为"外部事件"的那些因素。场景还可以表示整个系统可能的状态。在这种思维方式下，所有要素共同构成一个场景。

5.3 斯德哥尔摩基础设施系统面临的挑战

要确保城市结构的长期可持续发展，就需要有健全而灵活的基础设施系统，用于人货运输、供水、废物处理、能源系统和电信等。表5.3阐释了在斯德哥尔摩地区可持续基础设施供给方面，一些规划行动的内容。我们设想的情况是这样的：基础设施的供应主要为公众所关注，而服务供应则为公共和私人参与者所共同关注。表的第一栏列出了本地区的参与者可以想见的一系列规划工具和投资对象。第二栏列举了城市基础设施领域市场参与者的诸多反响。第三栏提到了基础设施市场参与者外部事件的例子，它们可能会对规划机构和市场参与者联合行动的结果产生影响。这些主要是斯德哥尔摩地区，企业和家庭中享受基础设施服务的用户的行动。在第三栏中，我们还列出了可行的国家级政策包，它们会影响区域参与者所做的选择。

根本的问题在于，无论采取这些行动的是规划参与者、供给侧的市场参与者，还是使用其服务的家庭和企业，大家在基础设施系统上采取的行动，将如何影响

斯德哥尔摩地区基础设施导向场景的一些要素　　　表5.3

基础设施系统	规划工具	市场结果	外部事件
道路	网络投资与管理 定价工具	小汽车购买与使用 燃油供应	随意闯入的行为 工作的专业化与工作的习惯
轨道	网络投资和多式联运 票体系	有竞争力的服务供应商 智能制导系统	常规公交乘客量 税收补贴制度
能源	区域供热系统 智能电网 可靠性规定	双头寡占服务系统 可再生燃料	节能的习惯 价格路线与气候变化
给水与废物	闭环系统 本地子系统	市政的角色 生命周期的考量	需求的新动向 回收利用的习惯
电信	云计算与互联网 存量建筑的连接	服务供应商的生产率 商业趋势的路径	数字生活方式的发展 电子民主的发展

未来斯德哥尔摩地区的可持续性？斯德哥尔摩的基础设施系统是应该扩展，以满足不断变化和增长的需求，还是可以对现有系统进行更好的管理？通过对现状节点和网络采取审慎的更新策略，即使是在现状基础设施系统内是不是也能够提高可持续性？下面的小节，给出了一些目前斯德哥尔摩地区正在讨论的，重大基础设施系统决策的例子。

给水排水系统

若干确保斯德哥尔摩维持可持续供水的计划已经或正在实施。围绕斯德哥尔摩市的管网也已形成：为提高供水安全性，该地区南部的11个城市，以及斯德哥尔摩北部14个组成北部供水委员会（Norrvatten Association）的城市已经实现互联。另一个旨在提高可持续性的典型项目案例，是2008年在梅拉伦湖东部建立的水源保护区，它还包括上游集水区的一部分。斯德哥尔摩市对主要后备水源博恩斯约恩湖（Lake Bornsjön）周边土地利用的管制，由来已久且卓有成效，以至于湖水无须净化即可直接饮用。

不仅斯德哥尔摩地区，而且所有环梅拉伦湖的城市居民点，都已相继推出高标准污水净化项目和计划。这些项目和计划非常成功，即使是在斯德哥尔摩市中心，水质也好到足以让人下水游泳。此外，斯德哥尔摩西北部排出的经处理的污水，通过斯德哥尔摩市一个地下隧道系统输送到波罗的海，以防其进入城市供水系统。在污水排海之前，人们从污水水流中提取热量。这道工序可以提供热能，并有助于在冬季更好地混合水体。

大量投资通过本地和区域的项目和系统，用于斯德哥尔摩区域黑臭水体（含排泄物的废水）治理。斯德哥尔摩市中心地区已经配置了污水及黑臭水体治理的综合系统。为避免暴雨期间综合系统的洪涝，斯德哥尔摩修建了一个承担蓄水功能的隧道系统。由于气候变化的影响，这种降雨无论在近期还是远期，都可能变得更为普遍。因此，今后有必要引入额外的风险管理系统。当下讨论的本地解决方案和开发项目，包括了不同形式的湿地、沉淀池和分油设施。

在斯德哥尔摩持续的基础设施开发中，一些最大的挑战与气候变化相关。气候变化极有可能改变市中心区（例如老城区）水位波动的特征。这些波动还将造成污水系统洪水的泛滥，因为污水系统的容量并非是针对这样的强降雨来设计的。除去其他事项之外，这可能需要加快整修中央水闸（斯鲁森），它在相当长一段时间内都乏人问津。否则，地铁系统地下部分遭受洪涝的风险将会增加。在短期内，由于降水方式的改变，提高由梅拉伦湖到波罗的海的排放能力就成了关键问题。因此，重建中央水闸（斯鲁森）是应对气候变化迫在眉睫的和必要的调整。但是，从长远来看，要想阻止咸水经泄洪区倒流，就必须把水从梅拉伦湖用泵抽出。这对整个城市中心区来说，确实是一项艰巨的任务。唯一可行的长期解决方案，是在城市中心以外设置封堵咸水的隔离墙和泵站系统。

能源系统

在可持续的能量循环领域，阿兰达机场地下蓄水层系统，是一个新鲜出炉的最佳实践范例，它是世界上最大的这类地下储能系统，也是一个更加本地化的系统解决方案。阿兰达国际机场是斯德哥尔摩地区最重要的交通运输设施之一。图 5.3 展示了为该机场设计能源管理闭环系统的全新方法。这一能源管理系统自 2009 年夏季开始投入使用。阿兰达机场的能耗与一座两万五千人城市的能耗相当。地下蓄水层位于机场附近的砾石沉积层中，它有助于让机场地区的供暖和制冷既便宜又环保。地下蓄水层可谓是一个巨大的地下水水库。一旦系统大功告成，机场建筑物（包括航站楼）的所有供暖和制冷都将来自地下蓄水层。在夏季，冷水由地下蓄水层中抽出，用到机场的区域冷却网络里。而后，升温后的水回流，泵入地下并储存到冬季，用于融化飞机停机位上的积雪，并对航站楼及附属建筑通风的空气进行预热。

类似正在开展和计划进行的投资不胜枚举。它们的目的是在更大范围内，提高能源供应系统的可持续性。例如，在斯德哥尔摩市中心，地下水通过贯穿整个城市的砾石山脊循环供暖和制冷；这一系统为老城和南北大街（Sveavägen）这样的中心社区提供服务。如今，即便是在斯德哥尔摩市中心，钻入斯德哥尔摩的花岗岩山体来安装岩基热泵也非常普遍。

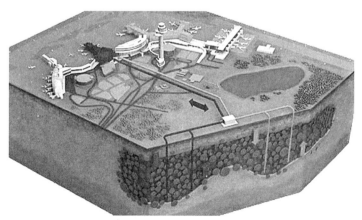

图 5.3 阿兰达机场地热提取和供热/制冷管理闭环系统

实际上，区域供热系统与独立建筑能源解决方案之间的结构性冲突，提供了一个有趣的例证，说明在可持续城市基础设施系统里，公共利益和私人利益之间存在的两难困境。倘若用户之间有许多连接，并且它们之间的距离相对较短，那么区域供热就可以高效地向城市地区供暖（在某些情况下是制冷）。然而，个人业主却可能发现，更让人怦然心动的是在热交换泵之类的，能源成本较低的独立建筑解决方案上投资。问题还在于，我们应该如何从可持续性的角度，来看待斯德哥尔摩市的区域供热系统，因为该系统在一定程度上依赖的是化石燃料。有人基于研究提出建议，希望在区域供热领域加大推广地热能的力度。但由于区域能源市场存在垄断倾向，这种想法推广起来步履维艰。单个城市内部没有足够的政治力量来采取行动、扭转这些趋势并引入创新发展的制度。例如，相较于斯德哥尔摩市，斯德哥尔摩地区的其他城市在其能源系统中，更为普遍地使用废物燃气发电厂和生物燃料。因此，使用共同的新给料来创造规模经济的提议，将造成这一区域不同地区之间，以及管网管理公司与管网供热工厂之间的关系紧张。

垃圾收集系统

斯德哥尔摩地区的增长将导致回收、存放或焚烧的废物总量持续增长。对于垃圾收集和废物分类，斯德哥尔摩地区还缺乏一个深思熟虑的战略，废物的分类仍凭自觉自愿，而且斯德哥尔摩市尚不能对有机废物做有效的处理。斯德哥尔摩市与周边城市之间存在着巨大差异，部分原因在于废物处理市场的参与者为数甚众。同样，联合解决方案和独立解决方案之间也存在冲突，并且今后这种冲突很可能大大加剧，譬如在沿海城市的给水及污水处理方面尤其如此。

群岛的挑战

斯德哥尔摩县发展面临的一个重大挑战源于这样的现实，即该县东部濒临波罗的海，由 3000 多个岛屿组成。许多最初为休闲避暑山庄而建的区域，现已成为永久居民点而且被并入斯德哥尔摩郊区。它们的自然特征为出露的基岩、多样的地形和引人入胜的自然环境所主宰。这使得基础设施系统（新建道路或是给水、污水和能源区域管网等），在设计和实施上既困难重重，又耗资巨大。斯德哥尔摩以东的几个城市，正面临着发展主要区域网络的有效链接，与推进本地解决方案的挑战之间的冲突（尤其是在给水排水方面）。从私人所打的水井中过度取水造成地下水的盐碱化，而且瘫痪的卫生系统导致营养物质泄漏到波罗的海

（Olofsson 和 Rönkä，2007）。要在这些地区进行住房开发，在多数情况下必须采用本地和次区域的创新技术解决方案。

电信系统

在斯德哥尔摩地区未来的可持续发展中，围绕着电信所起作用的挑战是多方面的。从基础设施系统的角度来看，一个长期的问题涉及存量建筑的接线。信息和通信技术（ICT）解决方案对包括车队在内的交通运输系统的渗透，已经萌芽并正迅速推进。云计算和互联网与新兴的数字生活方式、工作生活组织、商业机会和电子民主息息相关。就目前来看，未来发展的不确定性切实存在，这对减少准静态不确定性大有裨益，这一点要通过重点研究并运用场景方法应对剩余的广泛或真正的不确定性来实现。

比方说，这一领域典型的研究难题是，如何设计先进的综合出行规划表，既为出行者提供有效的决策支撑，又能作为地方和区域可持续发展规划的工具。另一个领域是数据驱动的可持续性，它探索创新的信息技术，这些技术用于可持续信息的创造、共享、合成及可视化。有一个领域对可持续性的作用有巨大的潜力，它牵涉到以下问题：什么情境会鼓励各个组织使用视频会议，以及其他形式的间接会议，而它们能够切实取代需要实地出行的面对面会议。

对于信息和通信技术（ICT）作为潜在"转型引擎"参与其中的社会实践，我们开展持续的研究至关重要。因为迥然不同的实践不但能够影响可持续性对企业和组织的作用，而且也会影响可持续性的愿景、目标、政策和概念。研究议程上的首要任务是：加深我们当下对电信在未来可持续的斯德哥尔摩地区人们工作生涯中所起作用的理解，以及加深对信息和通信技术（ICT）的创新应用，如何能促进人们养成更节能交通习惯的探索。

可持续交通基础设施的复杂性

许多人认为，斯德哥尔摩的公路和铁路运输系统，在新的线路以及整修方面都需要大量的投资。这催生了西外环（Western Bypass）、城轨隧道（City Track Tunnel）、东部连接线（Eastern Link）等重大投资项目，也让斯德哥尔摩首次尝试通过交通管理来减少交通增长，包括使用拥堵收费系统和提高停车收费等。因机动车和道路释放纳米颗粒所导致的空气质量的恶化，是一个需要认真对待的威胁。至少在机动车颗粒物排放方面，可以找到一些补救措施来解决这一问题。比如，可以通过引入电动汽车，以及其他电动车辆（包括自行车）来达到目的。下面给出一些更进一步的例子。

图 5.4 展示的是近几十年来，一项基本交通运输系统指标的变化情况。显然，斯德哥尔摩区域的增长，与公交占总交通量份额的稳步下降相关。过去 40 年里，斯德哥尔摩在道路、其他跟汽车相关的基础设施，以及公交系统上的新投资都相对有限。这张图表明，将总增长和跨地区分布的增长相捆绑，意味着偏离了可持续发展的目标。这个例子揭示出交通管理措施在提升可持续性，以及基础设施供给手段（即斯德哥尔摩拥堵收费和斯德哥尔摩地铁系统）方面的重要性。

道路拥堵似乎是大城市在劫难逃的特征。交通运输经济学家和规划师通常认为，在缓解交通拥堵的总体政策里，给道路定价是一个合理并且有效的工具（如 Rietveld 和 Bruinsma，1998）。然而，政界人士和普罗大众对此常持相当的怀疑态度。马特松（Mattsson，2008）和伯耶松等人（Börjesson 等，2012a），针对替代性道路定价系统的交通及区位效应，提出三项"事前"（预测）研究，并与斯德哥尔摩实施拥堵定价系统的"事后"（实证）研究做了对比。他们用不同数据集估算的比选模型来计算成效。头两项研究分别讨论了斯德哥尔摩地区基于分区和基于距离的道路定价系统对交通模式的影响。第三项研究把区位效应，纳入一个

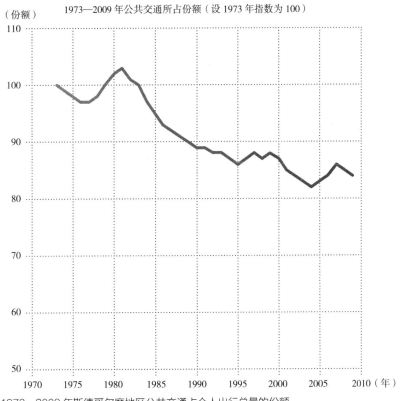

图 5.4　1973—2009 年斯德哥尔摩地区公共交通占个人出行总量的份额

格式化均匀城市的最优拥堵收费分析中，这项研究将这个城市的设置调整得与斯德哥尔摩相似。

所有三项"事前"研究均表明，征收拥堵费后，机动车出行距离会大大缩短。对于分区制系统，在 3 瑞典克朗 / 公里（约合 0.35 欧元 / 公里）的收费水平下，预计斯德哥尔摩内城收费时段的交通量将减少 30%。对于基于距离的系统，预计在高峰和办公时段，收费水平分别为 4 瑞典克朗 / 公里和 2 瑞典克朗 / 公里（约合 0.50 欧元 / 公里和 0.25 欧元 / 公里）时，内城交通量将分别减少 35% 和 19%。对于最优拥堵费定价的情况来说，在平均 2 瑞典克朗 / 公里的收费水平下，交通量相应减少 25%。第一项研究所预测的附加效果是，内城道路和主干路的速度可能提高 20% 左右。另一方面，城市其他地区活动的可达性将大为降低。受影响最大的是北郊和南郊内城之间的关系，预计这将削减 30% 的机动车出行量。尽管交通效应相当显著，但研究预计区位效应（职住区位模式的变化）则极为有限。

伯耶松等人（Börjesson 等, 2012a）通过他们的实证"事后"研究得出结论：斯德哥尔摩拥堵定价系统削减交通量的成效显著，在定价系统投入运营的前五年里，这一成效实际还有所扩大。最可靠的单一交通量指标是通过内城外围收费警戒线的机动车数量。这一指标显示交通量大约有 20% 左右的平稳下降。然而，研究表明，当我们同时考虑诸如就业、油价和汽车保有量等外部因素的变化时，这期间削减交通量的成效极有可能还会增加。这与理论上预测的长期效应大于短期效应相一致。[1]

伯耶松等（Börjesson 等, 2012b）用瑞典时下的方法、模型和已有的国家指南，对斯德哥尔摩地铁系统整体做了成本效益分析。这项研究预测了整个地铁系统在 2006 年的全部社会成本和效益，并跟与事实相反的情景（如果从未修建过地铁）进行了对比。研究以 1956 年为计算的起点，这一年在 1960 年代和 1970 年代地铁网络大规模扩建之前。研究假设在 1956 年，准确计算地铁系统适当投资水平的交通规划人员，就已掌握了 2006 年土地利用的全面信息。那么他们该如何计算 1956 年投资的净现值收益成本比呢？

研究在无地铁投资的场景中采用了不同的假设。在一项分析中，假定其他公交基础设施并未建设。在另一个无投资的场景中，假定有轨电车系统仍在沿现状地铁所用的相同走廊运营。这项分析还将建造成本的假设多样化。研究采用 1950 年代的实际建造成本，以及 2006 年的估算成本来开展成本效益分析。这项分析还估算了收入增长和土地利用方式对劳动力市场的长期影响（标准成本效益分析不包括这些因素）。

分析显示出地铁场景积极的结果，并由此得出结论：回顾过去，斯德哥尔摩地铁系统是一项社会经济效益颇丰的投资。这项分析关注的是现状地铁系统，并未指出从现在起，合理的地铁扩建所产生的社会经济效益。

尽管这项分析表明，在1950年代修建地铁是有社会经济效益的，但就这个方法的一些不足之处也做了探讨。更具体来说，一般的成本收益分析往往低估了城市投资的收益。例如，这种（被低估的）收益可能包括：因通勤者收益增加而提高了区域劳动力市场的生产率，或者由于地铁广泛用于通勤而改善了劳动力市场的匹配度。分析表明，斯德哥尔摩地铁最大的好处在于它的大运量。与公共汽车或有轨电车相比，乘地铁所省的出行时间少得可怜。

斯德哥尔摩现状的土地利用方式，大部分是结合地铁系统建设，或是跟随其走廊体系来规划的。假若地铁没有实施，斯德哥尔摩的土地利用方式可能会怎样发展？伯耶松等人（Börjesson等，2012b）对此也做了模拟。当我们采用模拟的土地利用方式时，当前系统所创造的社会经济效益，与已适应地铁系统的既定现状土地利用方式所产生的社会经济效益大致相当。这是因为在高密度聚居的城市中，大运量公交基础设施的收益通常更大。

因此，土地利用模拟的结果表明，与市场力量在没有地铁系统的情况下所塑造的区域相比，斯德哥尔摩已发展成为一个更稀疏、密度更低的区域。投资地铁的一个后果是，新的居民点规划布局在远离市中心的地方。然而，如果城市发展由市场条件所支配（在没有地铁系统的情况下），那么内城的居住需求就会很高，随之而来的可能是更高密度的土地利用方式（图5.5）。

这项分析表明，与更高密度的土地利用方式相比，沿着延伸到远离市中心之外的铁路走廊规划新居民点的做法，增加了出行距离甚至能耗。因此，远离市中心地铁走廊沿线的居民点，似乎导致了出行距离的增加，并且削弱了自行车和其他公共交通工具的竞争力。所以说，最好不要将地铁线路延伸到离市中心那么远的地方，这是一个非常重要的结论。

5.4 斯德哥尔摩可持续基础设施的场景

本节用系统层面的分析，来讨论基础设施的规划行动与市场成效之间的关系。分析采用了关于斯德哥尔摩地区外部驱动因素变化的不同假设。

图5.6是讨论"可持续基础设施"概念的起点。它基于所谓的布罗奇三角（Brotchie triangle），该三角阐释了城市形态与个人通勤行为之间的关系，以

图 5.5　2006 年预测土地利用格局图——如果地铁系统尚未建成（深灰色），与实际土地利用格局（浅灰色）的对比

及技术变革如何影响这些关系（Brotchie，1984；Newman 和 Kenworthy，1998；Wegener 和 Fürst，1999）。这张图还说明移动行为（人们使用交通网络的方式），与各种职住空间模式网络结构之间的关联。

一个给定的城市可以用三角形内任意一点的位置来表征。x 轴表示城市活动的分散度，例如从区域中心到就业地点的平均出行距离。y 轴表示空间相互作用的等级，例如它可用上班出行的总行程或平均行程来测度。沿 x 轴的 A 值为 0，代表完全单中心城市，值为 1 则代表完全分散的生活模式。那么，A 点代表所有的城市活动都向中心集聚的情况（每个人都通勤到中心城市），B 点代表人们选择工作时不考虑工作地与居住地关系的情况，C 点代表每个人都在本地生活和就业的情况。分散的城市居民点结构，加上家庭和企业流动行为的大范围蔓延，会导致中短期出行总里程的大幅增加。

D 点表示一个假想的城市可能在三角形内的什么位置。如果我们能够估算一个城市在三角形中的位置，那么三角的概念也有助于我们理解城市系统是如何因各种类型的建设（将 D 向左或向右挪动），或是重组、迁徙（将 D 向上或向下挪动）而发生变化的。

因此，图 5.6 以高度凝练的形式，一方面描述了居住模式、工作地点和交通

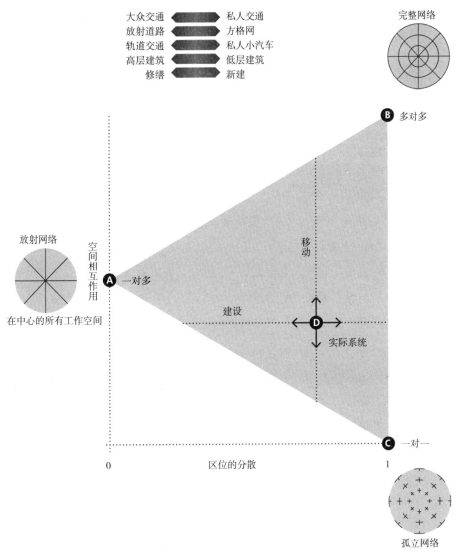

图5.6 城市结构、用户行为和福利发展之间的相互作用

网络形态这三个要素之间的关系，另一方面也说明了由此带来的可持续性绩效，由此我们可以把出行总量（它影响燃料使用和气候变化）视为一项可持续性的指标。布罗奇三角阐明的观察结论是：如果所有工作场所都位于该区域的中心，那么从可持续发展的角度来看，则大体上适合建立一个放射网络。如果在分散工作模式下保持职住的平衡，人人都能在自家附近找到工作——也就是说，存在共同的区域劳动力市场，就没有太大必要建立一个完整的基础设施网络。另一方面，如果职住同样分散，而且劳动力市场专业化和流动行为排除了邻近地区的选项，那么最好建立一个完整的综合交通系统来提高可达性。

这张图还解释了出行成本和分散程度之间的相互作用是如何影响整体出行模式的（三角形内的垂直箭头）。对于给定的城市结构，较高的交通成本会导致出行方式更接近三角形下边缘，反之亦然。因此，如果交通成本较高，分散的城市结构将使出行量（车辆行驶里程）最小化；而对于交通成本较低的情况来说，高密度的城市结构将使出行量最小化。

伦德奎斯茨（Lundqvist，2003）计算了斯德哥尔摩地区在布罗奇三角中的位置。这项分析将斯德哥尔摩地区置于布罗奇三角的东北角，并且得出以下结论：连续的区域发展规划，加上各市政当局和公交供应方的规划行动，甚至把斯德哥尔摩的 D 点，更进一步向"多对多"（many-to-many）一角的方向移动（另见 Wegener 和 Fürst，1999）。

上述分析给出了一些与政策相关的重要结论。分析得出的第一个结论是，为了在可持续发展与城市增长之间的权衡当中找到一个合理的平衡点，至关重要的是在不同区域尺度上提供多样化的交通机会。鉴于私人和社会交通供给成本上的不确定性，交通供给的构成和快速交通供应方的表现，将影响到城市地区的长期竞争力。多样化的交通运输系统将大大提高本区域的韧性。这需要有以区域次中心为特征的城市结构与之相匹配。这些区域次中心在更广大的、拥有专门居住功能区的城市地域范围内，实现了土地利用功能上的一体化。

土地在不同尺度上的混合利用，可以增加人们使用本地配套设施的机会，从而降低总的出行量。另一方面，如果出行成本保持在较低的水平，而且土地利用方式导致功能单一化加剧，那么总的出行量就可能升高。电信对流动性的下降可能不只有单一的直接影响，还可能会产生不同性质的间接影响。例如，莫哈里安（Mokharian，1998）讲到所谓的回弹效应，它意味着电信的进步使得远程办公和其他表面上减少出行的方式，实际上可能导致游憩出行的增加，或将能耗更多转移到家庭照明和取暖上。从长远来看，通过在电信所框定的范围内增加出行机会所产生的诱导性流动，将会导致回弹效应的出现。企业和家庭倾向于利用电信给予的可达性更多地出行，回弹效应将由此产生——这是一个由黑格斯特兰德（Hägerstrand，1973）令人信服地提出的强大机制。

图 5.7 所展示的场景，阐述了在斯德哥尔摩地区在基础设施和土地利用系统的整合与独立之间的一些权衡。这张图构建了四个场景（另见 Gullberg 等，2009）。城市广场（URBAN AGORA）场景描绘的情境是这样的：这一区域的密度变得更高，基础设施系统更加一体化。在这一区域所承载的城市里，人和企业间可轻松互动（高交往可能性），并且还存在着交互活动的集群（混合活动模式）。

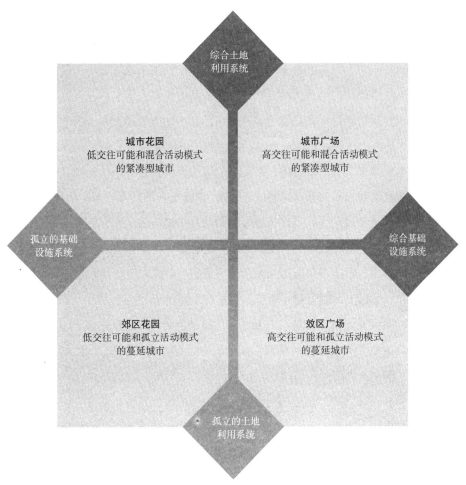

图 5.7　斯德哥尔摩地区融合与孤立之间关系的四种场景

相比之下，郊区花园（SUBURBAN GARDEN）场景，则描绘了一个蔓延到分散的生活组团中的区域，这些组团位于城郊地带，平均密度和密度都很低。交通运输和公用事业网络沿同样的线路发展。这些线路优先考虑独立的本地系统。在能源供应、给水、废物处理和电信等方面，每个系统本身均以采用可持续技术为导向。

城市花园（URBAN GARDEN）场景和郊区广场（SUBURBAN AGORA）场景是这两个极端的交叉组合。在城市花园场景中，城市由孤立、混合的生活地区组成，这些地区有量身定制的个性化解决方案，邻里间的联系很少。郊区广场的场景基于去中心化集中的理念，即居民点散布在区域范围内，而基础设施系统则整合在每个居民点内。在这种情况下，拥有本地化区域供暖系统的郊区居民点景观，将成为这一场景的典型产物。

5.5 讨论和小结

本章的分析勾勒出斯德哥尔摩地区的现状基础设施系统，在可持续性方向上一些新动向的可能性。这些行动可能包括引入新的系统，但它们也可能在系统自身内部采取。新的解决方案可能还包括组织和技术创新。即使是示范效应规模有限，也会对地方、区域和国家层面可持续性目标的实现产生影响。

正如本书其他章节所推荐的，斯德哥尔摩当下的许多基础设施项目，都有能够作为这种范例输出的成分。这些成果表明，国际贸易的共同收益也适用于创新、知识交换和示范项目市场。目前正在开展的项目把经合组织制定的城市绿化标准（Stockholm，2012）用到斯德哥尔摩地区，正是这一趋势有趣的反映。经合组织的报告特别指出，示范项目通过为创新的"绿色"技术和企业提供展示机会，在支持经济和环境两方面的可持续增长上都具有重要价值。

这些行动可能还会涉及对基础设施系统和整个城市居民点体系之间关系的改变，以及对企业、家庭和公共机构之间的城市生活系统的改变。也许在表面上，基础设施系统在其内部是可持续的，但它们牵涉和影响其他区域系统的可持续性的方式有所不同。例如，交通基础设施具有很强的区位属性，因为它影响家庭和企业的区位选择。因此，反馈效应可能会以改变部分交通系统的面目出现，它既可加强，也能削弱各种行为方式之间的协同作用。公共交通和自行车道系统上的投资，引发公交系统乘客量的反应就是一个例子。自行车骑行者更有可能是以前的公交乘客，而非之前的驾车者。或者，那些曾经的日常公交通勤者，可能会选择距离较远的工作地点，然后驾车到达那里。

对于能源、排污和废物等其他基础设施系统来说，情况要稍微简单一些。如果让它们在内部更可持续，但依然保持同样的服务水平，那么反馈问题可能就不那么明显了。当然，比如通过区域供热来提高能源配送效率，就必须要在地方和区域两个层面上进行集约化改造。如前所述，即使不进行系统的扩展，也可以在可持续发展的方向上有大幅提升。在新的地方投资扩容，往往会遭到公民的反对，并引起对市际合作方面的质疑，而这些质疑需要就争议展开复杂的谈判方能解决。

在城市系统领域的经济政策工具，可能会对实现可持续性方面的目标产生重大影响。分配效应是普遍性的，在大多数情况下，会形成政治集团和企业系统之间的封杀联盟。如果经济工具没有跟指导其规划和实施过程的专门机构结合起来，并且没有通过供应措施跟上形势，这种影响也可能随着时间的推移而逐渐消失。

这些工具的设计，必须保证在企业文化和生活方式上明确而公开的行动自由。例如，斯德哥尔摩拥堵收费系统的成功，在很大程度上取决于收费技术的选择，这种技术不需要通勤者在收费警戒线处停车，并采用单一的月度电子账单来收取过路费。

城市市政工作的参与者们作为学习型团体，至关重要的是在教育、信息、电子民主和市场营销等方面与其居民紧密合作。同样重要的是，他们在理解城市配套设施需求的形成方面拥有卓越的能力。这种积极主动的行为，可能与他们自己组织内部的城市配套设施供给决策一样重要。

不同市政的角色必须明确区分开来，并且不同规模和不同地方收入的地区之间，有效的解决方案也不尽相同。斯德哥尔摩当前语境下的特点是，私营公司希望在放松管制的市场中成为服务供应商，他们之间的竞争日益加剧，因此市政战略规划能力必须要强。发展的速度及特点要求对地方公务员的能力，采取新的思维方式。这就意味着需要建立新的知识网络，并加大终身学习的力度。

对于一个城市的市政当局来说，与其他城市和区域一级的机构结成战略联盟，以此来实现可持续发展的目标，可能跟在自己的管辖区域上行动一样有效。在一体化地区，搭便车的诱惑可能会很强烈，但通常并没有什么长远的价值。这一点尤其适用于斯德哥尔摩地区的中心城市政府与郊区政府之间经典的合作和博弈。最近欧洲层面的研究公布的比较经验表明，举足轻重的城市联盟固然稀缺，但它们对于确保可持续发展来说却是卓有成效的（Hårsman 和 Rader Olsson，2002）。

目前，将斯德哥尔摩的基础设施系统朝可持续性转变的大部分技术潜力，在于引入信息和通信技术，这样既能发挥信息和公民的影响力，又能提高经济效率。如果运用得当，这项技术可以在降低服务产品人均生产成本的同时，推动斯德哥尔摩区域的所有地区，朝着可持续发展的方向迈进。另一方面，它也会导致城市蔓延并令隔离的格局进一步恶化，从而造成不可逆转的破坏。因此，可持续发展要求对传统技术公用事业部门的职责进行反思。私有化是否应该冒着以私人垄断取代公共垄断的风险来推进？我们该如何把可持续基础设施的想法概念化？

关于私营部门和公共部门之间伙伴关系的好处，已有诸多论述。然而，必须承认，当说到规划和建设活动的伙伴关系时，公共部门一直是最感兴趣的一方。此外，我们不应低估在家庭和企业这两者的内部，创造激励来支持可持续发展的重要性和潜力。例如，引入拼车、共享汽车俱乐部，以及新的城市有轨电车系统等已经相当成功。大型企业，包括作为雇主的市政当局，也可以成为强有力的行动者。最后，人口和文化的变化，可能意味着斯德哥尔摩人表现出不同的偏好，这是一个令人满怀希望的兆头。斯德哥尔摩地区年轻一代的企业家和个人，对于家庭构成、社会权限、移动方式，以及环保上的团结一致，很可能会有新的态度。

斯德哥尔摩地区具有采取重大举措实现可持续发展的良好潜力。长期以来，区域发展规划在这一地区始终占据着重要地位。因此，人们基于最近的区域发展规划进程——RUFS（Stockholm County Council，2010），对即将在今后几年启动的新的区域发展规划寄予厚望。新规划将是一个漫长规划流程的产物。在这个过程当中，规划将系统阐述新的观点并深入开展新的研究。这个新规划会在未来五年左右完成，它可以为斯德哥尔摩地区的可持续发展带来一个突破口。我们必须一丝不苟地分析对大斯德哥尔摩地区作为密集交往地区的作用。现在是为斯德哥尔摩地区的长远发展发出倡议的时候了，这份倡议将继承该地区历史上志向高远的规划传统的衣钵。

注释

1. 编者按：本书第 7 章得出的结论与拥堵收费方案的经验有所不同，表明长期效应可能小于短期效应，因为通勤者接受拥堵收费作为其常规交通预算的一部分。

参考文献

Andersson, Å. E. and Strömqvist, U. (1987) *The Future of the C-society*, Stockholm: Prisma (in Swedish).

Andersson, Å E., Snickars, F., Törnqvist, G., and Öberg, S. (1984) *Regional Variety for National Benefit*, Stockholm: Liber (in Swedish).

Berdica, K. (2002) "An introduction to road vulnerability: What has been done, is done and should be done," *Transport Policy*, 9(2): 117–127.

Berdica, K. and Mattsson, L. G. (2007) "Vulnerability: A model-based case study of the road network in Stockholm," in A. T. Murray and T. H. Grubesic (eds.) *Critical Infrastructure: Reliability and Vulnerability*, Berlin: Springer, pp. 81–106.

Bettencourt, L., Lobo, J., Helbing, D., Kühnert, C., and West, G. (2007) "Growth, innovation, scaling, and the pace of life in cities," *Proceedings of the National Academy of Sciences*, 104(17): 7301–7306.

Börjesson, M., Eliasson, J., Beser Hugosson, M., and Brundell-Freij, K. (2012a) "The Stockholm congestion charges – 5 years on: Effects, acceptability and lessons learnt," *Transport Policy*, 12: 1–12.

Börjesson, M., Jonsson, D., and Lundberg, M. (2012b) *The Long-Term Benefits of Public Transport: The Case of the Stockholm Subway System*, Report 2012:5, Stockholm: Expert Group on Public Economics, Ministry of Economic Affairs, Stockholm (in Swedish).

Brotchie, J. F. (1984) "Technological change and urban form," *Environment and Planning A*, 16: 583–596.

Gullberg, A., Höjer, M., and Pettersson, R. (2009) *Images of the Future City*, Stockholm: Symposion, Brutus Östling (in Swedish)

Graham, S. and Marvin, S. (2001) *Splintering Urbanism: Networked Infrastructures, Technological Mobilities, and the Urban Condition*, London: Routledge.

Hägerstrand, T. (1973) "The domain of human geography," in R. J. Chorley (ed.) *Directions in Geography*, London: Methuen.

Hårsman, B. and Rader Olsson, A. (2002) "The Stockholm region: Metropolitan governance and spatial policy," in W. Salet, A. Thornley, and A. Kreukels (eds.) *Metropolitan Governance and Spatial Planning: Comparative Case Studies of European City-Regions*, London: Spon Press.

Hudson, W. R., Haas, R., and Uddin, W. (1997) *Infrastructure Management*, New York: McGraw-Hill.

Jenelius, E., Petersen, T., and Mattsson, L.-G. (2006) "Importance and exposure in road network vulnerability analysis," *Transportation Research Part A*, 40: 537–560.

Johansson, B. and Snickars, F. (1992) *Infrastructure: The Building Sector in the Knowledge Society*, Stockholm: Swedish Council for Building Research (in Swedish).

Lundqvist, L. (2003) "Land-use and travel behaviour: A survey of some analysis and policy perspectives," *European Journal of Transport and Infrastructure Research*, 3: 299–313.

Mattsson, L.-G. (2008) "Road pricing: Consequences for traffic, congestion and location," in C. Jensen-Butler, B. Sloth, M. M. Larsen, B. Madsen, and O. A. Nielsen (eds.) *Road Pricing, the Economy and the Environment*, Berlin: Springer, pp. 29–48.

Mokhtarian, P. (1998) "A synthetic approach to estimating the impacts of telecommuting on travel," *Urban Studies*, 35(2): 215–241.

Newman, P. and Kenworthy, J. (1998) *Sustainability and Cities: Overcoming Automobile Dependence*, Washington, DC: Island Press.

Olofsson, B. and Rönkä, E. (2007) "Small-scale water supply in urban hard rock areas," in E. Plaza (ed.) *Urban Water Management: Is There a Best Practice?* Urban Management Guidebook 1, Baltic University Urban Forum (BUUF), Uppsala: Baltic University Press, pp. 21–26.

Olsson, K. (2002) "Planning for the preservation of the cultural built heritage," in F. Snickars, B. Olerup, and L. O. Persson (eds.) *Reshaping Regional Planning: A Northern Perspective*, Aldershot, UK: Ashgate.

Rietveld, P. and Bruinsma, F. (1998) *Is Transport Infrastructure Effective? Transport Infrastructure and Accessibility: Impacts on the Space Economy*, New York: Springer.

Stockholm (2012) "OECD Green Cities – Stockholm background report," draft report, City of Stockholm.

Stockholm County Council (2010) *RUFS: Regional Development Plan for the Stockholm Region*, Executive Summary, Stockholm County Council.

Törnqvist, G. (2011) *The Geography of Creativity*, Cheltenham, UK: Edward Elgar.

Wegener, M. and Fürst, F. (1999) "Land-use transport interaction: State of the art," Institute of Spatial Planning, University of Dortmund.

第 6 章

绿色建筑经济学

汉斯·林德（Hans Lind），马格努斯·邦德（Magnus Bonde），
阿格涅什卡·扎列伊斯卡－琼森（Agnieszka Zalejska-Jonsson）

6.1 引言

在过去十年间，斯德哥尔摩的"绿色建筑"，历经了天翻地覆的变化。事实上，整个瑞典同样如此。建筑材料和技术的发展一日千里。从投资者的角度来看，绿色建筑已经由一个开发商和投资者几乎闻所未闻的概念，到越来越被视作是一种不可或缺的必需品。在斯德哥尔摩当前的房地产市场上，建造在归类上跟"绿色"毫不沾边的建筑，可以说门儿都没有。这是一个几乎完全由市场驱动的过程：建筑建成绿色的主要原因在于绿色建筑有利可图，而非出于政府对这些建筑的要求或补贴。

在本章中，"绿色建筑"称号的使用，与环保评级系统中排名靠前的建筑（参见下一节），以及着力减少供暖能耗的建筑（如被动式住宅）都有关系。直到 2008 年，斯德哥尔摩的房地产行业才开始对绿色建筑产生更为广泛的兴趣。2009 年，瑞典皇家理工学院发布了第一份系统讨论绿色建筑的经济方面的报告（Bonde 等，2009）。这份报告涵盖了环保分级系统、价格与租金效应、绿色租赁及估价方法等。这催生了大量的研究生的学术研究，涵盖了与绿色建筑经济学相关的广泛问题，其重点是能源使用效率。

瑞典皇家理工学院从一开始，就参与了符合瑞典国情的环保分级系统的开发（Malmqvist 等，2010），这部分内容将在第 6.2 节中详细介绍。第 6.3 节中将提供两个新建绿色建筑的案例。第 6.4 节将介绍一些绿色建造经济学的研究，而第 6.5 节将讨论现状存量的情况，重点关注斯德哥尔摩市场的新动向，同时基于瑞典的研究，概述我们目前所理解的绿色建筑经济学。

6.2 瑞典的环评工具

在瑞典的语境中，绿色建筑的概念有时是指建筑的能源绩效，有时指的则是环保分级里所包含的更为宽泛的部分，如绿色建筑评价系统（LEED），或是瑞典的系统等。斯德哥尔摩和全瑞典在用的系统有很多：主要的建筑评价标准包括美国的绿色建筑评价系统（LEED），英国的英国建筑研究院绿色建筑评估体系（BREEAM），欧盟的绿色建筑（EU Green Building），以及瑞典可持续发展评级体系（Miljöbyggnad），还采用了更加通用的"天鹅"生态标识（与欧盟生态标识有关）。

欧盟绿色建筑仅仅关注能效，而瑞典的普遍看法是，获颁这类称号可以说是唾手可得，甚至是不费吹灰之力的。就建筑更新来说，通常很容易就可以把能耗降低25%。建造比国家法定标准能耗低25%的全新建筑也易如反掌。瑞典的国际建筑施工公司，通常选择LEED（如Skanska），或是BREEAM（如NCC），但迄今为止，只有少数建筑获得了这些评价系统的认证。瑞典绿色建筑理事会是一个非营利组织，旨在推动认证体系和认识的发展。理事会称瑞典已经建造了约250栋获欧盟"绿色建筑"暨瑞典可持续发展评级体系认证的建筑，略多于获LEED认证的建筑50栋，以及略少于获英国建筑研究院绿色建筑评估体系（BREEAM）认证的建筑50栋。

瑞典可持续发展评级体系，是由包括瑞典皇家理工学院在内的学术界，以及来自建筑和房地产行业的代表共同开发的。尤其是瑞典的公共部门已经在相当大规模上启用这一系统了。瑞典系统侧重于能源使用、环保材料和室内气候等方面，但关注面比LEED及BREEAM略窄。瑞典发展自己的环保评价系统，主要原因在于人们认为国际系统过于复杂和昂贵，而采用瑞典可持续发展评级体系认证，费用低于LEED和BREEAM的认证。此外，现有的国际标准跟瑞典绿色建筑的那些侧重点并不完全一致。例如，由于瑞典淡水供应相当充沛，因此与其他情况相比，人们就觉得耗水量没有那么重要。此外，瑞典的开发参与者，希望建立一个仅专注于建筑本身的系统，而不是关注类似棕地和未利用地开发间的权衡或运输问题的系统，理由是这些方面有很多都不在开发商的掌控之中。另一个理由是LEED和BREEAM等系统，使用的加权系统是基于累计的积分，而瑞典可持续发展评级体系对建筑的评级，则是基于建筑在朝向、类型或是尺寸方面的最低分值来做出的。这意味着与某个维度相关的低分，不能由与另一个维度相关的高分所弥补。因此，建筑欲获认证，就必须在各个方面都达到绿色标准。然而，在对更新的建筑进行评估时，这确实造成一些障碍，因为即便是某些维度大为改观，但只要最低维度的得分未受影响，评级仍然保持不变（Brown 等，2011）。

北欧的"天鹅"生态标识，是针对产品和服务的自愿评价系统。公司为小型住宅、公寓楼或是幼儿园建筑申领北欧生态标识，必须满足建造过程、材料选择和能源绩效等方面的相关要求。通过生命周期分析对建筑物的环境影响进行评估，目的是最大限度地减少建筑材料中的有害物质，最大限度地提高能效，以及促进建筑垃圾的可持续处理。

6.3　斯德哥尔摩的商业和住宅绿色建筑

商业建筑

2006 年，瑞典主要的商业地产业主瓦萨克罗南（Vasakronan），决定重建位于斯德哥尔摩市中心的潘夫克塔伦 11 办公楼（Pennfäktaren 11）。这幢建筑始建于 1976 年，但并非是开展更多现代办公活动的最佳选择。这座大楼曾经由瑞典邮政部门和警察部门租用，不过这些租户已迁往他处。场地本身还曾是一家报纸的总部，但那栋建筑已于 1971 年拆除。

瓦萨克罗南简要介绍了这栋建筑的三种更新方案："轻度"更新、更深入地更新、全面更新或重建。他们最终决定采用第三种方案。该项目从一开始就没有任何具体的环保目标，但随着更新计划的推进，环保问题的地位越来越受到重视。2009 年，项目进入活跃期之后，它成为一个具有"绿色"特征的重建项目。

更新工程面临一些技术挑战，最重要的挑战与改变承重框架有关。这幢建筑之前仰赖于错综复杂的混凝土结构，但这一结构后来由承重钢结构所替代，从而使办公室天花板的高度大幅提高。

这座更新过后的大楼，提供八层办公空间（可租用面积约 15500m^2），一个带餐厅和商店的临街楼层，以及一个临街楼层之下的车库。为了减少建筑能耗，经改造，这座建筑具备了一些绿色功能，例如：

- 按需调控的通风系统和照明系统：它能通过适应大楼里的人数来节能；
- 景天植物屋顶（"绿色屋顶"）：它可改善隔热性能并吸收空气污染物；
- 节能窗；
- 太阳能收集器和太阳能电池：太阳能收集器用于加热餐厅的自来水，并在夏季提供舒适的制冷功能；太阳能电池发电供大楼使用。

这些改进已经令能耗大幅降低，从更新前的每年 250kWh/m^2，减少到更新后的每年 100kWh/m^2。此外，地下室还配备了一个回收站，并且瓦萨克罗南还计划

图 6.1 潘夫克塔伦 11（Pennfäktaren 11），斯德哥尔摩中央商务区的一幢商业建筑
图片来源：瓦萨克罗南（Vasakronan）

与这栋楼的每个租户签订一份"绿色租约"，这是一份旨在将机会变现并分享削减能耗带来的收益的共同约定。

由于这座建筑环保绩效出众，根据 LEED 的"核与壳"（Core and Shell）计划[1]，它已经获颁金级（Gold level）预认证。LEED 是全球公认的用于评估建筑物环保绩效的环境评价系统。此外，这栋建筑也已通过欧盟"绿色建筑"认证。这一系统仅仅考虑建筑的能源绩效。为了获得认证，建筑必须将其能耗降低 25%（更新的情况下），或比国家建筑规范要求的能耗低 25%（新建的情况下）。

这座建筑还是两次建筑竞赛五位决赛入围者之一。这两个竞赛的奖项分别是"斯德哥尔摩年度建筑奖"（Årets Stockholms byggnad）和"ROT 奖"（ROT-priset）。这两个竞赛都是对现状存量建筑改造的奖励。

住宅建筑

2008 年，斯德哥尔摩南部法斯塔（Farsta）的一处出租公寓区开始动工建设。两年后，这四栋看起来其貌不扬的多户住宅准备入住。然而这个名为"蓝色少女"（Blå Jungfrun）的住宅区，却与普通住宅区大相径庭。这些由市住房公司"瑞典房屋"（Svenska Bostäder）所拥有，斯堪斯卡公司（Skanska）建造的住宅，是瑞典少数几栋满足被动式住宅严苛标准的公寓楼，这一标准也被称为瑞典"FEBY"（节能建筑论坛）标准 2007：1。

有趣的是,"蓝色少女"住宅项目最初的计划,并未包括建造被动式住宅或低能耗建筑。然而,市住房公司"瑞典房屋"和斯堪斯卡公司之间的早期合作,带来了作为伙伴共事的承诺,并为创新解决方案创造了空间。结果是四栋包括97套租赁公寓的建筑,每年的能源和热水消耗低于 $50kWh/m^2$。这意味着根据现行建筑法规(斯德哥尔摩地区为每年 $110kWh/m^2$),平均能耗算下来比预期能耗还要低60%。

为大幅降低能耗,建筑必须是气密的,并且拥有隔热性能良好的围护结构、高能效的窗户,以及带有热回收系统的受控通风设备。"蓝色少女"住宅区的建筑采用 VST 系统建造——那就是,使用聚苯乙烯泡沫(cellplast)隔热材料,以及 U 值为 $0.9W/(m^2K)$ 的高能效窗户等预制构件。这些建筑做了鼓风门气密测试系统测试,测试结果非常出色,测试值低至 $0.05l/(sm^2)$,超过了在 ±50Pa 时,高能效被动住宅标准所要求的 $0.3l/(sm^2)$。

密闭的建筑围护结构、良好的隔热性能和被动式设计,其结果是让建筑的能源需求变得非常低,实际上它如此之低,而无需安装传统的供暖系统。取而代之的是,每栋建筑都配备了中央机械换热通风系统,该系统将热空气供应给每栋公寓。模拟显示,在隔热良好的气密建筑中,空气加热足以提供良好的室内热舒适性。然而,由于瑞典冬季温度可能非常低,因此"蓝色少女"公寓的每间公寓均

图 6.2 位于法斯塔(Farsta)的蓝色少女(Blå Jungfrun)住宅区
图片来源:扬·塞内舍(Jan Sernesjö)

配有小型电加热器。这些加热器配有自动调温器和定时器，可让住户自行控制使用。为了帮住户控制并最大限度减少总能耗，每套公寓都配备了一个所谓的"SBox"盒子，这是一个可让住户每天或每月跟踪其能耗的显示器。它会实测用电量以及冷热水消耗量，并与计算和预测值进行基准校核。结果以 kWh 或货币单位表示，使租户有机会调整其行为，并预知将要出现在其公用事业账单上的预期费用。

"蓝色少女"项目能源与水消耗量的实测值，明显低于"瑞典房屋"公司现状存量房屋当中的其他建筑，相当于降幅高达 65%，并且运营第一年的实际能源绩效与预期值相差仅有 8%。2011 年进行的入住后调查显示，绝大多数住户对他们自己的公寓感到满意，并为住在环保建筑中而自豪。自 2010 年以来，斯德哥尔摩地区还建造了其他绿色住宅建筑。"瑞典房屋"公司在斯德哥尔摩和松德比尔里市（Sundbyberg）交界处的安纳达尔（Annedal），建造了另一座被动式住宅综合体，并且正在斯德哥尔摩的布莱克伯格（Blackeberg）郊区，建造他们的第三座采用被动式住宅技术的多公寓大楼。

绿色公寓不仅能在租赁市场上获得，而且在产权公寓市场上也有供给。在斯德哥尔摩的西部，NCC 建造了两栋符合被动式住宅标准，并获 FEBY 标准认证的产权公寓大楼。这些建筑获得了瑞典可持续发展评级体系的银质认证。自 2010 年以来，在瑞典可持续发展评级体系已经注册并认证了许多其他建筑，其中一些位于斯德哥尔摩地区。另一栋致力于极低环境和气候影响的产权公寓楼，是维特克公司的泰尔哈斯住宅（Veidekke's TellHus），它是第一座获颁北欧"天鹅"生态标识的多公寓建筑。

瑞典的住宅建筑也可以根据 LEED 建筑评价标准进行认证，斯堪斯卡公司已在少数此类项目中使用了 LEED。由于这个评价体系起源于美国，因此在斯堪的纳维亚的环境中采用这一体系，存在一些潜在的困难（例如已经提到的，在瑞典耗水就不是很重要）。然而，这些障碍是可以克服的，斯德哥尔摩市的 200 多栋产权公寓大楼均获 LEED 认证就是明证。

绿色开发与建筑创新的普及

回顾过去十年，随着更高能效建筑的发展我们不难发现，直到十年前，建筑业的"绿色"或"高能效"产品和材料还相当罕见。如今，同样的产品成为标准用法，并且时常为建筑规范所推荐。

窗户的选择是建筑设计中最重要的部分之一。窗户的热防护要求已大大提高。2000 年，甚至是 2010 年所使用的窗户，其热损失比当今瑞典常用窗户的热损失要高出两倍甚至三倍。瑞典所用窗户的平均 U 值约为 1.1–1.3W/（m²K），并且越来越多的开发商，在其常规建筑项目中安装建议用于被动式住宅建设的窗户 [即 0.9W/（m²K ）]。

高能效建筑必须具备气密性，并使用良好的隔热材料。就这些方面来说，绿色建筑和常规建筑之间的差距在过去十分明显。然而，十年以后，几乎所有新建建筑的建筑围护，比以往任何时候都有更好的气密性和隔热效果。这种进步背后的主导因素在于施工精度的提高、墙体施工技术的改进，以及热桥的最小化。十年前，隔热性能优异的建筑围护结构，意味着墙体会非常之厚，这主要是因为增加了许多隔热层。现在的情况则不一定是这样。最新一代的砖将传统黏土和隔热材料结合在一起，这意味着完全由这种砖砌成的墙体，U 值可低至 0.12W/（m²K），并且不需要额外的隔热层。这一数值可以跟被动式住宅推荐的 0.15W/（m²K）的墙体传热水平相媲美。墙体厚度还可通过使用新一代隔板进一步缩减，例如采用真空或三聚酯 PIR 部件。

对任何建筑而言，拥有新鲜、洁净空气的健康室内环境至关重要。通风系统方面的技术发展一直也很重要。带有热回收系统的高质量通风设备，帮助节省了比运行它们所需能量更多的能量。使用热交换器的通风系统降低了能源需求，因为它们利用了建筑中既存的能量，从排出的空气吸收热量并将其通过新鲜的冷空气传导出去。市场上最新的热交换器能效极高，甚至高达 90%。

在过往的十年间，推广安全健康材料，以及最低限度使用危险物质，所有这些行动在建筑行业内部也备受关注。现在人们会提供有关建筑产品所用材料的详细信息，也会向大众公开产品的健康与环境影响评价和分级情况。瑞典的产品评估和认证采用了几种标准方法和数据源，其中包括桑达哈斯（SundaHus）数据和建筑产品声明（Byggvarudeklaration 或 BASTA）。有关产品健康与环境影响的信息相当重要，尤其是在评估建筑绩效和环境影响的时候（例如，通过瑞典可持续发展评级体系，或北欧"天鹅"生态标识）。

6.4 瑞典绿色建筑的经济学研究：新的建筑业

建造绿色建筑或提升建筑的环保标准，究竟有多少利润空间呢？这个问题另外一个提法是：假定私人参与者将出于其利益最大化的目的而行动，我们可以期望他们实现的绿色环保水平有多高？全世界已经在开展与此相关的研究，其中最著名的是艾希霍尔茨等人（Eichholtz 等，2010）的研究。他们发现，环境质量、租金水平和房地产价值这三者之间，存在明显的相关性。这里将侧重于在瑞典开展的研究，尤其是与斯德哥尔摩市场有关的研究。下面的分析中使用的框架从标准现金流分析开始，其中投资的盈利能力取决于投资成本、租金水平、运营成本、所需回报率和脱手价值。

建造成本

虽然私人建筑公司不公布其建筑成本，但一些更为间接的研究，对普通建筑和绿色建筑之间的建筑成本差异做出了估算。扎列伊斯卡-琼森（Zalejska-Jonsson, 2011）对具有绿色建筑经验的客户和承包商，进行了访谈和问卷调查。结果发现，被动式住宅的平均建筑成本增加了5%左右。在家用标准日托中心的建造成本上，也发现了类似结果。这项研究通过观察得出的有趣结论是，对于传统住宅和被动式住宅间建筑成本的差异，私人参与者的估计要低于公共部门客户估算的水平。

租金收益与租户满意度

有几项研究表明，大多数迁入绿色建筑的租户，都是出于建筑环境特征以外的其他原因而选择这些建筑的，无论它们是商业建筑还是住宅建筑（例如，参见 van der Schaaf 和 Sandgärde, 2008; for studies of the commercial sector, Diaz-Jernberg 和 Ytterfors, 2011）。近年来，租赁住房一直供不应求，尤其是在租金管制条例使得租金远低于市场价格的地区。因此，那些搜寻出租单元的人，往往更看重该地区总体的吸引力和区位，而不是建筑的绿色程度。对商业租户来说，区位也是最重要的因素。

扎列伊斯卡-琼森（Zalejska-Jonsson, 2011）发现，绝大多数入住绿色居住区的家庭之所以选择这些区域，并非出于其环境特征的考虑，表明这些租户没有为租用此类建筑额外付费的意愿。但是，即使是在租客或多或少偶然入住绿色建筑的情况下，许多人仍然声称对住在绿色建筑中感到自豪，并且他们变得更具环保意识。这表明，将来他们可能更有意愿为租用绿色建筑中的单元付费。同样的模式也出现在商业建筑的租户身上，他们开始在营销工作中用建筑环保特征作为卖点。这可能会使他们将来若需搬入非绿色建筑时更勉为其难。对绿色建筑（在本例中指的是采用被动式建筑技术建造的建筑物）的租户，以及传统的新住宅建筑的租户所做的比较研究发现，即使在某些情况下，被动式房屋的承租人在冬季使用了额外的供暖，但平均来说，被动式建筑的承租人对室内气候的满意度，要比那些居住在传统住宅中的人们更高。

运营和维护成本

绿色建筑最明显的优势在于能源成本更低。扎列伊斯卡－琼森（Zalejska-Jonsson，2011）发现，业内人士估计能源成本在运营成本中的平均占比为20%。然而，一个悬而未决的问题是，如果设备无法按计划运行，那么所使用的更先进的技术（特别是在通风系统中），是否会在初期和长期造成特殊的问题。对兼具绿色建筑和传统建筑经验的物业经理的访谈表明，这实际上并不是问题。最初的技术问题在传统建筑中和在绿色建筑中是一样普遍的。

风险、借贷成本与预期回报率

绿色建筑的价值和建造绿色建筑的利润率，也将受到银行和金融市场上其他参与者对其评估方式的影响。例如，如果有可能以较低的利率为建筑融资，则其价值就会增加。贾菲和华莱士（Jaffee 和 Wallace，2009）认为，绿色建筑的风险要低于普通建筑，因为现金流对能源价格的变化较不敏感。因此，一家理性的银行应该愿意以较低的利率为绿色建筑融资。迄今为止，瑞典的实证研究并不支持这种观点。奥尔松和雷特利乌斯（Ohlsson 和 Retelius，2010）发现，银行仍然主要关注现金流和现金流的风险，并认为现在考虑对绿色建筑的贷款给予特殊待遇为时尚早。首要的是必须证明风险的确更低。尽管如此，对现金流的关注表明，从银行的角度来看，节能和降低运营成本被视作是最重要的方面；随着改善后的现金流对公司实力的提升，在其他条件相同的情况下，获得贷款就更加容易。这也意味着，即使贷款的理由与绿色环保不直接相关，而是与现金流改善的预期有关，也有可能借入一些更多的资金来建造绿色建筑，或以更优惠一些的条件获得贷款。

投资者对绿色建筑的看法

在瑞典，没有鼓励建造绿色建筑的政府专项基金。另一方面，由于其他资产的预期回报率下降，近年来，养老基金对房地产投资表现出了更大的兴趣。然而，在这些投资中难觅绿色的踪影。一项针对投资者的研究（Reuterskiöld 和 Fröberg，2010年）发现，有些投资者有兴趣投资"非绿色"建筑，因为将其升级为更为绿色的建筑可能有利可图。投资者的情况通常与银行的情况相当类似：如果净营业收入因能源成本降低而提高，则投资者可能愿意为绿色建筑支付更多费用。投资者还认为，未来对绿色建筑的需求将会增加，而这种增加的需求会让他们对绿色建筑更感兴趣。

松德布姆（Sundbom，2011）发现，在斯德哥尔摩，至少在中心区位大型房地产公司不再选择建造非绿色商业建筑。这些公司认为，如果新办公楼未经环保认证，将很难找到租户。如今，绿色建造已经成为此类建筑的常态，而且建造一栋新建筑，其环保标准低于同一地区其他近期建造的建筑，那么将有危及公司品牌的风险。这会表明业主对环境漠不关心。

绿色度与物业价值

房产价值反映营收、风险和未来的发展预期。2008年，邦德（Bonde）等人发表了瑞典第一份关于估价师如何看待绿色建筑的研究。这份研究的主要发现是，当时唯一要紧的方面是环境特征影响净营收的方式。估价师不相信绿色建筑的业主能够收取更高的租金，但由于运营成本较低，净营业收入则会更高，因此其价值也会更高。这些研究没有调查增值是否足以补偿较高的建造成本。包括库伊肯（Kuiken，2009）的一项研究在内的更近一些的研究，都支持这种观点。绿色建筑的数量仍然太少，少到无法直接测度它们对租金、空置和价格的影响。运营成本的削减，以及净营收的提高，仍然是影响价值的因素。

曼德尔和威廉松（Mandell 和 Wilhelmsson，2011）通过一项调查来收集新近出售的独户住宅的环保信息。他们发现，许多与环保有关的因素都会对价格产生影响，例如，所用通风和供暖系统的类型等。这些因素大多也降低了建筑物的运营成本，这样他们的研究结果与上面的假设相吻合：只有绿色度反映了运营成本的削减，房产的价值才会受其影响。房产价值并不会"仅仅"因为它是绿色的而有额外的提升。

有趣的是，当国际建筑公司斯堪斯卡决定加强与瑞典皇家理工学院的合作时，其合作的领域就是绿色建筑，而且在合作中特别关注的一个问题是，如何以一种反映绿色建筑提供的所有积极环境影响的方式来评估绿色建筑的价值。

6.5 现状存量建筑的绿色改造

有几项研究表明，现状存量建筑在能源绩效方面有诸多改进。例如，马尼科姆（Maneekum，2009）对购物中心的考察，以及巴克特曼（Backteman，2011）对郊区办公楼的研究等。通常来说，有许多"易如反掌的手段"，能够通过相对便宜和（或）简单的举措节省大量的资金，如使用更节能的灯具和运动感应照明、更换设备、安装降低热水消耗的水龙头，以及（更广泛地）根据实际需求调整服务水平等。比如，当空间闲置时，可以减少通风和供暖。

系统地运用这些"易如反掌的手段"，可以降低多达30%的能源消耗，而且可以获得丰厚的利润，投资回收期不到三年。即便没有针对整个存量建筑的系统研究，我们也能感觉到，今天在斯德哥尔摩，大多数专业的业主正在着手解决这一问题。毫不奇怪，看起来落在后面的群体是私人小业主，这些人并不完全追求利润最大化，而是颇为安于他们的现状：这个群体的惰性很强。最近要求出示能源申报单是使这个群体更加了解他们自身的状况，以及可以采取哪些措施来改善其建筑环保绩效的一种方法。瑞典业主联合会还为这些小业主提供信息，以使他们意识到在节能中出现的盈利机会。

负责提供类似学校、医院等特殊用途建筑的公共管理机构，是第一个系统开展节能工作的部门。在过去十年间，瑞典地方政府和地区协会撰写了很多报告，它们总结经验并提出建议。协会给最成功的管理机构颁发特别奖项，并且在其网站上还有许多优秀范例的链接。

住宅建筑

在1963年至1973年间，瑞典各地建造了100万套房子（住宅和公寓），作为所谓"百万家庭计划"（Million Homes Program）的一部分，这里边有许多单元目前都需要更新。不少人把这个情况视作机会窗口，因为技术系统的革新可以跟削减能耗的措施结合起来。多户出租屋在"百万家庭计划"中占据主导地位，它们的业主对这些机会的反应则截然不同。赫格贝里等人（Högberg 等，2010）和赫格贝里（Högberg, 2011），根据访谈研究和问卷调查，发现了四组类型的业主："完全的利润最大化者"，他们仅投资于回报期约为三年的计划；"优秀的小公司"，他们愿意适度降低预期的回报率；研究还发现了两类"雄心勃勃的公司"，它们由志存高远的董事会，或抱负远大的经理人所驱动。在前两组业主当中可以发现私营公司的身影，而市房屋公司在所有四组业主中都可以找到。市房屋公司通常设有董事会，董事会成员包括当地的政治代表。

节能的盈利状况怎么样是一个关键问题。有几项盈利措施，公司出于或这或那的原因没有采用，这是否真的存在能效差距？另外一个有争议的问题还在于如何计算利润率。人们是应该把一揽子措施放在一起看，从而让利润最高的措施大体补贴利润较低的措施，还是进行更传统的边际分析——先采取利润最高的措施，然后再问一下，考虑到前几项措施已经节省的费用，更进一步的措施是否有利可图？评价方法的选择会对人们认为是盈利的措施产生相当大的影响。

林德和赫格贝里（Lind 和 Högberg，2011）认为，在当前价格情况下，采用标准的利润率计算方法，有可能将能耗削减 30% 左右。他们还认为，能够削减更多能耗的公司，通常是受到了经济效益之外因素的激励。能效差距的想法遭到了质疑。马哈帕特拉等人（Mahapatra 等，2012）介绍了一个针对独栋别墅业主的项目结果，发现有两个因素阻碍了这一群体进行能够盈利的节能投资：一是缺乏知识，二是难以找到严肃认真的承包商。然而，我们可以看到，即使对类似热泵等替代能源方面的投资，仍然低于以其他方式减少能耗方面的投资（例如通过使用外加的隔热材料和更换通风系统），但这类投资已经是相当之高了。他们认为，从长远来看，比起存量租赁房屋来说，包括多户公寓在内的业主自用住宅市场，可能成为在社会层面上节能的更大障碍。

绿色租约、分户计量与合同创新

尤其在写字楼市场上，租户和房东之间的责任应该如何分配，是一个尤为引人关注的问题。在这里，我们可以发现国家之间存在巨大差异。瑞典代表了一个极端，因为制式合同几乎将所有费用纳入到基本租金当中，这些费用包括供暖、运营和维护等。另一极端在英国这样的国家比较常见，在这些国家，租户签订长期合同并负责运营和维护。供暖费通常由租户直接支付。因此，业主更多的是财务投资者，租户所付租金主要用于支付建筑的资金成本。在类似这样的情况下，根本的问题在于割裂的激励机制。建筑的能耗，既取决于房东的行为，也取决于租户的行为。如果供暖费由租户支付，那么业主就没有动力为回收更多的能源去改善像隔热材料或通风系统之类的东西。另一方面，如果供暖费由房东支付，那么租户就没有动力在供暖上节省。

2009 年底，在瑞典商业市场上，人们开始讨论绿色租约（Ödman，2010）。瑞典最大的商业地产业主瓦萨克罗南（Vasakronan），是率先为他们的租户引入绿色租约作为替代方案的企业之一。在 2010 年，这种情况发展极为迅速（Grahn 和 Jonsson，2010）。在一个典型的绿色租约谈判中，房东会提议绘制租户的能耗图，而后建立一个伙伴关系架构，房东和租户借此定期会面，评估能耗并谋划可行的措施。即使由于技术原因，无法准确衡量特定的租户节约了多少能耗，但当能耗减少时，租户还是会有额外的好处。然而，这些租约的经验表明，从经济角度来讲，租户因削减能耗获得的收益微乎其微。

瑞典的趋势是对能耗进行单独的仪表计量和计费，尤其是在新房当中，用很低的成本就能引入仪表计量技术。这在热水方面最为常见，不过环境空气供暖系统的单独计量，也正变得愈加普遍。如果房屋是新房，或者是新装修的房子，则可以说房东已经对建筑做了改进，剩下的就是给租户提供有效的节能激励措施。但是，随着建筑的折旧，单独计量和其他要房客来支付能源成本的方式，会降低房东改善物业的积极性。瑞典占主导地位的合同形式是租金全包并含供暖。即使这种形式降低了租户的积极性，但我们仍然假设，从更长远的角度来看，房东持续进行节能改善的动力依旧存在。为了提高对租户的激励，像瓦萨克罗南推行的伙伴关系架构，可能是比单独计量和收费方式更好的选择。

邦德（Bonde，2012）对一个更复杂案例中绿色租约的推行进行了研究。这个案例涉及一家机构业主、一家与业主有长期合约的物业管理公司，以及一个承租整栋建筑的大租户。即使最初的激励措施与最佳方案相去甚远，但事实证明，就新的更绿色的租赁条款达成一致是不可能的，例如，如果租户承担更多的供暖费，应该减多少租金。从效率的角度来看，如果建筑的用户也是其所有者，在这种情况下可能会更好，这样就让各项措施更容易协调。无论是在租赁的存量写字楼里，还是在把管理外包时，建立强有力的能源效率投资激励机制似乎都更加困难，尤其是在租赁合同较短（3 至 5 年）的情况下。

绿色租约并非唯一一类能够改善建筑环保绩效的合约创新。将建造和运营维护纳入单个合同，可以让生命周期成本方面发挥更加突出的作用。瑞典正在讨论不同类型的公私伙伴关系（PPP），不过尚未在更大规模上实施。PPP 遭到了来自理论视角的质疑，这种理论的视角与编写长期合同方面的差异有关，这些长期合同可产生正确的激励（如 Lind 和 Borg，2010），但更重要的是，现任的瑞典中右翼政府普遍反对 PPP 项目，理由是它们会引发公共部门的扩张。

斯德哥尔摩的市场上也可以找到能源绩效合同，不过范围不大。这是一种基于绩效的采购方式，凭借这种方式，经由设备节省下的能源成本，反过来又会用于支付投资的成本。另一方面，在斯德哥尔摩很多其他的语境下，绿色采购的概念通常也有应用（如关于这些采购是如何进行的案例，Faith-Ell，2005）。主要的思路是客户开列一些承包商必须达到的环境质量要求。

6.6　小结

在过去五年间，人们对绿色建筑和节能措施的关注度急剧上升。如今，大多数大型房地产公司都有专攻环境问题的主管人员。因此，余下的问题就是能否实现远大的环境目标。

如果将重点放在每平方米的能耗上面，那么新建似乎是问题最少的领域：技术易得、在成本上有竞争力并且可靠。然而，就增加材料消耗和排放这两方面而言，从更广泛的环保视角来看，城市化和更高强度的房屋建设将在建造过程中对环境造成负面的影响（Toller 等，2010）。如前所述，在不采取任何特殊措施的情况下，似乎有可能以一种盈利的方式，将现状存量建筑的能耗降低 30% 左右，不过这离削减 50% 能耗的长期目标相去甚远。那该怎么办呢？

经济学家对如何降低能耗这一问题的标准答案，自然是更高的能源价格。在瑞典，人们已经讨论过用于降低能耗的特别补贴或减税措施，它们在许多国家都可以找到，但目前瑞典还没有这种补贴。另一个政策是推动削减节能成本的技术创新。另有证据表明，在某些情况下——如私人独户住宅市场，缺乏信息可能成为一个重大的障碍。因此，开发能源申报系统可能会有一定的效果。如果要求业主更加规律地评估其建筑物的环境绩效，并令其获得类似改进建议之类的持续反馈，那么节能才可能挪到议程上的高位。知道有哪些替代方案，以及如何实施这些方案，可以降低业主在做节能投资决策时所担负的交易成本。

如果我们从更广的视角来审视斯德哥尔摩绿色建筑的发展，有一种看法是可以将这种发展看成是"典型的瑞典式的"，一是因为这项工作是系统性的，并且通过渐进的技术改进来大规模实施，但也是因为它缺乏更多亮眼的技术和建筑特色。不过这样做的一个好处可能在于，绿色建筑的普及并不那么依赖时尚、外部事件和政府具体的政策，而且我们可以期待在未来的几年会不断改善。

注释

1. "绿色建筑评价系统的核与壳"（LEED Core and Shell），是一个旨在解决建造在初始设计（或开发）中可持续性问题的计划。该计划对基础的建筑要素（如结构、围护结构和暖通空调系统等）进行评估。

参考文献

Backteman, O. (2011) Environmental investments in commercial buildings (in Swedish), Master's thesis, Division of Building and Real Estate Economics, KTH, Stockholm.

Bonde, M. (2012) "Difficulties in changing existing leases – one explanation of the 'energy paradox'?" *Journal of Corporate Real Estate*, 14(1): 63–76.

Bonde, M., Lind, H., and Lundström, S. (2009) "How to value energy-efficient and environmentally friendly buildings" (in Swedish), Division of Building and Real Estate Economics, KTH, Stockholm.

Brown, N., Bai, W., Björk, F., Malmqvist, T., and Molinari, M. (2011) "Sustainability assessment of renovation for increased end-use energy efficiency for multi-family buildings in Sweden," in *Proceedings of the Sixth World Sustainable Building Conference*, SB11 Helsinki, 18–22 October.

Diaz-Jernberg, J. and Ytterfors, S. (2011) "Different industries' approaches in green leases" (in Swedish), Candidate thesis, Division of Building and Real Estate Economics, KTH, Stockholm.

Eichholtz, P., Kok, N., and Quigley, J. M. (2010) "Doing well by doing good? Green office buildings," *American Economic Review*, 100: 2492–2509.

Faith-Ell, C. (2005) "The application of environmental requirements in procurement of road maintenance in Sweden," Doctoral dissertation, Department of Land and Water Resources Engineering, KTH, Stockholm.

Grahn, A. and Jonsson, N. (2010) "Green leases" (in Swedish), Master's thesis, Division of Building and Real Estate Economics, KTH, Stockholm.

Högberg, L. (2011) "Incentives for energy efficiency measures in post-war multi-family dwellings," Licentiate thesis, Division of Building and Real Estate Economics, KTH, Stockholm.

Högberg, L., Lind, H., and Grange, K. (2009) "Incentives for improving energy efficiency when renovating large-scale housing estates: A case study of the Swedish Million Homes programme," *Sustainability*, 1(4): 1349–1365.

Jaffee, D. and Wallace, N. (2009) "Market mechanisms for financing green real estate investments," Fisher Center Working Papers, Fisher Center for Real Estate and Urban Economics, Institute of Business and Economic Research, University of California, Berkeley.

Kuiken, H. (2009) "Valuation of sustainable developed real estate: A closer look at factors used when valuing green buildings," Master's thesis, Division of Building and Real Estate Economics, KTH, Stockholm.

Lind, H. and Borg, L. (2010) "Service-led construction – is it really the future?" *Construction Management and Economics*, 28: 1145–1153.

Lind, H. and Högberg, L. (2011) "Incentives for energy efficiency measures in the housing stock from the 60s and 70s" (in Swedish), Division of Building and Real Estate Economics, KTH, Stockholm.

Mahapatra, K., Gustavsson, L., Haavik, T., Aabrekk, S., Svendsen, S., Tommerup, H., Ala-Juusela, M. and Paiho, S. (2012) "Business models for full service energy efficient renovation of single family houses in Nordic countries," paper given at the International Conference on Applied Energy, Suzhou, China, 5–8 July.

Malmqvist, T., Glaumann, M., Svenfelt, Å., Carlsson, P.-O., Erlandsson, M., Andersson, J., Wintzell, H., Finnveden, G., Lindholm, T., and Malmström, T.-G. (2010) "A Swedish environmental rating tool for buildings," *Energy*, 36 (4): 1893–1899.

Mandell, S. and Wilhelmsson, M. (2011) "Willingness to pay for sustainable housing," *Journal of Housing Research*, 20: 35–51.

Maneekum, F. (2009) "Green shopping centers: A survey of Stockholm's shopping center market and its environmental commitment," Master's thesis, Division of Building and Real Estate Economics, KTH, Stockholm.

Ödman, L. (2010) "Green leases" (in Swedish), Division of Building and Real Estate Economics, KTH, Stockholm.

Ohlsson, S. and Retelius, A. (2010) "Granting of credits to green buildings: Will favorable loan conditions exist?" (in Swedish), Candidate thesis, Division of Building and Real Estate Economics, KTH, Stockholm.

Reuterskiöld, A. and Fröberg, L. (2010) "Investors' view on environmentally certified properties" (in Swedish), Master's thesis, Division of Building and Real Estate Economics, KTH, Stockholm.

Sundbom, D. (2011) "Green building incentives: A strategic outlook," Master's thesis, Division of Building and Real Estate Economics, KTH, Stockholm.

Toller, S., Wadeskog, A., Finnveden, G., Malmqvist, T., and Carlsson, A. (2010) "Environmental impacts of the Swedish building and real estate management sectors," *Journal of Industrial Ecology*, 15 (3): 394–404.

van der Schaaf, K. and Sandgärde, M. (2008) "Environmental demands by tenants when seeking new premises in commercial properties" (in Swedish), Division of Building and Real Estate Economics, KTH, Stockholm.

Zalejska-Jonsson, A. (2011) "Low-energy residential buildings: Evaluation from investor and tenant perspectives," Licentiate thesis, Division of Building and Real Estate Economics, KTH, Stockholm.

第7章
践行可持续发展：制度、惰性和日常生活习惯

埃巴·赫格斯特伦（Ebba Högström），约瑟芬·旺格尔（Josefin Wangel），格雷格·亨里克松（Greger Henriksson）

7.1 引言

"人们必须得到帮助。当一个人购买技术装备时，他会得到一本厚重的指南，这是你搬进一间公寓里时却很少得到的物件。"环境与可持续发展战略专家托马斯·古斯塔夫松（Tomas Gustafsson）在接受有关皇家海港新城市开发项目的采访时说。

"除了学习技术解决方案——如何使用垃圾处理设备，如何测量你用了多少水，你丢掉了多少垃圾（将单独计费），住宿学校（Residence School）还将向你传授吃什么食物，以及如何购买带有生态标识的商品。"

——摘自瑞典国家日报《每日新闻报》（Dagens Nyheter）的一篇文章（Tottmar，2010年）

瑞典最大的报纸《每日新闻报》报道说，斯德哥尔摩的一个城市开发项目，计划教育未来的居民如何过上健康环保的日常生活，这篇文章引发了汹涌的抗议和争论。文章所谈论的这个项目就是斯德哥尔摩皇家海港，它是一个备受瞩目的可持续城市改造项目，也是瑞典和斯德哥尔摩绿色科技舰队的新旗舰。在许多人看来，该项目代表社会工程类的公共卫生促进计划令人讨厌的复辟。1930年代和1940年代，这一计划在瑞典曾广受欢迎。[1]另外一些人竟然嘲笑这个项目是一个"生态法西斯主义"的范例。然而，恰恰就在人们为社会工程学的回潮展开激烈辩论时，玻璃屋一号（GlashusEtt），这座玻璃和钢结构建筑，正在持续开展它培养和推广可持续生活方式的实践，就像它11年来所做的那样。玻璃屋一号是哈马碧湖城项目的环境信息中心，这个项目是一个著名的可持续城市发展案例，吸引了来自世界各地的考察团。玻璃屋一号的使命是对社区居民和访客进行环

保方面的教育。与皇家海港项目相比，这一使命未遭抗议或质疑就被接受了。事实上，在环保措施方面，哈马碧湖城项目也曾发生过一些冲突。但在这里，这些冲突的形式是类似停车位数量、窗户配置以及濒危甲虫保护等问题上的权力之争。

在距玻璃屋一号仅一步之遥的地方，拥堵收费设备对来源于南郊的小汽车通勤者进行出行登记。这些设备安装在每条通往斯德哥尔摩内城的道路上方，它们不仅记录车辆的通行情况，还用显示着"10瑞典克朗"、"15瑞典克朗"或"20瑞典克朗"（分别约合1.15欧元、1.75欧元和2.30欧元）的巨大标牌，将扣费情况（以瑞典克朗计）告知司机。对司机来说，拥堵收费意味着在工作日的工作时间里，每次进入内城出行的花费都明显变得更加高昂。

一个城市的可持续发展，在根本上取决于城市居民和他们的活动。认识到这一点并不是什么新鲜事儿：早在1272年，英格兰国王爱德华一世就禁止在伦敦燃烧海煤；在1380年代，巴黎和剑桥就通过了第一部卫生法。除了这类立法的措施之外，在解决可持续发展问题的五花八门的政策工具里，还要算上各种经济激励措施（包括鞭子/威逼和胡萝卜/利诱两种类型），以及各种宣传活动和城市空间改造等。这些政策工具一般针对居民本身，或是针对所消费商品和服务的生产方或供应方（例如，通过采用绿色建筑规范），在这种情况下，这些政策工具的目的在于改变环境负担，而不一定要改变人们的生活方式。[2]

有效运用政策工具是斯德哥尔摩和整个瑞典，在推动和践行可持续发展方面相对成功的主要原因之一。跟其他类似的高收入国家相比，瑞典的生态足迹相当之小——尽管它依旧可观且不可持续，不过规模较小。[3] 然而，我们不能认为，能够运用这些政策工具是理所应当的。我们更应将这些工具的使用，视作是瑞典历史上独特治理模式的成果。这种治理模式的特点，是有强有力的国家政府和强有力的地方政府。后者在城市规划领域的作用尤为强大：瑞典的市政当局不仅完全控制了土地利用规划，而且还有他们自己的财源，因为他们有征收直接所得税的授权。

本章讨论了三个最新案例。在这三个案例中，斯德哥尔摩市通过运用不同类型的政策工具，努力让斯德哥尔摩人的生活方式变得更可持续。首先，我们看看两个已经宣布的"可持续城市开发项目"以及与之相关的措施。然后，我们将目光转到斯德哥尔摩拥堵收费的推行上。我们关注的重点在城市治理推动可持续发展的制度层面上。但是，我们不单单是从政府机构及其组织方式的角度来研究制度（这是典型的政治学视角），而是从社会物质（sociomaterial）的角度来探讨和阐述制度。这意味着我们也将"作用力"（agency）——影响力归结于政治、政策和日常生活的物质层面。我们认为，物质实体（materialities）具有通过创造和促进城市系统中的惯性和变革，为解决话语和实践之间的分歧找到方法的力量。哪怕只是在约定俗成的意义上，规划人员和政策制定者们也知道这些物质实体的作用，以及为解决分歧找到方法的能力，否则调配这些物质实体的意义不大。

因此，为了理解制度，我们需要仔细研究它们是如何形成和组成的，要考虑到物质和空间层面（例如事物、物体、机器、设备、身体、房间、结构和房屋）、话语和规范层面（规则、规章、愿景、想法和道德含意），以及受其影响和/或使用它们的人的日常习惯等。此外，由于我们的案例讲述的都是自上而下的政策工具，因此，纳入各层级间的相互作用也是至关重要的——例如，宏观层面的治理与规划制度，与微观层面的公民日常生活习惯之间的相互作用，这样才不会落入用势不两立的二分法来看待它们的陷阱。

下一节将更为详细地阐述这一理论的出发点。本节除了制度的社会物质构成外，还谈到了"路径依赖"和"话语"等相关概念。此后，我们将介绍斯德哥尔摩近期的三个案例。选取这些案例研究是为了举例来说明一些做法。在这些做法里边，社会物质和话语的视角使得分析制度在向城市可持续发展的转变中所起的作用成为可能。

7.2 制度、路径依赖和话语

从社会物质的观点来看，世界似乎是一张无缝之网。在这张网中，物质和社会的各个层面相互交织并互成体系。因此，在没有同时考虑另一方的情况下，无论是物质层面还是社会层面均无法做出改变。这种相互关联发生在社会的各个层面。在微观层面上，社会物质视角会通过实践——它们的开展是为了急我们之所需，想我们之所想——来应对日常生活的运转。人们会将这些运转看作是嵌入在宏观架构当中并与之相互作用的。宏观尺度所应对的是政策、法规和建议，但在这儿也能发现更多暗含的体系：技术——政治范式与社会制度，以及社会物质融合的路径依赖等。

然而，政策和规划的实践在如何实现社会物质的融合方面，存在一种特有的不平衡，充满了矛盾。人们通常会说物质的变化（例如建筑物、基础设施或技术系统等的变化）根本不成问题，因为大家一贯认为，物质实体是中立和客观的，这与受主观价值影响的，社会层面的规划和决策截然相反。但是，从社会物质的出发点来看，至关重要的是承认物质实体受主观价值影响并不比社会层面更少。

物质实体包括政策，因此与话语和权力机制纠葛在一起。比如，可持续交通不仅包括物质的变化（例如重新设计交通基础设施，或转向更节能的汽车和生物燃料等），而且还包括流动性管理计划（例如拥堵收费，或改变规范和习惯等）。譬如，即使仅仅考虑将生物燃料作为唯一的解决方案，但想要它发挥作用，汽车工业就要有生产这种汽车的兴趣，并且还要有愿意购买它们的购车者，愿意种植生物燃料作物的农民，以及有能力供应这种燃料的加油站。所有这些因素，均由一些制度化的社会物质层面——规则、章程、程序、法律、规范、惯例、经验、价值观，以及物质空间和设备（汽车、生物燃料加油站）的供给等，以及这些层面相互作用的方式来决定。

物质空间和物体不是中性的。它们的组织和设计来自于某个地方：来自某个想法，某个意向，某个愿景或是某个规范。在这些话语中，以及在取得某种效果的意图下，空间和物体得以成型。但是，当我们将空间和物体定位成物质的组合（通过建造或制造）时，这种话语的属性通常会变得更难感知；体现在设计中的思想和意图愈加模糊，给人的印象是，物质空间和物体在某种程度上是"我行我素"的，或者只是作为某种形式的，中立客观的物质背景之幕。在这块幕布之前，公开出演的是更吸引眼球的社会、文化、政治或经济等势力的作用。因此，空间和物体通常会相当隐蔽地（因此可能更加有效地！）影响其使用者的习惯和体验。例如，想想看，墙壁、通道和门锁，是如何影响您在建筑物中自由走动的能力的。值得一提的是，如果不能以一种有根有据的方式将理念转化为物质形态，那么作为设计出发点的意图，就会受到物质和空间组织的限制。这意味着物质和空间的组织，并不一定总是对最初的理念和愿景有所裨益，它恰恰也会成为这些理念和愿景的桎梏和对立物。

诸如参与者——网络理论（ANT）之类的社会物质方法，是基于社会与物质之间纠葛关系的假设：在 ANT 里，对这两个概念进行任何划分都毫无意义。ANT 方法将重点置于空间和物体实现愿望的行为能力上，这种能力被视为人类和非人类参与者（如物品、动物或物种等）之间的关系网络的影响（Law, 2002）。因此，从社会物质融合的角度来看，预设的体系是不存在的，并且人类的作用与非人类的作用之间也没有差别。相反，在建立和保持网络稳定性方面，人们可以将二者视为平等的"参与者"。网络的参与者是无法区分的，网络因而看起来浑然一体，并被当作是一种理所当然的现实——也就是说，它被看作是一种制度的形式，或如拉图尔（Latour, 2005）所言，是一个"黑箱"。这意味着我们可以把诸如精神病学、经济、市场或医院等，作为具有稳定边界的预设对象来谈论。因此，我们可以在路径依赖发挥作用的地方，看到稳定网络的影响，这是因为一个稳定的网络是难以改变的。

制度在决定把空间给予哪些业务活动方面，扮演了重要的角色。正因为如此，有关程序、法规，以及物质和空间配置的制度设计，为路径依赖设定了重要的背景。路径依赖并不意味着事物一成不变。相反，更确切地说，它是理解变化为何会在有限的方向上发生的一种方式。路径依赖是指自我强化或正反馈过程的出现，这种自我强化或正反馈过程越来越强，强到足以防止或阻挡任何对现状的偏离——即对"路径"的偏离（Pierson，2000）。我们不应将其曲解为决定论，而应视之为一种社会物质融合的过程。在这一过程中，经济、物质和社会文化因素结合在一起，形成了一种"实践逻辑"，从观念上限制了我们未来的选择（Kay，2005）。因此，路径依赖是一种方式，它解释了为何某种替代性行动与其他行动相比，似乎更合适或更不合适，进而解释了为什么改变社会的发展进程，是一项如此难以完成的任务。但是，制度与实践之间的这种关系不是单向的，实践也影响制度。新的实践和话语可以要求建立新的制度，如新兴的对都市农业的制度支持，它源于最近市民越来越多对都市农业实践的参与。官方和各种组织为了避免落伍，必须对社会的变化保持敏感，并以与这些变化一致的方式对其做出反应，否则就得通过指出做事的"正确方式"来设法成功地控制各种实践。

在这方面，物质空间和物体因其物理和物质特性，而显得具有特别的惰性。物质空间一经建造，则不易清除、变更或毁坏。从这个意义上讲，物质空间构成了路径依赖；正如参与者——网络方法所言，网络一旦稳定下来，人们往往就不会认为它是可变的。[4]然而，即使物质的结构保持不变，其意义也会随着时间而改变，新诠释的出现也会改变空间的体验。因此，空间兼具象征性的和物质性的力量。话语在具象的层面起作用，并充溢于空间愿景、概念和意向之中。另一方面，就物质实体的性能而言，它既可以激发也能够限制各种活动，还能够利用物理空间；物质实体和话语会与其使用者一起"做"一些事情。在政策和制度中，话语以文本、程序、惯例和建筑的形式出现，因此被视为稳定的网络——即被视为法则。

制度可以看作是正式化的习惯（Czarniawska，2005）。在习惯成为规则之前（即在习惯制度化之前），它们在适用的范围，什么被认为是问题，应该如何系统地阐述这一问题，什么被认为是可行的解决方案，以及什么是优先考虑之事的斗争中，充当了话语的目标。因此，话语斗争与其说是理性的争论，不如说是关于什么被认为是理性的争论。由此，我们可以认为一项制度构成了稳定的话语习惯（即稳定的网络），或者将习惯规范化为规则、规范、行为守则和物质实体（即建筑物、机器、武器和通行卡等）。所以，认识到路径依赖是社会物质融合过程的结果，这就要求我们将重点转向用户习惯、物质空间与对象，以及制度程序等组成要素之间的关系。

我们将在接下来的各节中呈上两则故事。在这两则故事里，推广可持续生活方式的良好意图并未得偿所愿。我们从位于哈马碧湖城的信息中心玻璃屋一号开始讲起。这个中心原本应该用作可持续生活的教育设施，但最终起到的却像是一个广告工具的作用，用来维护哈马碧湖城作为可持续城市片区的美誉。而后，我们讨论了一个正在形成的城市片区——皇家海港（Royal Seaport）。在这里，改变未来居民生活方式的意愿和方法虽然广泛，但并未扎根在地方政府该做什么和不该做什么的主流话语之中。因此，类似报纸上的一篇文章，实际说起来的小事即使不能推翻，至少也可以迟滞这些计划。

7.3 从"教师"到"牧师"：玻璃屋一号的故事

2005年，斯德哥尔摩市与能源公司富腾（Fortum）共同发布了一则广告，内容是"一个某些建筑拥有非凡智慧的城市片区"（Bylund，2006，p.137）。广告中还有一幅某栋建筑向遛狗的路人说"嗨！"的图片（图7.1）。这个城市片区就是哈马碧湖城，而这栋建筑，就是片区的环境信息中心——玻璃屋一号。本节所探讨的不只是玻璃屋一号大楼对谁说、为什么说，以及如何说"嗨！"

哈马碧湖城可持续城市项目，以及和玻璃屋一号建筑的故事，始于1990年代中期。当时斯德哥尔摩市决定，将已经部分开展规划的哈马碧湖城项目，作为斯德哥尔摩申办2004年奥运会的核心部分（Green，2006）。这一决定通过由此制定的局域环保计划，引起哈马碧湖城项目正式制度的根本性改变（Svane等，2011）。这个环保计划包括三个主要的部分：一些以"双倍好"环保绩效标准为指引的环保目标；组建一个项目团队让项目落地；搭建一个"环境中心"（Stockholms stad，1997）。哈马碧湖城旨在成为一个国际典范——不仅成为绿色建筑的国际典范，而且成为体现环保责任感的绿色生活方式的国际典范。信息和教育，是提高人们认识生活方式与环境影响之间相关性的工具，这样做是为了让当地居民感受到他们对其环境影响，以及参与该地区的环保投入负有共同责任。此外，还要给出显示居民行为影响的清晰反馈，（Stockholms stad，1997）。玻璃屋一号旨在促进居民对环保计划的目标做出贡献。

该中心将由斯德哥尔摩市、斯德哥尔摩供水公司和富腾能源公司创立并运营。

第7章 践行可持续发展：制度、惰性和日常生活习惯

在哈马碧湖城有一间玻璃屋。这是一座有"智慧"的房子，几乎可以自给自足。比方说，电和热来自屋顶上的太阳能电池、燃料电池和沼气，就连房子的墙壁也被用作太阳能电池板。除了研究新的智慧能源技术外，您在此处还可以研究环保回收模式。这些解决方案肯定会在将来的新区中用到。

欢迎来到我们位于哈马碧湖城关注环保的玻璃屋，有更多惊喜等着您！

  携手为哈马碧湖城提供可持续能源

图7.1 哈马碧湖城环境信息中心玻璃屋一号的海报
图片来源：富腾（Fortum）

滕布姆建筑师事务所（Tengbom Architects）受托进行建筑设计，并在其网站上通过对污水、给水、电力等技术设备和系统，以及房间规格（接待和问讯台）和建筑技术（如景天植物屋顶和太阳能电池）等的说明，以高度专业和实用的术语来描述这栋建筑。哈马碧湖城的网站由玻璃屋一号工作人员打理，它提到了类似的技术，不过将其称之为"赋予这座建筑特色的生态技术"。

但是，哈马碧湖城网站（HammarbySjöstad，2012）也以另一种方式来形容这座建筑：

> 居民的参与是环保工作的重要组成部分。此外，玻璃屋一号还就如何减少环境冲击和节约资源提出了建议。在这里，居民还可以免费领取（纸）袋子，用于收集他们可生物降解的垃圾。在入口大厅，您可以看到整个地区的模型，并通过灯光和按钮感受可视化的生态循环。这间屋子还用来举办不同类型的展览，以揭示当前的环境问题。这些展览所用的都是瑞典语，但外国人可以轻松理解，也可由我们的工作人员为您讲解。

玻璃屋一号于 2002 年启用，其主要任务是承担本地居民环境信息中心的功能。2012 年 2 月，第 10 万名访客注册登记。这意味着中心日均访客达 30 人。如今，中心每年约有 1.2 万名访客。然而，仔细观察这些巨大的数字可以发现，只有 3000 名（25%）访客是当地居民。其余的 9000 人都是外来访客，其中 7000 人来自国外。这表明，该中心起初的主要目标群体，已经被向外地游客提供信息这一关注的中心所取代，这当然会对更多可持续发展的做法，在居民中可以实际推动到什么程度产生影响。

使用参与者——网络的理论方法，可以将玻璃屋一号视为"可持续城市发展"网络中的参与者。但是玻璃屋一号这个参与者，本身也是一个网络，它由各种参与者的集合构成——即所有涉及建立、维护网络的人类和非人类要素，包括这栋建筑及其生态技术、员工、网站，以及制作的信息资料等。当他们以集合的形式成为一个参与者时，它们会"众口一词"（Czarniawska 和 Hernes，2005）。因此，这座建筑本身、它所容纳的活动及其既定的使命，彼此结合成为一个相互融合的实体——一个整体。

作为一名参与者，玻璃屋一号扮演或被期望扮演三个角色，这三个角色有所不同，但仍相互联系，它们既有话语含义，也有物质含义。首先，玻璃屋一号通过它在哈马碧湖城物质实体的存在，不断提醒当地居民要认真对待他们的环保责任并且要"走向绿色"。它所表达的意象是一个拥有环保意识及负责任居民的可持续城市片区。其次,它也是瑞典可持续城市的样板,以及绿色技术营销和出口方面强有力的参与者。从这个意义上讲,玻璃屋一号不仅发挥了它信息中心的功能,能够接待会议代表和商务代表,而且在众多信息资料、报纸和商业杂志上的文章以及电视节目当中,也都有体现和提及;它的相关信息可以在线打印、播放和发布。第三,玻璃屋一号也是一个参与者,被用在斯德哥尔摩市里面:第一是为了给皇家海港作为可持续发展城市片区的理念造势;第二是为了支持这个地区也应该有个信息中心的想法。因此,通过将这栋建筑作为环保责任的有形的象征,也通过它作为教育空间的可能性,并且以它在媒体和信息资料中的多种视觉表现,玻璃屋一号践行了促进可持续生活方式的话语。

如果没有玻璃屋一号的存在,我们就不会对将要发生什么样的情形做任何反事实的推理。不过,我们仍然可以得出这样的结论:这栋建筑的真正实体(它所提供的空间和集会场所),促进了对可持续城市发展的话语进行非语言的清晰表述。尽管玻璃屋一号最初的使命是像社区的教师一样,在当地居民中推动和支持可持续发展的实践,但这栋建筑及其用途,更像是一个瑞典可持续城市话语的传道者。从媒体和政界的访问量和覆盖面来判断,这栋大楼在这方面的作用发挥得非常出色。然而,作为一名教师,玻璃屋一号则没那么成功:总访客量里居民仅占很小的比例,哈马碧湖城的建筑能耗大约是目标值的两倍,用水量的下降仅仅是缘于被动技术(节水马桶等),居民跟内城的普通斯德哥尔摩人相比,并没有更多地进行垃圾分类并减少小汽车的使用。考虑到这一点,有趣的是看到玻璃屋一号怎么被用来作为在皇家海港建设另一信息中心的理由,以及这个规划的中心如何也被设定为一个教师以及会议的协调者。

7.4 在皇家海港强推负责任的生活方式:生态法西斯主义还是个人选择?

斯德哥尔摩可持续城市发展的新旗舰——皇家海港,是一个正在成形的城市开发项目。城市性、可持续发展与健康以及宜居环境等理念在其愿景中均有系统阐述。这个愿景表达了让这个开发项目成为一座"瑞典的可持续城市"的意愿(Stockholms stad,2009)。社会、生态和经济的可持续性,以及公民"负责任的生活方式"(即健康和环保),在城市规划与设计的各个方面均有强调。

皇家海港还有意代表并诠释可持续发展城市,将其作为瑞典的出口产品

图7.2 皇家海港海滩公园环境意向透视草图
图片来源：斯德哥尔摩市（Stockholms stad），景观设计师（Landskapsarkitekter）安德松·琼森（Andersson Jönsson）

（Stockholms stad，2009），从而接手哈马碧湖城的这一角色。规划在毗邻皇家国家城市公园的老旧棕地片区，提供1万套新公寓和3万个工作场所。这个新开发区的总目标是，到2030年，创建一个有气候适应性的零化石燃料的城市片区，片区内2020年人均二氧化碳排放量低于1.5吨/年（Stockholms stad，2012）。显然，如果要应对可持续发展的挑战，除了为绿色技术和信息提供经济激励之外，还需要有更多的政策措施。

在为这座"可持续城市"编制的规划中，一个明确的目标就是通过改变人们的行为来培养可持续的生活方式。教育人们追求更适当的生活方式并不是一个新的想法，但在当代以市场为导向的社会中，官方为了引导、影响和改变人们的态度（从而改变行为）所采取的行动，似乎注定会遭到严厉的批评。

2010年11月，瑞典《每日新闻报》头版头条的大字标题，唤醒了人们对极权主义将生活方式自上而下强加于人的幽灵般缠绕内心的恐惧："承诺过上绿色生活——买套公寓。"头版文章附了一张照片，照片上是一位三十来岁的妇女在撒满树叶的人行道上慢跑。人行道旁停着一排汽车，另一边是一片森林。在图片说明中，这位名叫乌拉·谢尔斯特伦（Ulla Källstrom）的女士说，她很想住在新的皇家海港区，那儿的居民应该过着绿色的生活并且经常运动。

乌拉·谢尔斯特伦每周慢跑六次，回收她的垃圾，一般购买生态食品和公平贸易的食品，并且更喜欢乘坐公交。在这篇文章里，她所代表的是见多识广的公民，他们已经过上了健康环保的生活。她坚信爱护环境人人有责，并要求政界人士对居民需要什么作出指示。在她看来，皇家海港是一个实验：一个现代化的、由社会培育的生态村（对此她是赞同的）。但是，在这个片区的营销活动当中，对这种观点强调的程度与报纸报道中的说法有所不同。房地产开发商JM已经在该地区出售公寓，然而，在它的宣传材料中并未要求对可持续生活方式做出任何承诺——相反，它强调个人的选择：

> 在世界一流的环保城区生活。就在奥斯特马尔姆（Östermalm）和皇家国家城市公园边上，皇家海港正在崛起。对于热爱自然的城市人来说，这是一个充满吸引力的栖居之所。这个片区所述的环境形象将生活品质和可持续发展置于首位。在这里，您可以依照您自己的意愿和步调生活，并且可以轻松地选择一种有意识的和健康的生活方式。
>
> （JM，2012）

在这段引文中，人们希望同时兼顾城市、自然和环境，却未强加任何预设的生活方式，而只是含蓄地提到，可持续生活方式的选择由个人来决定，这在某种程度上，限制了一些围绕降低环境冲击达成更大共识的野心。这就是当代治理体系的一个例子，用富科（Foucault，2010）的术语来讲就是"治理术"，即权力并非强加于人，而是以内化于人们自己的意志为目标，从而成为一种表面上行使的"自由"选择。

皇家海港的官方文件，拟定了旨在确保可持续发展的一系列目标。文件的大部分重点领域都在技术系统上：气候适应性和绿色户外环境，水，废物和能量回收，能源，以及环保运输等。另一个主题涉及社会实践（"在当地生活和工作"）。这些社会实践将皇家海港说成是一个展示解决方案的地方：展示我们的选择带来的后果，以及"我们每个人如何在大局中有所作为"（Stockholms stad，2012）。因此，每个在皇家海港生活和工作的人，都应在降低能耗方面发挥作用。例如，文件计划采取一些措施，让人们看到消耗和成本的增减，取决于个人的资源使用状况。需要强调的是，居民和企业的参与以及对选择的责任感，将在这个生态城区的发展中发挥关键作用。

总的来说，在以下这两个方面之间存在着含混不清的地方：一方面是明确规定的导则和条例，另一方面则是对信息力量的执念，以及对根据自己的自由意志，可做出"明智"选择的理性人的依赖。我们还要牢记，人们居住的区域只能构成影响他们日常生活整体环境的一部分；居民想要做出明智的选择，还需克服"外部"的障碍，例如社会上就业、商品、服务的总体市场与政策状况。皇家海港希望成为一个具备有利于创业氛围的环境友好、零碳和生机勃勃的城区，同时又要让过着健康环保生活的人们居住在这里。这一点应当通过建立强大的共识文化来实现。斯德哥尔摩市将利用其作为土地所有者的权力，来制定土地利用与开发框架协议的标准，从而实现环保的目标和活力城区的愿景。斯德哥尔摩市在执行这项任务时认识到："实现世界一流环保城区的愿景需要做大量的工作，并且城市要常常采取行动来提出进一步推动发展的要求"（Stockholms stad，2012）。比如，这些要求包括：停车位数量，本地发电量目标，以及确保所装家电（如冰箱和洗衣机）能效最高的规定等。然而，对可计量的物质实体（如能效和可再生能源解决方案）提出要求，似乎比对居民的日常习惯强加限制要容易得多。

如前所述，《每日新闻报》的另一篇文章《健康生活方式在居民头顶上的压力》，成为社会工程学辩论的起点。这个概念源自对瑞典福利国家规划的批判——从1970年代起，它就受到了严厉的批评（Hirdman，1989）。历史学家卡琳·约翰尼松（Karin Johannisson，2010）在后续文章中提出了这一点，并指出传统的社会工程政策（如瑞典公共卫生计划和实施行动），与当今的企业化和个人化卫生项目间的异同。如果福利国家时期的特点是国家大力参与公共卫生促进活动的话，那么现在则是将其外包出去，形成一种以个人选择为主导的消费主义文化的一部分。私营部门有望实现基本由公共机构制定的目标。因此，个人健康和对环境负责的生活方式（即"可持续生活方式"）的追求，被视为一个独立项目，并就此来进行推广。它所传递的信息就是，"如果您不爱护自己的身体，您就不会爱护环境"。这进一步暗示着，如果一个人确实爱护他自己的健康，那么他就无需进一步参与任何整体的结构性环保行动，从而使公民被动地反对围绕气候问题进行更为广泛的集体政治动员。

总的来说，私人开发商和政界人士都在强调自愿性。房地产开发商JM公司的代表贡纳尔·兰丁（Gunnar Landing）在《每日新闻报》的文章中谈到，JM公司对其客户并无环保要求，这必须是自愿的。同一篇文章引述一名社会民主党和斯德哥尔摩市交通委员会成员扬·瓦莱斯科格（Jan Valeskog）的话说，对皇家海港规划人均停车位的数量较少而感到担忧，并担心人们会将其视为家庭拥有小汽车的禁令。

然而，在某些情况下，对一项措施看起来像是禁令的担忧，已不再是什么问题，比如，斯德哥尔摩市推行拥堵收费制度的时候。利用拥堵收费来减少小汽车交通，从而减少排放的想法，起先引起了相当大的争议和批评。然而，这些费用一旦在试行期开始征收，似乎很容易就会为公众所接受。这其中的一个原因，可能是经过一段时间后，这些收费已经内化为在斯德哥尔摩驾车的习惯，从而让经济的激励作用几乎化为无形。

7.5 若隐若现的鞭子：拥堵收费的推行与永久化

针对居民的经济激励形式的政策工具，目的实际在于引导的人们习惯。拥堵收费意味着许多斯德哥尔摩人每月都会收到账单，或者直接扣费，作为对他们驾车出行社会后果的一种微不足道的提醒。开车驶入斯德哥尔摩，你会经过安装在通往斯德哥尔摩内城接驳道路上方的装置。在交通高峰期和上班时间，设备会记录车辆通行情况，每个月的月底都会向登记的车主收取费用。

斯德哥尔摩数十年尝试推行征收拥堵费铩羽而归之后，终于在 2002 年地方和全国选举后不久，批准了一项全面试行协议。但是，这项政策真正的落实，需要一个整季才能决定。这意味着这项斯德哥尔摩试验，要在 2006 年 1 月 3 日这个寒冷的雪天开始。[5] 政策推行之前，媒体报道一直异常激烈，不出所料也有抗议和难题。有鉴于此，拥堵收费出台的过程可谓一帆风顺。大雪仿佛将杂音和情绪消弭于无形，以至于这些费用很容易轻快地滑入这座城市现实的政治舞台。

试行拥堵费是在 2006 年 1 月 3 日至 7 月 31 日期间征收的。推行征收拥堵费背后的政治目的，是要通过经济上对市民的影响来管控交通。政治家们希望能够影响相当一部分居民，让他们将其小汽车留在家里，并转换到公共交通、停车换乘、宅在家里、不出行或在其他时间出行上面来。收费站（图 7.3）由位于所有进入斯德哥尔摩道路入口处的电子设备、摄像头和标牌组成。司机经过收费站时无需停车。每次通行均由摄像头自动记录；如果车主希望由其银行账户直接扣税，也可以通过传输至安装在挡风玻璃内侧的微型自动应答器盒子，自动记录每次通行。应答器是免费的和非强制的。

斯德哥尔摩交通规划主要在区域一级编制。这意味着 26 个市镇之间必须相互合作，并且也要与县和省的管理部门合作，此外也需要跟企业参与者和经济上的利益集团合作。在这些要予以考虑和协调的各色人等当中，拥堵收费突然从天而降，砸到市民、评估师、记者、研究人员，以及许多其他群体身上，他们的反应可能是期待、好奇和满腹狐疑。这究竟是要去向何方呢？

这一地区的居民对斯德哥尔摩试验的反应表明，人们对处理新情况的想法和行为方式所持的态度，可谓是五花八门（Henriksson，2008 年）。下面就是一个例子：

■ 可持续的智慧——探索斯德哥尔摩城市可持续发展

图7.3 通往斯德哥尔摩市中心的接驳道路之一,包括安装在该接驳道路收费警戒线上方的信息和注册设备。右侧(部分被灌木丛遮挡)是欧盟收费公路标志(手持硬币),下面是价目表。
图片来源:斯德哥尔摩国家博物馆档案馆,拉蒙·马尔多纳多(Stockholms Stadsmuseum Archive,Ramón Maldonado)

蒂娜(Tina):"对我来说,这是一个明显的进步。我开车上班需要25分钟,而不是45-50分钟。因此,拥堵的缓解已经让我更喜欢开车上班了:这确实是一个悖论。这只是因为我付得起钱。尽管大多数人可能都付得起。所以我对车流量下降幅度如此之大感到有些惊讶。不过我可以告诉您,在我竟然有实际上我会继续开车并缴税的想法之前,我是怎么想的。我打定主意要使用公交而不是我的汽车。但是有时我跟我老公说:'我担心这会太花时间。那该怎么走呢?我经常加班到很晚。'而且要在晚上从自由港(Frihamnen,蒂娜的工作地点)赶回家是不可能的。'是的,但要是交钱就很简单。'他当时说,'如果你认为快点儿上下班是值当的,那么就直接交拥堵费吧。'显然他是对的。但是起先我却心不在焉。"

采访者:"但为什么一开始您会心不在焉呢?"

蒂娜:"我也不清楚。我想是这种对开车付费的普遍反感吧。不过因为它的效果如此之好,那种反感也就烟消云散了。"

(Henriksson,2008,p.40)

不只蒂娜一个人发出惊叹，车流量的下降如此明显。不过，蒂娜起初也跟该县的大多数驾车者一样对拥堵收费表达了明确的反感。这也难怪，因为拥堵费的试行是一项政治工程，它是一个影响众人生活的新税种。拥堵费的试行是一个明确的，但在一定程度上又是灵活的规则、参与者和各种对象的组合（Brembeck 等，2007）。交通流和交通经济学的政策意图和科学知识是这个网络中的关键要素。像斯德哥尔摩市和国家道路管理局这样的参与者，能够表现出他们自己在这个问题上是可信的，并且试行也是一个相对稳定的项目。[6]

斯德哥尔摩试验的开展，是为了让斯德哥尔摩居民有机会以某种方式试用这一系统。因此，我们也可以将其看作是一种示范。示范通常公开进行，以吸引观众和参与的人作为支持者（Hagman 和 Andréasson，2006；Henriksson 等，2011）。对蒂娜的采访，大约是在开始课税的一个月后进行的。当时她已经对其有效性深信不疑。如果您将蒂娜看作一个旁观者，那么这次示范就是一次成功的演示。收费成功了，她也明白这一点。当蒂娜说"只因为她能付得起钱，所以开车对她来说就更有吸引力了"的时候，她流露出一丝怀疑，这也是值得一提的。她似乎并不确信单凭这一点就有把握，并且指出就分配效应来看，这背后存在矛盾。

收费的影响是什么？削减交通量的目标确实达到了。交通统计和调查显示，实行拥堵收费后，每天有9万小汽车的出行量（占进出内城交通量的20%）消失不见了。[7]出行量减少的原因，既有从小汽车到公共交通的模式转换，也有休闲出行的减少。人们改变了他们休闲出行的目的地，或者以不同的方式来安排出行。在拥堵费试行之后，公众对拥堵费的看法由主要是负面转为正面，至少在斯德哥尔摩市居民中是这样的，他们最终在是否长期实行拥堵费的全民公决中，投下了"赞成票"。[8]拥堵费成功实施，一个可能的原因是，公众对有关斯德哥尔摩的交通状况已经心存不满。因此，这些收费不仅被视作鞭子，它致力于减轻私家车对环境造成的负担，而且也被看成是应对整体交通状况的一种方法。许多收费的批评者为替代措施提供了详细的想法就印证了这一点。

拥堵收费试行之后，大约有一年的间歇。但从2007年夏季开始，拥堵税的征收就一直在持续，征收的方式和试行期间一样。在撰写本书时，2012年通过收费警戒线的小汽车数量，仍然低于试行前的水平。我们很难说清楚，这究竟是源于收费，或者是否还要从其他地方另寻其因。这在一定程度上不仅是因为替代性解释不胜枚举——比方说金融危机、自行车日益普及，以及道路建设工程等，而且还因为我们不知道如果不征此税的话，今天的情形会是个什么样子。然而，我们所知道的是，长期保持不变的激励措施往往会被内部化。这就意味着它们丧失了作为"鞭子"的威力。从这个角度来看，值得一提的是至少在斯德哥尔摩市的居民当中，对收费的支持比以往任何时候都更大，而且在此类措施上的政治兴趣依然高涨。

7.6 讨论和小结

就物质空间而言，在我们的第一个案例中，玻璃屋一号这栋建筑在话语层面充当了可持续性的代表。它不只是向路人说"嗨！"；相反它提醒这些人们，他们正生活在一个应该是可持续发展的地区："您应将您的垃圾分类，"玻璃屋一号悄声说，"因为哈马碧湖城与其他地区不同，它很特别。"对于玻璃屋一号的访客来说，它不太关注居民的习惯，而更多的是将整个区域作为可持续城市开发的优秀范例加以展示："看看所有这些智能解决方案吧！"这栋建筑赞叹道，然后让人们知道他们也能够拥有这些解决方案。因此，这栋建筑物本身的存在，缓解了人们要用信息、市场营销或品牌化等手段来标榜哈马碧湖城是一个良善之地的需求。玻璃屋一号是话语延伸的一部分，这样的延伸令该地区在可持续城市发展方面获得了良好声誉。

我们的第二个案例是正在成形的重要的城市开发区，即皇家海港。在这里，城市性、可持续性，以及健康、宜居环境的理想，并未像哈马碧湖城那样通过建筑实体来进行隐性的传播，而是以文字的形式明确地表达出来，并作为规划文件当中的愿景发布。这就激起了一场话语的斗争，让人回想起瑞典社会工程学那段颇有争议的历史，唤起了人们对监控的强烈感受。一篇乍看之下普通报纸的文章，竟然成为书写反面教材的起点。这一反面教材成功地摧毁了规划人员为让人们以环保的生活方式生活所做的努力。

从推广更加可持续的实践的角度来看，第三个案例——拥堵收费是一个成功的故事。故事成功的一个缘由是将拥堵收费的推行解释为试验。因此，可以说，对一项改革进行测试——通过对讨论中的这项改革进行全面的示范，有可能在一定程度上阻挡或推迟反面教材的出现。就拥堵收费而言，自动摄像头、支付盒和直接扣款优惠等，都是这一过程的零件。它们还涉及在国家、管理者和公民之间建立新的链接，同时改变现有链接。通过创建一个由摄像头、支付盒、管理者和公民组成的社会技术体系，这项试验也成为一种为公众认可拥堵收费造势的方式。当试验结束时，收费永久化所需的大部分投资已经完成。从这个意义上说，试验是路径依赖的创造者。这个案例也说明技术物件和基础设施，是如何具有将权力关系和社会关系制度化的潜力的（Latour，1998）。

不同类型的物质实体均有其作用。某个技术设备一旦安装就能够为人所接受，因为人们很容易将其忘掉；一篇批评文章可以令一个政策项目搁置；一栋建筑既可以作为话语的代表，也可以作为实现愿望的行为空间（在无人意识到这一点的情况下）。为了把握和理解这些作用，我们认为，任何"宏大的"解释——如与社会的关系、市场、自然关系或是社会等，都必须辅以参与者——网络方法强调的，近距离的仔细观察。

政策是权力的工具。在我们的分析中，空间和客体的异质性和场所性的权力得到了发展，并且空间权力的维度出现了关系性和生产性。权力不是某个人可以拥有和把持的对象，而是一个关系性的概念，它既可以是强迫性的，也可以是解放性的——即"行动权"（power to）或"控制权"（power over）（Foucault，2010）。这意味着，权力不仅从自上而下的角度看是压迫性的，它还可以通过使用者的习惯和策略，由下而上地来赋予。参与者——网络方法强调了试图改变城市日常生活习惯的可能性和困难。那些渴望改习惯的人（自上而下或自下而上）往往面临众多障碍，包括在参与者、物质条件和制度等方面的阻碍。个体消费者选择权的主导话语，似乎是这些障碍背后的一个共同因素。消费者确实拥有权力，但这是一种受限的权力，因为走向绿色的可能性在很大程度上取决于政策和规划所提供的物质体系以及社会环境。

然而，仅提及个体消费者的话语，就将再次落入"宏大解释"的陷阱当中。要想理解这种话语是如何起作用的，它所依托的社会物质之纠葛，以及如何改变这些纠葛，我们需要用一种方法来仔细研究惯例、程序、对象的使用和空间的习惯，以及当前的和与过去成败相关的空间配置。只有通过承认在任何意义上，公民对变革的惰性都是合理的，然后再来考察这种合理性的基础，才能找到实现更可持续的日常生活习惯的机会。

注释

1. 希德曼（Hirdman，1989）研究了瑞典福利国家的早期历史，认为它被灌输了一种通过适应来掌控生活的理念，这种理念以标准的宣传活动加以传播。另请参见马特森和沃伦斯坦（Mattsson 和 Wallenstein，2010），了解建筑与福利政治之间的联系，以及本书的第2章和第4章。
2. 这类可持续发展的改良主义方法，已经遭到政治生态学家的严厉批评（如 Dryzek，2005；Krueger 和 Gibbs，2007）。

3. 根据阿克塞尔松（Axelsson，2012）的数据，瑞典人的平均生态足迹为 5.88gha（全球公顷）。斯德哥尔摩的生态足迹甚至更高：平均为 6.1gha，这跟她的"绿色"美誉形成了鲜明对照。我们可以将其与一个数值做一下对比：为确保地球资源可持续和公正的分配利用，最大人均值为 1.8gha。
4. 实际上，拆除建筑物需要许可证，这需要人类（拆除工人、工程师等）和非人类（机器和工具等）的努力。
5. 斯德哥尔摩试验包括拥堵收费、新停车换乘设施，以及改善的公共交通（特别是 2005 年秋季推出的新公交路线）。自动付款站环绕内城，形成了一条收费警戒线。警戒线之内的区域（即内城区）被称为收费区。在收费时间（工作日从早 6：30 到晚 6：30）所有通过警戒线的车辆都会被摄像头记录下来。在傍晚、晚上和周末，驾车无需花费任何费用。根据当天的时间，每次从斯德哥尔摩出入的通行费用分别为 10、15 或 20 瑞典克朗。每车每天最高费用为 60 克朗（约合 7 欧元）。这些非正式协议只做了很小的调整，随后便固化下来了。
6. 要更深入地研究这个政府项目、其主要参与者和详细情况，请参阅古尔贝里和伊萨克松（Gullberg 和 Isaksson，2009）。
7. 交通测定方面的信息被当作月度出版物，发布在斯德哥尔摩试验的官方网站上。它也可以在网上通过"评估报告"，而后是"月度摘要"来获取。在同一页面上，还可以找到最终报告：《最终报告——斯德哥尔摩试验，2006 年 12 月》（Miljöavgiftskansliet/Congestion Charge Secretariat 2006）。
8. 但是，在这个问题上，周围市镇的居民确实在他们自己发起的、没有约束力的公民投票中，对拥堵收费进行了抵制。尽管如此，中央政府丝毫未将这一公投纳入考虑。

参考文献

Axelsson, K. (2012) *Global miljöpåverkan och lokala fotavtryck. Analys av fyra svenska kommuners totala konsumtion* (Global environmental impact and local footprints: An analysis of the total consumption of four Swedish municipalities), SEI Report. Retrieved from www.sei-international.org/publications?pid=2095 (accessed 15 October 2012).

Brembeck, H., Ekström, K. M., and Mörck, M. (2007) "Shopping with humans and non-humans," in H. Brembeck, K. M. Ekström, and M. Mörck (eds.) *Little Monsters: (De)coupling Assemblages of Consumption*, Berlin: LIT.

Bylund, J. R. (2006) "Planning, projects, practice: A human geography of the Stockholm local investment programme in Hammarby Sjöstad," dissertation, Stockholms universitet.

Czarniawska, B. (2005) *En teori om organisering* (A theory of organizing), Lund: Studentlitteratur.

Czarniawska, B. and Hernes, T. (eds.) (2005) *Actor-Network Theory and Organizing*, 1st ed., Malmö: Liber.

Dryzek, J. S. (2005) *The Politics of the Earth: Environmental Discourses*, 2nd ed., Oxford: Oxford University Press.

Foucault, M. (2010) *Säkerhet, territorium, befolkning: Collège de France 1977–1978* (Security, territory, population, Collège de France 1977–1978), Stockholm: Tankekraft.

Green, A. (2006) "Hållbar energianvändning i svensk stadsplanering: från visioner till uppföljning av Hammarby sjöstad och Västra hamnen," 1st ed., dissertation, Linköpings universitet.

Gullberg, A. and Isaksson, K. (2009) "Fabulous success or insidious fiasco: Congestion tax and the Stockholm traffic dilemma," in A. Gullberg and K. Isaksson (eds.)

Congestion Taxes in City Traffic: Lessons Learnt from the Stockholm Trial, Lund: Nordic Academic Press, pp. 11–204.

Hagman, O. and Andréasson, H. (2006) *Vägvisare mot en hållbar stad? En intervjustudie i tre bostadsområden i samband med Stockholmsförsöket 2005–2006* (Signs toward a sustainable city? An interview study in three housing areas in connection to the Stockholm trial 2005–2006), Gothenburg: Avdelningen för teknik- och vetenskapsstudier, Göteborgs universitet.

Henriksson, G. (2008) "Stockholmarnas resvanor. Mellan trängselskatt och klimatdebatt" (Travel habits of Stockholmers: Congestion charging and climate debate), dissertation, Lunds universitet, 2008.

Henriksson, G., Hagman, O., and Andréasson, H. (2011) "Environmentally reformed travel habits during the 2006 congestion charge trial in Stockholm: A qualitative study," *International Journal of Environmental Research and Public Health*, 8(8): 3202–3215.

Hirdman, Y. (1989) *Att lägga livet tillrätta: Studier i svensk folkhemspolitik* (To adjust life), Stockholm: Carlsson.

JM (2012) "Lev livet i en miljöstadsdel i världsklass" (Live life in a world-class sustainable district). Retrieved from www.jm.se/bostader/sok-bostad/stockholm/stockholm/hjorthagen/norra-djurgardsstaden-omradesinformation (accessed 28 June 2012).

Johannisson, K. (2010) "Hälsa som påbjuden livsstil" (Health as prescribed lifestyle), *Dagens Nyheter*, 18 November 2010.

Kay, A. (2005) "A critique of the use of path dependency in policy studies," *Public Administration*, 83(3): 553–571.

Krueger, R. and Gibbs, D. (eds.) (2007) *The Sustainable Development Paradox: Urban Political Economy in the United States and Europe*, New York: Guilford Press.

Latour, B. (1998) "Teknik är samhället som gjorts hållbart" (Technology is society made durable), in *Artefaktens återkomst. Ett möte mellan organisationsteori och tingens sociologi* (The return of the artifact: An encounter between organizational theory and the sociology of objects). Stockholm: Nerenius & Santérus.

Latour, B. (2005) *Reassembling the Social: An Introduction to Actor-Network-Theory*, Oxford: Oxford University Press.

Law, J. (2002) "Objects and spaces," *Theory, Culture and Society*, 19(5–6): 91–105.

Mattsson, H. and Wallenstein, S. (ed.) (2010) *Swedish Modernism: Architecture, Consumption and the Welfare State*, London: Black Dog.

Miljöavgiftskansliet/Congestion Charge Secretariat (2006) *Facts and Results from the Stockholm Trial: Final Version: December 2006*, City of Stockholm. Retrieved from www.stockholmsforsoket.se/upload/Sammanfattningar/English/Final%20Report_The%20Stockholm%20Trial.pdf (accessed 15 October 2012).

Pierson, P. (2000) "Increasing returns, path dependency, and the study of politics," *American Political Science Review*, 94 (2): 251–267.

Stockholms stad (1997) *Miljöprogram för Hammarby Sjöstad* (Environmental program for Hammarby Sjöstad), Stockholm: SBK, Miljöförvaltningen, and GFK.

Stockholms stad (2009) *Norra Djurgårdsstaden, Stockholm Royal Seaport, Vision 2030*, Stockholm.

Stockholms stad (2012) *Norra Djurgårdsstaden, Stockholm Royal Seaport, Hjorthagen: Towards a World-Class Stockholm*, Stockholm.

Svane, Ö., Wangel, J., Engberg, L., and Palm, J. (2011) "Compromise and learning when negotiating sustainabilities: The brownfield development of Hammarby Sjöstad, Stockholm," *International Journal of Sustainable Urban Development*, 3(2): 141–155.

Tottmar, M. (2010) "Press på boende om sund livsstil" (Inhabitant pressure on sound lifestyles), *Dagens Nyheter*, 9 November.

第 8 章
从生态现代化到政治生态化：绿色之都的未来挑战

卡琳·布拉德利（Karin Bradley），安娜·胡尔特（Anna Hult），
约兰·卡尔斯（Göran Cars）

8.1　引言

　　斯德哥尔摩，是一座有着鲜明"蓝绿"特质的城市。城市修筑于岛屿之上，并且拥有大量的绿地。斯德哥尔摩自称为"绿色"城市。这个"绿色"城市，有着洁净的空气和水体，城市的建筑和建造活动对环境问题考虑周详，循环再利用系统非常完善，使用公交系统的居民占比相当之高。这些成就有时被当作斯德哥尔摩是一个"可持续城市"的确证。我们无意贬损斯德哥尔摩的成就，但认为可持续城市发展所需要的，远远不止新的智能技术，以及城市开发建设的创新解决方案。从政治生态学的角度来解读斯德哥尔摩市的规划和愿景——即通过提出关于"绿色化"的斯德哥尔摩，对其他的地区、人群及资源有何影响的问题，可以洞察斯德哥尔摩未来必须直面的一些挑战，从而保持其在可持续城市发展方面的先锋地位。

　　斯德哥尔摩的确为其绿色特质而骄傲。城市营销战略性地利用了其环保的成就。这座城市的环境品质已经得到国际认可——譬如，2010 年斯德哥尔摩获颁"欧洲绿色之都"称号。斯德哥尔摩已竣工和尚在规划中的城市开发项目、完善的公共基础设施，以及自然环境等，均让其享有处在可持续城市发展最前沿的国际声誉。

　　斯德哥尔摩的成就及声誉带来诸多优势。首先，在以城市间竞争加剧为特征的全球化世界里，城市在环境问题上万众瞩目的地位，能够提升对现状及潜在居民具有吸引力的城市形象，并借此带来竞争优势。近几十年来，人们环境问题的意识大幅提高，公共政策也在推动环保解决方案。这不仅能够降低对环境的冲击，还可以促进这一地区居住环境吸引力的不断提升。其次，推动环境友好发展的政策，已经对开发生态型技术和产品的多方参与者产生了激励。这使得瑞典生态品

牌的专有技术和产品出口有了相当大的增长。2008年，瑞典与环境部门相关的出口额，达到420亿瑞典克朗（SEK）（约合47.5亿欧元），自2002年以来，增长率超60%（Kairos Future，2010）。

首个欧洲绿色之都的桂冠，让斯德哥尔摩成为环境标准的楷模，并为该市带来在国际上展示成就与分享经验的机会。然而，抛却这些荣誉不谈，我们在本章中认为，斯德哥尔摩的可持续性工作仍需加强，并更应在根本上解决政治问题。我们从政治生态学的角度提出以下问题：斯德哥尔摩成功的故事是如何构建的？在可持续性的考量上，哪些空间和资源包含其中，哪些又排除在外？斯德哥尔摩的"绿色化"对其他地区有何影响？如何促进环境上更为公平的发展？在这些问题的协助下，我们探讨了斯德哥尔摩面临的挑战，以及帮助城市在未来依旧能够保持先锋地位的方法。在本章的倒数第二部分，我们概述了其中的一些挑战。不过，我们首先会简要介绍，2012年斯德哥尔摩所面对的更为直接的结构性挑战，说明斯德哥尔摩当前的规划及愿景；然后阐述我们如何运用生态现代化和政治生态学的概念。在第六和最后一部分，我们总结了斯德哥尔摩大概的挑战，并讨论它们可能对斯德哥尔摩参与全球"可持续性贸易"和知识交流的方式意味着什么。

8.2 增长却又焦虑的斯德哥尔摩

大约从2007年以来，欧洲（以及世界许多其他地区）受到全球金融危机的严重冲击。希腊、西班牙、爱尔兰和法国均陷入高额债务之中。这些国家的政府和公民挣扎着偿还债务、寻找收入来源以及可负担的住房。自2008年后，经济危机，加上对气候变化和全球环境挑战的广泛认识，引发了对下述领域进行反思的讨论和研究。这些领域包括社会组织、政治、生活方式、住房供给、城乡关系，以及（尤其是）某种程度上已不再依赖于传统的、所谓永续增长的经济。此外，诸如转型运动等社会环境运动，近年来逐渐变得越来越强大。这些运动既要求经济更多地以人为本，也要求对当前的开发、增长及资源过度使用的轨迹进行反思（Hopkins，2011）。

然而，瑞典——尤其是斯德哥尔摩，几乎成功地避开了经济危机。在斯德哥尔摩很少能够看到中欧和南欧城市所见的全球经济危机的症状，或者与之相伴的激进的社会运动。恰恰相反，对斯德哥尔摩城市发展的考虑，主要集中在城市应当如何增长，以及市政当局应当如何从新的住房、高速公路和公共交通的扩建到购物中心和幼儿园等各个方面开展更多和更快的建设。斯德哥尔摩恰逢一个增长的时代：这些增长包括居民、游客、企业以及交通的增长等。斯德哥尔摩市组织了题为"斯德哥尔摩正在增长"的展览，灌输给斯德哥尔摩人的理念是，一个规模更大和密度更高的斯德哥尔摩，既是明智的也是可持续的。

与此同时，斯德哥尔摩正面临诸多结构性的挑战。近年来，社会隔离加剧，众多大型战后郊区生活条件恶化[1]；公交系统的发展，未能与用户数量的持续增长同步；市民为通勤列车的延误及爆满的国家地铁车厢所困扰。[2]一项名为"斯德哥尔摩外环路"的重大基础设施投资启动。这项可以增加该地区高速公路里程的投资，引发了研究人员和市民组织间激烈的争论（Finnveden 和 Åkerman，2009）。最近城市在公交方面引人瞩目的投资主要集中在内城。例如，城市在市中心和城市主要旅游区所在的于高登（Djurgården）绿色公园之间，修建了一条现代有轨电车线路。这令许多郊区的斯德哥尔摩人寻思，斯德哥尔摩所谓的"绿色形象"，是否仅仅是一个以游客为导向的可持续意象。斯德哥尔摩市会时不时公布"自行车项目"，并且确实也修建了一些自行车道。然而，与哥本哈根和阿姆斯特丹这类城市相比，斯德哥尔摩的自行车路线崎岖不平、危险丛生，而且在某些地区根本就不存在。

市政府辩称，斯德哥尔摩已成功减少了温室气体的人均排放量。然而，更新的数据所显示的恰恰相反：若将消费计入的话，斯德哥尔摩人的排放量大幅增加（详见下文）。这些增加的排放造成的环境影响尽管可能不见于当地，但是会影响其他的国家和地区。除了结构性挑战之外，斯德哥尔摩还面对着一个日益紧张的住房市场，在这个市场上年轻的和新移居的市民，尤难获得安全和可负担的住房；其他家庭由于房地产价格高企，越来越多地发现自己负债累累（Andersson 等，2007）。因此，斯德哥尔摩与许多其他欧洲城市一样，在践行其生态责任，实现社会包容、经济稳定和福利上面临重大挑战。

8.3 描绘绿色之都

近几十年，斯德哥尔摩在环境上取得的成就，以及在皇家海港规划及重大政策纲领上所显露的雄心，表明其对居于国际城市可持续性联盟前列的渴望。这些重大政策纲领包括城市的标识、"斯堪的纳维亚之都"，以及斯德哥尔摩《愿景2030》等。我们认为，斯德哥尔摩所必须考虑的未来挑战，应当基于以下的相关因素来认识：斯德哥尔摩当前的规划与愿景；使斯德哥尔摩（和瑞典）在城市可持续发展上保持先锋地位所做的努力。因此，我们简要概述了该市推进的城市开发区提出的规划和愿景,以及在国际上推广瑞典专有技术的全国性的努力。

斯德哥尔摩最佳城市实践区

斯德哥尔摩可持续性国际声望的建立,可以追溯到建设哈马碧湖城的决策。该地区的总体规划于1991年编制,第一批住宅在1994年竣工。1996年,市议会决定要将哈马碧湖城建设成为生态友好型城市开发的典范。这意味着要对技术装备、建筑物和交通系统进行调整,以满足环境上的高要求。哈马碧湖城成功实现了这一目标。其房屋能源和水的消耗,仅及瑞典房屋平均值的一半。哈马碧湖城还开发了所谓的哈马碧模型(如第4章所述),该模型展示了污水处理与能源系统之间如何互动,以及如何高效地处置垃圾。哈马碧湖城的成就在斯德哥尔摩作为绿色城市的对外营销中居功至伟。

随着岁月流逝,哈马碧湖城的创新方法光彩渐失。这些始自哈马碧湖城的新的方法也已成为诸多项目的标准;新的规划及建设方式推动了可持续建造超越哈马碧湖城酝酿之时的水准。斯德哥尔摩皇家海港是哈马碧湖城的继任者,希望从哈马碧湖城所得到的环保经验中获益。该地区的开发始于2010年,并计划持续到2025年。城市树立的目标是开发"一个环境可持续的城市片区,它有名副其实的城市环境,对技术创新、使用建筑节能材料建造,以及探寻新的整体能源处置方式等有更高的要求"(Stockholms stad,2012b)。

斯德哥尔摩的规划与愿景

在塑造绿色形象的雄心之外,斯德哥尔摩也在宣传一系列其他的城市形象。斯德哥尔摩将其积极打上"斯堪的纳维亚之都"的标记,这引来许多欧洲最北部其他大都市区的不快。斯德哥尔摩以首都自居是基于以下原因:她的地区生产总值最高,拥有的跨国公司数量最多;她既是斯堪的纳维亚的经济中心,也将成为北欧的金融中心。撇开金融实力不谈,斯德哥尔摩也被当作斯堪的纳维亚地区最能引领风骚的文化城市(Stockholms stad,2012b)。

除了"斯堪的纳维亚之都"的身份标识,斯德哥尔摩还编制了一份远期愿景——《愿景2030》(Stockholms stad,2007)。该战略中的一项关键内容是强化持续的区域化发展。《愿景2030》展望未来,将斯德哥尔摩梅拉地区,描绘成一个国际高科技公司与小型衍生服务业企业并肩工作的地方。这样的未来,是一个创意产业成功,文化、体育和娱乐业创造就业、出口机会及增长的未来。斯德哥尔摩的低地税,以及公路、铁路、扩建后的机场以及港口等高效网络,是进一步

■ 可持续的智慧——探索斯德哥尔摩城市可持续发展

图 8.1　摘自斯德哥尔摩《愿景 2030》文件
图片来源：Stockholms Stad（2012e）

的刺激因素。未来这座城市还提供或许是世界上最好的信息技术基础设施，以及可靠的能源供应系统。在这一愿景当中，斯德哥尔摩是北欧头号金融服务城市，为众多公司提供资本供给的便利。该愿景还描绘了一座环境可持续发展城市的诞生，其"创新已经解决了诸多环境问题，并且城市正朝实现 2050 年零化石燃料的目标顺利迈进。"此外，城市能耗已经大幅削减，所有新建筑都采用环保方法和材料，而且"该地区的人口增长对当地环境只有少许或完全没有负面影响，这使斯德哥尔摩成为国际的典范"（Stockholms stad，2012c）。

2010 年通过的斯德哥尔摩总体规划（Promenadstaden，步行城市），对愿景中表达的思路进行了跟进。在强调可持续性的同时，该规划也意识到"可持续增长和可持续发展"等概念的不确定性，因为它们缺乏一致的解释，并且存在诸多内在的冲突"（Stockholms stad，2010）。规划指出了很多矛盾。例如，改善的道路和新的基础设施与负面环境影响是一体两面的，它们之间存在冲突；新的开发建设需求与绿色空间保护目标之间也是对立的。

国家创建国际品牌的努力

显然，因为瑞典具有特定和复杂的文化政治历史，才得以将自己打造成为可持续发展的先行者。在过去十年间，政府已做出大量努力，时常通过公私合作伙伴关系的运作来强化和包装这一品牌（Hult，2013）。自 2007 年以来，瑞典政府营造的首要的品牌概念，已经统领在"共生城市"名下。这是瑞典政府通过瑞典贸易委员会采取的一项举措，旨在将瑞典的城市可持续发展打包纳入全球的推广中去。共生城市包含工作的模式，以此来确定科技系统与不同公私利益相关者之间的协同作用。通过共生城市，有可能找到一种将技术与城市开发相结合的新方法，从而促进瑞典的工程产品和服务出口到面临快速城市化的国家如中国（同上）。

如今，所有的瑞典大使馆都提供共生城市概念的宣传册以及演示文稿。具体而言，共生城市已成为官方推广"环保"技术产品和服务的国家平台。瑞典的政府部门已经与私营公司和公关机构一道，找到了将商誉与盈利的贸易机会相结合的重要机遇，即将生态型技术的出口与城市开发联系起来。过去十年来，瑞典加强其环保技术国际地位的政治意愿一贯强烈。这不仅体现在营造共同平台的努力上，也体现在瑞典（如 2008 年可持续城市代表团，2010 年"MISTRA 城市未来"等）和国外新机构（如 CENTEC，2008 年瑞典驻北京大使馆环境友好技术中心等）的建立上。通过这些努力，瑞典能够在更大的架构内展示哈马碧湖城和皇家海港等现有城区，从而将瑞典和斯德哥尔摩置于全球可持续城市发展的先锋地位。

8.4 从浅绿可持续性到政治生态学

"可持续发展"的理念已经走向主流。它始于推动负责任发展的草根运动，如今已成为企业生态品牌战略之要义。近几十年来，至少在北方世界，可持续发展已经成为大多数政策文件，以及各政党愿景中的口头禅。不过，尽管这一术语"赢得了大众思想之战"——正如坎贝尔所确切表达的那样（Kreuger，1996，p.312；Gibbs，2007），但它在概念的准确含义上仍未达成共识。确切地说，可持续性是一个轴心，围绕这一轴心讨论得以展开并且没有任何限制（Kreuger 和 Gibbs，2007；Dryzek，2005，p.12）。

可持续发展概念的迅速崛起，可能是由于它可以轻易地因为别的动机而被绑架。在过去的 25 年间，可持续发展作为一个概念有其突破和进展。在世界政治和规划当中，它成为必须解决的问题，并很快被所有的政党滥用——他们的计划几乎没有展现什么实质的差异。在《绑架可持续性》(*Hijacking Sustainability*, 2009)一书中，帕尔讲述了环境运动的目标，是如何被公司利益、政府和军队用来勾兑的。帕尔认为，可持续发展是不断商品化的；主流文化越是欣然接受可持续发展运动对全球暖化和贫困的关注，"可持续发展文化"就越会对利润最大化的公司资本主义价值观推波助澜。

由于可持续发展代表着"好"，所以殊难反对。因此，它可以派作的用场是成为政策制定和愿景报告的通用术语，因为人人皆可就此达成一致。但是，由于这一术语不再具备特别的政治色彩，也不再传达除"好"之外的任何特定含义，这也意味着尽管其内涵确切地表述为"可持续发展的愿景"，但在很大程度上仍然是由个体参与者来定义的。

如今，民族国家通常将经济增长视作头等大事。因此，可持续发展在很大程度上是探讨如何对环境及经济目标间反复出现的冲突加以协调的战略。德雷泽克（Dryzek，2005，p.12）认为，解决可持续性问题的话语，在很大程度上可以通过富有想象力的消除环境和经济价值观冲突的努力来界定。

"生态现代化"这一学派的思想声称可以化解这种冲突。它认为环境改善能够与经济增长并驾齐驱。在生态现代化的框架内，这一问题是通过明确认可环境改善的经济可行性来解决的；实际上，它认为企业家代理人和经济/市场动力在带来必要的生态变革方面发挥着主导作用（Fisher 和 Freudenberg，2001；Spaargaren 和 Mol，1992）。它相信开发、增长和资源利用等作为一个方面，与另一方面的环境问题之间并无冲突。它常常将新技术以及电动汽车、节水淋浴喷头和生态产品等商品的消费视作解决方案（Hobson，2006）。从生态现代化的角度来看，它假定技术和工业化的进一步发展将带来"可持续的增长"。

"政治生态学"学派对生态现代化思想存疑。政治生态学的理论领域关注社会经济合约、政治及环境观点之间是如何相互关联的（Walker，2005；Latour，2004）。其焦点定格在对地方和全球流动的理解，以及人类与非人类世界间的相互依存和权力关系之上。谢尔（Keil，2007）倡导的城市政治生态学，认为只要不均衡发展和不平等交换的基本进程不变，可持续发展就是一个难以实现的目标。政治生态学需要追问如何协调不均衡发展进程的相关问题（同上）。因此，政治生态学方法的核心是分析城市的新陈代谢，追问何者重要，何人何者可囊括其中，何人何者排除在外，以及作为代谢流动的后果，孰为赢家，孰为败将。由于地方环境与更大生态系统之间的联系松散，所以将这些实体联系在一起就变得至关重要——看看生态冲击，以及地方与国际（不）公平是如何交织在一起的。正如哈维所述：

我们不能为邻近地区优良的环境品质据理力争，却仍然坚决要求保持这样的生活水准，即它必定意味着对其他地区空气的污染。我们需要知道，空间和时间是如何被给我们提供日常生计的完全不同的物质过程所定义的。（1996，p.233）

在斯德哥尔摩的战略中能够看到对可持续性的哪些解读？政治生态学的观点在实现环境更公平发展的过程中有何助益？

8.5 对环境更公平发展的挑战

就国际上的可持续性来说，斯德哥尔摩的规划和框架包含了生态现代化的明确回应。总体来说，其基调确保了我们在当前的社会经济秩序当中，通过创新和高效管理来解决环境问题。持续的经济增长、吸引力与良性的自然环境发展携手并进。事实上，环境上的高远追求有利于企业的发展和增长。因为它们促进了清洁技术产业的发展和出口。故事就是这样。

斯德哥尔摩获得绿色之都称号的关键原因之一，是自1990年以来，该市已经设法将每个居民的二氧化碳排放量减少了25%。但这些数字是如何计算出来的？哪些空间和资源包含在内，或排除在外？对于"其他"的地区、人群和"自然"，斯德哥尔摩的"绿化"意味着什么？在斯德哥尔摩的地方规划中，如何在全球尺度上促进环境更为公平地发展？这类问题可以从政治生态学的视角衍生出来。

在本节中，我们将借助这些问题，探讨斯德哥尔摩开发的组织、规划与监测。世界上诸多城市都渴望成为"绿色"、"零排放"或"一个星球"的一员。衡量城市生态足迹[3]，划分城区的社会环境绩效类型[4]，以及提高对社会公正与环境责任之间的关联的认识等，都采用了更为复杂的方法。这些方法正在推动可持续城市联盟超越滨水住宅的生态营销。除上述问题外，斯德哥尔摩现在和将来需要做些什么才能使其绿色形象受到重视？在随后的6个标题之下，我们对这座城市需要处理的各类问题的例子做了探讨。

从地域边界到消费视角

自1990年以来，斯德哥尔摩设法将居民的人均二氧化碳排放量减少了25%，这确实令人钦佩。但是，当引入消费视角并解决在计算中要包含或排除哪些空间的问题时,就会浮现出另一幅画面。如果今后要认真对待斯德哥尔摩环境目标背后的努力,将这些方面纳入考量就很重要。

一个经济体既能够维持GDP的可持续增长,同时也不让环境状况退化,可以称之为"脱钩"。这正是斯德哥尔摩市将"可持续增长",确定为总体规划的综合目标时所采用的确切说法。但是,这一点能否实现值得质疑。虽然营销工作和政府倡议声称,瑞典和斯德哥尔摩做到了减排,但在这些计算中所显示的减排,也与简单地将生产转移到国外,以及忽略统计数据中的进口量有关。相反,如果从消费角度进行计算,那么从摇篮到坟墓的所有生产阶段的排放,都将分配给商品和服务的最终消费者。因此,归于出口的排放量,将从瑞典的排放余额中扣除,而瑞典进口产生的排放量则将计入,以此来估算瑞典的消费排放量。瑞典环境保护局最近表示,从消费角度来看,瑞典人的排放量非但未曾减少,而且实际上在2000—2008年间还增加了9%（Naturvårdsverket,2012a）。斯德哥尔摩市官方的计量,既没有解释在城市边界之外产生的,由进出城市的交通（例如航空和乘船旅行）带来的排放和资源消耗,也没有说明（尤其是）因城市外部生产食品和商品的消费产生的排放（Saar,2010）。所谓脱钩国家声称的大部分排放量的削减,可以归因于将环境影响转移到其他国家。以生产为基础的常规计量,令像斯德哥尔摩这样的经济以服务业为主导的城市表现良好。但由于斯德哥尔摩的居民是声名远播的消费者,因此假若计量转头将全球消费的影响计算在内,斯德哥尔摩反而会大幅产生更大的碳足迹。跟瑞典其他的大城市相比,斯德哥尔摩人实际上拥有最大的碳足迹。因为相较于其他城市,其食品、消费品、家具和装修产生的排放量更大（SEI,2012,pp.8-11）。

在斯德哥尔摩市目前的环境计划（2013—2015）当中,有几个具体目标与市政府自己的商品和服务消费有关。这些目标解决的问题包括:提高市属幼儿园生态认证产品的比例,以及降低市政府办公室与中心的废物水平等。然而,这份59页的文件并未囊括有关居民消费的具体目标,也没有陈述"需要"采取什么措施;只是谈到哪些事情按说"能够"去做。例如,"通过宣传活动及城市本身的工作,城市'能够'想到并阐明阻止产生废物的目标"（Stockholms stad,2012,p.27,加了强调）。这说明相信人们会自愿改变,认为个人有责任"可持续地"行动和消费（如第7章所述）。我们还可以注意到,斯德哥尔摩市在其对公民的环境观进行的反复调查中,（在51个问题中）并未着力将消费水平、飞行次数或长度,或是住房大小等问题纳入进来,相反却专注在有关回收利用、生态认证产品,以及在"自然"中花费的时间等琐碎问题上（Bradley,2009, pp.255-256）。这对于回收和消费生态认证产品的人来说，有助于形成生态友好的公民形象，但对在类似飞行、住房大小或物质消耗水平等资源方面节约的人来说，却并非如此（同上）。

从生产角度与消费角度计算的国家人均二氧化碳排放量报道的对比　表8.1

温室气体排放（吨/年）	瑞典	哥德堡	林雪平	马尔默	斯德哥尔摩
国家官方报道的总量（2005）	66,630,190	3,397,100	763,714	1,196,025	2,241,471
国家官方报道的人均值（2005）	7.4	7.0	5.6	4.4	2.9
含消费的人均排放量（2004）	14.2	13.8	13.5	13.4	15.7
当计入消费时增加的百分比	93%	98%	143%	204%	439%

资料来源：SEI（2012）

瑞典环境保护局（Naturvårdsverket）最近的数据（Naturvårdsverket, 2008, 2012a）表明，当将消费量计入时，瑞典的排放量是人均二氧化碳排放刚过10吨。为了实现瑞典确定的政治目标，瑞典消费者的人均排放量需要在2020年降至该水平的一半，到2050年降至该水平的五分之一（2008，p.13）。

这类调查的结论加上新的计量方法和政府报告，表明斯德哥尔摩和其他有高远环境追求的城市，必须考虑超越其自己市界的关系效应，并在目标设定与监测，以及行动规划和政策制定中纳入消费的视角。

一个城市和一个地区在等待采用绿色税收，以及他国或国际政策的同时，能够凭借自己主动的作为得到丰厚的斩获。例如，可以拓展真正涵盖消费问题的活动（Stockholms stad, 2012d）。可以提高废物收集的费用。人们能使用类似"气候债务"（climate debt）的概念（揭示不同国家减少温室气体排放责任的工具），以及人均"生态足迹"（ecological footprints）等工具来引入消费视角。斯德哥尔摩环境研究所已经专门针对市政当局建立了一项指数。这项指数是从消费视角来应对环境影响，而不仅仅是从生产视角来考虑（更为常见的衡量标准）（Paul等，2010）。[5]我们通常认为，应对消费的挑战及其对社会环境的影响，超出了规划和政策的范围。与此同时，在城市规划实践当中，商业空间的扩展往往会促进消费的"增长"和由消费带来的社交。因此，开发和呵护非商业空间和交往场所就显得十分重要。如今，点对点共享或"合作消费"，成为一个日益普遍的现象（Botsman 和 Rogers，2011）；城市可以促进合作消费和共享计划，这不仅仅是通常的汽车和自行车共享计划，还是分享商品、工具和空间的共享方案。这些都是规划师可以处理并腾出空间的方法的例子。试图影响类似商品消费这样的被视为"私人"的事务是有争议的，尽管如此，这些努力仍然可以与尝试通过影响私人交通、支持大众和可持续交通的规划和决策（现在是可以接受的）方法相类比。因此，为什么不从支持私人消费，转为支持更加大众和可持续的商品消费呢？

从碳遏制到应对"全面峰值"

如今，环境争议的主要焦点集中在气候变化和温室气体减排上。如前一小节所述，环境绩效通常以二氧化碳计量，它反映在国家和地方的目标和监测之中：2050 年瑞典实现碳中和[6]；2050 年斯德哥尔摩实现零化石燃料目标；到 2015 年斯德哥尔摩人均二氧化碳排放量降至小于 3 吨 / 年（Stockholms stad，2012，p.18）。

然而，大家公认在环境科学领域，碳排放和化石燃料达到峰值并非我们在环境上面临的唯一挑战。理查德·海因伯格（Richard Heinberg，2007）等研究人员，使用"全面峰值"（peak everything）这一术语来提醒我们，21 世纪其他自然资源的供应也将下降——包括磷、稀土金属（例如，风力涡轮机和混合动力汽车中使用的钕）、硅（用于太阳能电池），以及铜和钴（用于电子产品等）。这意味着许多所谓的绿色技术也自相矛盾地依赖稀缺、不可再生自然资源的利用。眼下我们正在目睹石油控制与价格上涨方面的困境，因此，毋庸置疑我们要摆脱对石油的依赖。人类生态学家霍恩堡（Hornborg，2011）认为，未来我们将会看到对其他稀缺资源更为激烈的争夺。而这些稀缺资源,恰恰是我们的"绿色科技生活方式"正在变得更加依赖的东西。对于某些"可持续技术"来说，这已经是显而易见的了。例如，在瑞典的车队里使用乙醇作为"绿色"燃料的做法，正导致环境退化、生物多样性丧失，以及巴西与其他国家间的冲突，因为要让生物燃料出口成为可能，就要扩大大豆和糖的单一种植（Galli，2011）。

从这个视角来看，一个富有远见的绿色城市要有能力在下述情况下实现生存和繁荣，即减少使用稀缺和远方的资源；对那些在眼下可能被视作"绿色技术"的东西也不应用成瘾。这样的城市需要在其目标设定、实践工作和监测当中，超越狭隘的以碳为中心的关注焦点，同时也要将其他资源一并纳入，从而推动建筑、技术和生活方式减少对这些资源的依赖。

从 GDP 到可持续繁荣

西方常见的线性发展观念——通常以 GDP 的增长或是物质财富的增加来衡量,几十年来一直广为诟病,因为它缺乏对福利和人类发展的关注,对自然资源(过度)使用,以及造成不同国家和地区间的依赖关系等(Skovdahl,2010;Goossens 等,2007)。人们已经建立了替代指标,比如"人类发展指数"[7](联合国开发计划署使用)和生活满意度指数等。还有一些指标将生活质量与生态足迹结合起来,例如由新经济基金会(2009)设定的"快乐星球指数"。[8] 近年来,国际上关于使用后一类指数必要性的争论愈演愈烈。这类指数对自然资源利用及福祉做出解释,从而直接衡量、评估和引导政治走向"可持续繁荣",而不是间接通过 GDP 来这样做(Starke 等,2012;Naturvårdsverket,2012b)。在欧洲(尤其是英国和法国)和东方(中国和不丹),政府多年来一直在建立这种"幸福"指标(Stiglitz 等,2009;Naturvårdsverket,2012b)。

在"快乐星球指数"中,有 151 个国家排名:哥斯达黎加得分最高,瑞典斩获平均分(第 53 名),美国排名第 105 位,博茨瓦纳位列第 151 位。总体而言,拉丁美洲国家在展现最高福利水平的同时,没有过度利用自然资源。因此,要将通常被视为"成功"的 GDP 形象与替代的计算方法并列在一起。

在区域和地方层面制定并运用这些"可持续繁荣"指标也很重要。对于像斯德哥尔摩这样的城市,有可能在改善生态足迹的同时提高生活质量。人们在公开辩论中,常常认为减排和减少资源的使用,就意味着对福利的"牺牲"。对较为贫困的地区而言,GDP 的增长(当惠及人群时),确实常常意味着更高的生活质量(与排放水平的提高相伴)。然而,对于全球北方地区来说,人均国民收入超过一定水平会提高排放水平,但不会带来预期的福利增长,情况恰恰相反(Wilkinson and Pickett,2010,pp.8-10)。在最近的一份为瑞典环境保护局提供的报告中,有一个研究小组已经证明,北方国家减少排放和资源使用,有可能与生活质量的提升并驾齐驱(Naturvårdsverket,2012b)。这份报告指向三个主要领域:(1)缩短工作时间;(2)支持较小能耗和公共交通的城市开发;(3)增加服务消费。当人们将环境影响和幸福水平与不同类型的活动联系起来时,环境影响较小的活动(如户外活动、社交或休息)和高水平的福利之间,存在明显的正相关关系。另一方面,报告发现小汽车通勤是造成幸福指数最低的活动之一(同上,pp.40-41)。找到同时将降低资源使用与提高生活质量结合起来的本地方法,将成为稳固先行者国际声望的一种方式。

瑞典皇家理工学院最近的一个研究项目,对 GDP 是否能够真正刻画繁荣和

■ 可持续的智慧——探索斯德哥尔摩城市可持续发展

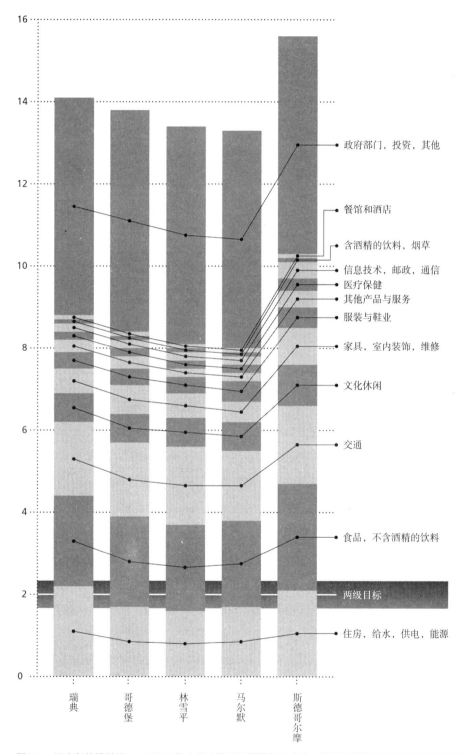

图 8.2 温室气体排放量——2004 年人均直接和间接排放量（t）。当把源自消费的间接排放计入时，斯德哥尔摩表现出高于瑞典其他主要城市的人均排放水平

图片来源：改绘自瑞典环境保护局（Naturvårdsverket，2012b）

生活品质持批判立场。在一个纵向研究中，迁往瑞典于斯塔德市的人被问及诱使他们决定搬迁到那里的动机。这个研究课题考虑了迁徙者的经济及人口构成可能随时间改变的情况，但却发现这一点无足轻重。纵向数字表明是个人价值观发生了重大变化。对于那些1970年之前搬到于斯塔德市的人来说，有65%的人表示，就业机会是他们选择区位的主要原因。1970年至1989年间，这一数字下降到不足40%。对于那些1990年之后搬到于斯塔德市的人来说，只有略多于20%的人表示就业机会是主要的搬迁因素。在被视作与GDP相关的指标这样大幅下降的同时，其他非经济条件在人们做出迁居决定时的重要性也在增加。那些1970年前迁至于斯塔德市的人当中，有35%的人将"城市吸引力和建成环境的品质"，列为他们迁移的主要原因。这个数字一直在渐渐增长，1990年后搬到于斯塔德市的人中，有超过65%的人认为，城市品质是他们决定搬迁的主要原因（Cars，2006）。

这表明在斯德哥尔摩这样的城市，将规划和政策制定的重点放在"可持续繁荣"上的重要性——提高生活质量，同时减少生态足迹，而不是通过增加地区生产总值来绕道而行，并且只是希望这样能通过因果关系，涓滴式惠及生活质量的提高和环境的改善，而这种因果关系已经不复存在了（至少在北方世界是这样）（Wilkinson and Pickett，2010，pp.8-10）。

从全球化服务社会到本地化经济

当今的城市规划可以说是响应了"服务/知识社会"的需求，摒弃了工业社会、功能区隔和大规模现代住宅的空间形态。斯德哥尔摩和许多其他城市一样受到理查德·佛罗里达（Richard Florida）等专家的启发，都渴求营造高度宜人、功能混合的城市环境来吸引"创意阶层"，这个群体受雇于知识密集型行业（信息与通信技术、生物技术、银行和金融等），他们是让本地服务供应商忙得不可开交，并让全球经济蓬勃发展的优质消费者。

然而，经济和社会的形态从来都不会长盛不衰。农业社会、商业社会和工业社会均有其巅峰期和衰落期，"知识/服务/消费主义社会"也将如此。尽管我们常将后资本主义的服务型社会称为生态友好型社会，但它仍然建立在永续经济增长、全球劳动分工，以及在全球传送带上依赖稀缺资源进行生产和运输的理念基础上。从政治生态学的角度来看，必须要突显这些全球相互依存的权力关系：谁是全球交换中的赢家和败将，以及在此过程中产生了哪些社会环境成本？正如研究人员和环境组织所指出的那样，通常来说，低收入国家和社会群体所用资源往往最少，但却又最容易遭受环境退化和气候变化的影响（Agyeman 等，2003）。当代全球化与增长范式正日益受到研究人员、社会运动甚至政府顾问的挑战（Jackson，2009；Rockström 和 Wijkman，2011；Heinberg 和 Lerch，2010；Hopkins，2011）。然而，在斯德哥尔摩总体规划（Promenadstaden, Stockholms stad, 2010），以及《愿景 2030》中构想的城市，显然是一个以增长为导向的服务 / 知识经济体。例如，有人说"城市应该给位于能够吸引高技能服务业地区的新办公空间铺平道路"，也就是说主要在内城区（Stockholms stad, 2010, p.16）。其中，促进其他经济、组织或生产与消费形式发展的愿景难觅踪迹。然而，全球的变化表明，对斯德哥尔摩来说或许已经到了这样的时候，即不仅要考虑什么样的空间形态与每天 24 小时、每周 7 日消费主义的"知识经济"需求相匹配，而且还要考虑什么样的社会形态，可能逐步并行发展并在未来占据主导地位。

今后，能源价格以及由此导致的运输价格可能会攀升。在这种情况下，目前在低成本国家生产并长途运输的消费品将变得更加昂贵。与此同时，欧洲的经济危机和高失业率，可能会促使区域内增加类似食品、服装和公用事业这样的基本商品的生产。意识到这一点的消费者和社会环境运动，也在努力争取在本地生产更多的商品并加强地方经济和就业（Heinberg 和 Lerch，2010；Darley 等，2005；Hopkins，2011；Murphy，2008）。快速成长的服装品牌（如 American Apparel 和 Engineered Garments 等），已经特意将他们的生产安排在洛杉矶市中心和布鲁克林区的"无血汗"工厂里。[9] 不过，这些本地生产的商品目前仍然只是有限市场的小众品牌。时尚杂志《单片眼镜》（Monocle）还指出，我们不仅对拥有开放式"可见厨房"以确保高质量生产和工作条件的餐馆的需求越来越大，而且对追求"开放式"生产服装和其他消费品的公司的需求也是如此。

斯德哥尔摩目前推动的城市开发可以称之为"混合利用"。实际上，这意味着小型办公室、咖啡馆、商店、服务和住房的巧妙组合，但并不作为类似衣服、食品和其他公用事业等商品的生产空间。恰恰相反，过去容纳了修理店、小规模企业和啤酒厂等功能的市中心边缘区正被清理，以便为散布着办公室、商店和咖啡馆的滨水住宅腾出空间。但是将来，对于像斯德哥尔摩这样要为经济可持续发展提供空间的城市来说，还需要有本地生产的空间。斯德哥尔摩商会指出，公司已经出现了希望将生产从国外转移到斯德哥尔摩地区的需求，比方说在小规模的纺织品生产方面。[10] 然而，这些公司目前很难在斯德哥尔摩地区找到区位优越的空间，因而可能会倾向于在其他城市选址。今后，斯德哥尔摩或许要制定战略，不仅为信息通信技术、银行业和服务业，也为基础商品的生产创造有吸引力的条件。

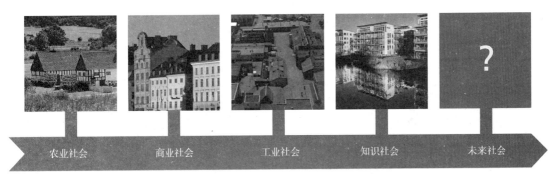

图 8.3 社会组织和空间形态概略图

从绿色地表到生产性景观

人们有时把斯德哥尔摩称为蓝绿城市。它坐落于岛屿之上，开放空间约占其地表的 40%。毫无疑问，这就是绿色和蓝色。在城市总体规划中，绿化是游憩、生物多样性和休闲的空间。为应对斯德哥尔摩未来的诸多挑战，重要的是要考虑将绿化也视为潜在的生产性景观，并且除具有与生物多样性和游憩相关的效益外，还应该有额外的效益。

为了实现大规模并且具有成本效益的流程，工业化已在食物链中形成对化石燃料的极大依赖（Cordell 等，2009）。与此同时，传统的线性消费流（"获取—制造—处置"）在资源可得性方面正面临着限制。来自世界上持续增长和日益富裕人口高涨的需求，令资源方面的挑战加剧。结果，人们可以观察到在许多市场里资源的过度使用和更多波动（Ellen MacArthur Foundation，2011）。食品就是这样一个市场。不过，近年来，我们也看到了发展都市农业和本地粮食生产的相反趋势。

都市农业当然不是什么新鲜事儿。斯德哥尔摩的第一个农园就始建于 1904 年。不过，气候危机和经济危机的背景，加上互联网接入提供了连接的可能性，现在世界各地也有一种转向地方新做法的趋势，它们彼此之间相互启发。例如，在斯德哥尔摩，一群市民为在内城（Eriksdalsspåren）的闲置铁轨上创建一个城市花园，于 2012 年成立了一个志愿者组织。其灵感就是来自类似柏林可移动的公主花园（Prinzessinnengärten）[11]，以及"纽约高线公园"[12]建筑更新项目等新做法。

贬低都市农业的人声称，它是理想主义和不切实际的，只不过为感兴趣的、"漂绿"（green-washed）了的中产阶级提供几顿晚餐罢了。当然，都市农业并非是所有与资源不可持续过度利用相关的问题的答案。但是，它确实带来很多不同的好处，并且一些小尺度的新做法可能会产生思维方式上的更大转变。都市农业可以产生更为普惠的好处，如粮食安全（Kortright 和 Wakefield，2011）、营养健康食品的获取（Karanja 等，2010）、个人福祉（Armstrong，2000）、教育（van

Leeuwen 等，2010）和食物里程的削减（Knight and Riggs，2010）等，除此之外，还能为塑造各种形式的社会经济关系做出贡献。

人们在城市里共同从事农业活动，单单这一事实就可以增进社会互动、形成更为活跃的社区、促进多元社会群体的融合（Armstrong，2000）。它也可以因"街道之眼"数量的增加而获得回报，这会对社区安全产生积极影响（Armstrong，2000）。

都市农业对城市经济也可以产生直接影响。它是提升空间利用的一种途径，因为这种土地利用方式能够应用在多个方面和多种尺度上，可以填补空地以及其他未利用的地块和建筑（Grewal 和 Grewal，2011）。此外，都市农业项目的参与和产出可以创造就业与收入机会（van Veenhuizen 和 Danso，2007）。而且，它可以使相关行业多样化，触发创新及新产业和产品在新行业里的出现（Merson 等，2010）。与此同时，本地粮食生产显然能够带来对世界环境、生态系统和废物循环冲击较小的发展。除了提高城市生物多样性的潜力之外（Faeth 等，2011），都市农业还可以促进城市绿化，进而可以改善空气质量，减少城市热岛和噪声（Lin 等，2011），促进（食物）废物的回收利用，缩短废物处理周期并降低残余废物量（Eriksen-Hamel 和 Danso，2010）。

促进本地粮食生产的方法有很多。在确保土地利用规划和法规能够给都市农业活动授权方面，政策制定者和规划师发挥着举足轻重的作用。社会工作者、活动家和市民，对于发起和推动将"闲置"场地开发为社区公园至关重要。相比之下，城市规划师、建筑师和工程师，可以在基础设施开发上做出贡献，为粮食生产提供便利，从而给未来城市的使用者提供食物。

斯德哥尔摩市致力于鼓励和促进人们对都市农业的兴趣，并实现其在社会经济和环境方面的多重效益。目前的城市总体规划对本地粮食生产的问题只字未提。因此，显然可能制定一种发展策略：食物产品不光是满足整个城市的温饱，还可以或多或少对社会包容、休憩娱乐、健康福利、本土生态系统循环、本土化生产和减少交通量产生积极作用。

从新建到改造

如前所述，斯德哥尔摩和其他有志于想成为环境先驱者的城市，常常通过展示一些烙上"可持续城市街区"或"二氧化碳中和"品牌的新建案例来宣传自己。这些城市一贯重视新建造与实体开发的新颖提议、方法和（或）技术。例如，关注的焦点通常会在建筑物及其与相邻环境的相互作用上（比如通过享有绿地、服务和交通的机会）。与现状建成区的更新相比，新"可持续城市街区"的营销、出售和展示或许更为容易。在现状建成区，人们必须直面居民的历史、意见和习惯。不过，最近有一个例外，打破了斯德哥尔摩对这种新建活动深度的痴迷。该市近来在国家可持续城市的代表团支持下，启动了可持续发展耶尔瓦项目（Hållbara Järva）。这一项目的目标是改造耶尔瓦（Järva），这是一组位于斯德哥尔摩北部的1960年代和1970年代的大型住宅区。除展现出改善社会条件的雄心外，该项目还有环境上的远大志向。耶尔瓦将成为斯德哥尔摩环境成就方面的"形象区"之一。实现这一目标的关键因素在于新的节能技术和新的交通理念。最终，目标是让耶尔瓦成为战后大型现代主义住宅区可持续改造的国家和国际典范（Stockholms stad，2012）。

除了这一案例之外，斯德哥尔摩市环保措施的重点绝大部分还是聚焦在"新"建筑的建造上。当考虑到新建部分的数量时，解决改造问题的重要性也日趋明显。斯德哥尔摩市的存量住房略高于440000套。2010年，城市新增住房4090套，相当于略低于现有存量住房的1%（Stockholms stad，2011）。如此之低的数字表明，城市需要为现状的存量建筑编制总体战略。因为要通过"在边缘地区"开展新的建设，向更可持续的形象和更好的环境绩效迈进，充其量是极其缓慢的。

8.6　讨论和小结：矗立于国际前沿

因其努力开发和推广供世界其他地区效仿的可持续发展模式，瑞典和斯堪的纳维亚地区受到广泛赞誉（Kreuger和Gibbs，2007）。总部设在瑞典的国际建筑公司常常受邀（通过"最佳实践"）为全球的生态城市发展出谋划策。正如胡尔特（Hult，2013）所示，在这些项目中，瑞典建筑和城市规划公司能够将其项目打上"可持续和斯堪的纳维亚的"品牌，它们为这样的优势所驱动。示范项目价值的讨论可以追溯到国际上对住房展览的兴趣，例如马尔默的Bo01和斯德哥尔摩的哈马碧湖城等。在过去的十年中，这些项目已经成为瑞典可持续城市模式成功的支柱。因此，"可持续发展城市"成为瑞典的出口产品。但这种模式或品牌的基础是什么？斯德哥尔摩又需要什么才能在近期和远期继续被视为国际典范？共生城市的概念用一张图片来说明所谓的"瑞典经验"。这是一张GDP增长和二氧化碳排放减少的图，并附有这样的陈述："自1990年以来，二氧化碳排放减少了9%，而经济一直在稳定地增长。"[13]

增加GDP并减少二氧化碳排放的理念不单单是由共生城市提出的，它也是

共生城市 瑞典的可持续性

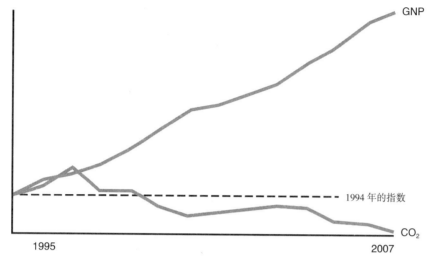

图 8.4 共生城市的"瑞典经验"推广图,阐明"脱钩"这一经济现象

瑞典国家市场宣传资料当中(Sverigebilden 2.0)的核心要素,人们甚至已经提议将其作为瑞典塑造新绿色经济的基础。[14] 共生城市图表的力量在于瑞典已实现了"脱钩"经济的"事实"。然而,正如我们所展示的那样,究竟如何、是否或在多大程度上已经实现或能够实现这一点,仍然是一个有争议的话题,它取决于包括哪些要素。到目前为止,碳排放量是由生产端计算得来的,计算的范围采用国家或市政当局的领土界线。从这样的角度来看,瑞典,包括斯德哥尔摩,自 1970 年代以来,二氧化碳排放量有下降的趋势。然而,在本章中,我们已经指出最近的研究报告强调从消费视角分析温室气体排放的重要性。消费视角可以更精准地描述我们的生活方式是如何影响气候的。从这个视角来看,瑞典人和斯德哥尔摩人的排放量在过去十年中反而"增加"了(Naturvårdsverket,2012a)。斯德哥尔摩市必须同时考虑两个视角。在可持续性的辩论中,对其他地方的影响由谁来担责的讨论至关重要,并且与责任问题密切相关。在探讨城市开发方式的时候,重要的是要考虑到居民的消费模式和生活方式,以及城市形态、基础设施系统、商业和非商业空间使用影响行为模式的方式。然而,有一点也很重要,就是不要把消费视角混同于将二氧化碳排放的主要责任转嫁到个人身上。城市和私人开发公司有责任创建让可持续选项成为最简单选项的基础设施和建成环境。

斯德哥尔摩当前的规划包含对生态现代化清晰明了的呼应。总的来说。无论是在共生城市的整体品牌概念上,还是在斯德哥尔摩总体规划中,其基调都是向受众保证环境问题的解决,可以通过在当前社会经济秩序内进行创新和有效管理来实现。为了站在可持续发展的最前沿,斯德哥尔摩市还需要超越狭隘的碳焦点,并且在其目标设定、监测和实际工作中也要将其他资源纳入进来。因此,斯德哥尔摩市应该推广对这些资源依赖程度较低的建筑、技术和生活方式。与此同时,我们也注意到,从 GDP 转向其他衡量"可持续繁荣"标准的重要性。如果斯德哥尔摩市希望走在国际前列,不断挑战主导发展形象并对重构未来路径持开放态度是至关重要的。

瑞典作为一个先进国家体现在很多方面。在斯德哥尔摩,每日有 70 万人使用公共交通。在最繁忙的早高峰时段,去往斯德哥尔摩市中心的出行中,搭乘公共交通的比例达到 78%。[15] 瑞典在建筑业和节能住宅方面有优良传统,值得进一步保持和发扬。热泵、太阳能板以及真空吸尘器上的技术创新可以节省能源。在城市规划项目里,提出国家间的技术转让通常被看成是没有政治倾向或争议的。斯德哥尔摩有意以"脱钩"效应为重点,将可持续城市作为出口产品来"营销",以便提高出口导向型企业的利润。它利用一种新兴的跨国城市可持续发展的语言(一种被视为无政治倾向的语言)取得成功并融入其中。然而,当指出下面这一点时,成功者会得出有趣的观察结果:

> 人们往往愿意在适应技术创新的方式上做出大刀阔斧的改变,但同时却会出于政治原因抵制类似的变化。如果除此之外没有其他原因,对我们来说,在这些问题上能有比迄今为止的习惯更为清醒的认识是很重要的。

(1980,p.11)

有一点在与可持续城市发展项目合作时变得至关重要,这就是要问一问采用特定技术能给世界不同地区带来哪些社会和习惯上的变化。如今,瑞典哈马碧湖城和 Bo01 城区已成为现成的打包出口范例。它们是最佳实践市场的一部分,在这个市场中,生态城市被视为具有明确边界(在空间和时间上)的城市项目。如前所述,斯德哥尔摩新建住房的套数相当于现状存量住房的 1% 多一点儿,因此,就可持续城市发展而言,解决改造问题也是至关重要的。这些地区为谁而建也是极端重要的问题。哈马碧湖城居住着大量的富裕和同质人口,从政治生态学的角度来看,展示类似这样的地区与可持续发展相去甚远。现在是时候从基于项目的城市开发展示区转向持久的城市开发进程了。

瑞典与许多其他国家相比，已经建立了在城市开发项目早期阶段吸纳公共与私人参与者的程序。瑞典还拥有协调技术系统（如废热组合系统）以及使用沼气作为公共汽车燃料的能力。到访斯德哥尔摩的国际代表团当然对技术解决方案抱有兴趣，但他们对城市开发其他问题（比方说协调技术系统和规划程序的流程）的兴趣也在增加。尽管实施问题总是比购买技术产品的问题更容易受到政治上的指摘，但这可能是斯德哥尔摩最有机会作为一个重要阵地，为走向环境公平的未来进行国际交流的地方。为了从斯德哥尔摩内部推动全球环境公平的发展，那些参与城市开发项目的人可以牢记城市"绿化"对其他地区、民族和资源的影响。

注释

1. 甚至《斯德哥尔摩城市规划》（Stockholms stad，2010）也承认，"各片区之间以及内外城之间存在巨大差距"（p.10），并指出"为改善边缘化地区的条件而采取的行动尚不能够扭转这些趋势"（Summary version，p.4）。
2. 来自斯德哥尔摩县行政委员会网站。
3. 例如，斯德哥尔摩环境研究所开发了REAP（资源和能源分析计划）指数，该指数关注生命周期，显示人们的消费、住房和交通习惯对全球的影响。（2012年4月7日网络检索）。
4. 在英国，对城市地区进行可持续性评估的系统（BREEAM社区和LEED邻里）已经开发出来。目前，适合瑞典语境的分类系统（"Hållbarhetscertifiering av stadsdelar"）正在开发中。参见瑞典环境科学研究院IVL的网站（2012年4月13日检索）。
5. 这一指数被称为REAP（资源和能源分析计划）。参见注释3。
6. 这一目标于2009年由环境部宣布。（2012年4月13日网络检索）。
7. "人类发展指数"（HDI）采用三个参数：出生时的预期寿命、教育水平和生活标准。（2012年6月29日网络检索）。
8. 更多"快乐星球指数"的信息和排名。（2012年6月29日网络检索）。
9. 在American Apparel的网站上，有关于洛杉矶工厂和工作条件的详细信息（2012年4月13日网络检索）。
10. 斯德哥尔摩商会的安娜·韦塞尔（Anna Wersäll），在乌普兰斯韦斯比（Upplands Väsby）城市规划日（Stadsbyggnadsdagen）的演讲，2010年8月25日。
11. 2012年6月4日网络检索结果。
12. 2012年6月4日网络检索结果。
13. 参见"共生城市"网站。
14. 2012年6月20日网络检索结果。
15. 斯德哥尔摩市网站（2012年7月1日网络检索结果）。

参考文献

Agyeman, J., Bullard, R. D., and Evans, B. (2003) *Just Sustainabilities: Development in an Unequal World*, London: Earthscan.

Andersson, Å. E., Pettersson, L., and Strömquist, U. (eds.) (2007) *European Metropolitan Housing Markets*, Berlin: Springer.

Armstrong, D. (2000) "A survey of community gardens in upstate New York: Implications for health promotion and community development," *Health and Place*, 6: 319–327.

Botsman, R. and Rogers, R. (2011) *What's Mine Is Yours: How Collaborative Consumption Is Changing the Way We Live*, London: Collins.

Bradley, K. (2009) "Just environments: Politicising sustainable urban development," doctoral dissertation, KTH (Royal Institute of Technology), Stockholm.

Brundtland Report (1987) *Our Common Future*, World Commission on Environment and Development, Oxford: Oxford University Press.

Cars, G. (2006) *Kultur, turism och stadsattraktivitet. Kultur som attraktion och värdeskapare.* Stockholm: KTH.

Cordell, D., Drangert, J.-O., and White, S. (2009) "The story of phosphorus: Global food security and food for thought," *Journal of Global Environmental Change*, 19(2): 292–305.

Darley, J., Room, D., and Rich, C. (2004) *Relocalize Now! Getting Ready for Climate Change and the End of Cheap Oil*, Gabriola Island, BC: New Society.

Dryzek, J. (2005) *The Politics of the Earth: Environmental Discourses*, 2nd ed., Oxford: Oxford University Press.

Ellen MacArthur Foundation (2011) *Towards the Circular Economy*, no. 1: *Economic and Business Rationale for an Accelerated Transition*, Cowes, UK: Ellen MacArthur Foundation.

Eriksen-Hamel, N. and Danso, G. (2010) "Agronomic considerations for urban agriculture in southern cities," *International Journal of Agricultural Sustainability*, 8(1–2): 86–93.

Faeth, S. H., Bang, C., and Saari, S. (2011) "Urban biodiversity: Patterns and mechanisms," *Annals of the New York Academy of Sciences*, 1223: 69–81.

Finnveden, G. and Åkerman, J. (2009) *Förbifart Stockholm, miljön och klimatet. En fallstudie inom vägplaneringen.* Stockholm: KTH. Online, available at: www.infra.kth.se/fms/pdf/Forbifart_Stockholm_miljon_och_klimatet.pdf (accessed 1 December 2012).

Fisher, D. R. and Freudenburg, W. R. (2001) "Ecological modernization and its critics: Assessing the past and looking toward the future," *Society and Natural Resources*, 14: 701–709.

Galli, E. (2011) "Frame analysis in environmental conflicts: The case of ethanol production in Brazil," dissertation, KTH, Stockholm.

Goossens, Y, Mäkipää, A., Schepelmann, P., and van de Sand, I. (2007) *Alternative Progress Indicators to Gross Domestic Product (GDP) as a Means towards Sustainable Development*, study provided for the European Parliament's Committee on the Environment, Public Health and Food Safety, Brussels: Policy Department A: Economic and Scientific Policy.

Grewal, S. S. and Grewal, P. S. (2011) "Can cities become self-reliant in food?" *Cities*, 29: 1–11.

Harvey, D. (1996) *Justice, Nature and the Geography of Difference*, Malden, MA: Blackwell.

Heinberg, R. (2007) *Peak Everything: Waking Up to the Century of Declines*, Gabriola Island, BC: New Society.

Heinberg, R. and Lerch, D. (eds.) (2010) *Post Carbon Reader: Managing the 21st Century's Sustainability Crises*, Healdsburg, CA: Watershed Media.

Hobson, K. (2006) "Bins, bulbs, and shower timers: On the 'techno-ethics' of sustainable living," *Ethics, Place and Environment: A Journal of Philosophy and Geography*, 9(3): 317–336.

Hopkins, R. (2011) *The Transition Companion: Making Your Community More Resilient in Uncertain Times*, Totnes, UK: Green Books.

Hornborg, A. (2011) *Global Ecology and Unequal Exchange: Fetishism in a Zero-Sum World*, London: Routledge.

Hult, A. (2013) "Swedish production of sustainable imaginaries in China," *Journal of Urban Technology*, 20(1): 77–94.

IEA (2008) *Promoting Energy Efficiency Investments: Case Studies in the Residential Sector*, Paris: OECD/IEA and AFD.

Jackson, T. (2009) *Prosperity without Growth: Economics for a Finite Planet*, London: Earthscan.

Karanja, N., Yeudall, F., Mbugua, S., Njenga, M., Prain, G., Cole, D. C., Webb, A. L., Sellen, D., Gore, C., and Levy, J. M. (2010) "Strengthening capacity for sustainable livelihoods and food security through urban agriculture among HIV and AIDS affected households in Nakuru, Kenya," *International Journal of Agricultural Sustainability*, 8(1–2), 40–53.

Keil, R. (2007) "Sustaining modernity, modernizing nature," in R. Krueger and D. Gibbs (eds.) *The Sustainable Development Paradox: Urban Political Economy in the United States*, New York: Guilford Press, pp. 41–65.

Knight, L. and Riggs, W. (2010) "Nourishing urbanism: A case for a new urban paradigm," *International Journal of Agricultural Sustainability*, 8(1–2): 116–126.

Kortright, R. and Wakefield, S. (2011) "Edible backyards: A qualitative study of household food growing and its contributions to food security," *Agriculture and Human Values*, 28: 39–53.

Kreuger, R. and Gibbs, D. (eds.) (2007) *The Sustainable Development Paradox: Urban Political Economy in the United States and Europe*, New York: Guilford Press.

Latour, B. (2004) *Politics of Nature: How to Bring the Sciences into Democracy*, Cambridge, MA: Harvard University Press.

Lin, W., Wu, T., Zhang, C., and Yu, T. (2011) "Carbon savings resulting from the cooling effect of green areas: A case study in Beijing," *Environmental Pollution*, 159: 2148–2154.

Merson, J., Attwater, R., Ampt, P., Wildeman, H., and Chapple, R. (2010) "The challenges to urban agriculture in the Sydney basin and lower Blue Mountains region of Australia," *International Journal of Agricultural Sustainability*, 8(1–2): 72–85.

Murphy, P. (2008) *Plan C: Community Survival Strategies for Peak Oil and Climate Change*, Gabriola Island, BC: New Society.

Naturvårdsverket (2008) *Konsumtionens klimatpåverkan*, Stockholm: Swedish Environmental Protection Agency (Naturvårdsverket).

Naturvårdvserket (2012a) *Konsumtionsbaserade miljöindikatorer. Underlag för uppföljning av generationsmålet*, Stockholm: Swedish Environmental Protection Agency (Naturvårdsverket).

Naturvårdsverket (2012b) *Low-Carbon Transitions and the Good Life*, Stockholm: Swedish Environmental Protection Agency (Naturvårdsverket).

New Economics Foundation (2009) *The Happy Planet Index 2.0: Why Good Lives Don't Have to Cost the Earth*, London: NEF.

Parr, A. (2009) *Hijacking Sustainability*, Cambridge, MA: MIT Press.

Paul, A., Wiedmann, T., Barrett, J., Minx, K., Scott, K., Dawkins, E., Owen, A., Briggs, J., and Gray, I. (2010) *Introducing the Resources and Energy Analysis Programme (REAP)*, Stockholm: Stockholm Environment Institute.

Rockström, J. and Wijkman, A. (2011) *Den stora förnekelsen*, Stockholm: Medström.

Saar, M. (2010) "Stockholm mörkar sina verkliga utsläpp," *Effekt: Klimatmagasinet*, no. 2.

SEI (Stockholm Environment Institute) (2012) *Global miljöpåverkan och lokala fotavtryck. Analys av fyra svenska kommuners totala konsumtion*, Stockholm: SEI/Cogito.

Skovdahl, B. (2010) *Förlorad kontroll. Den ifrågasatta framstegstanken*, Stockholm: Dialogos.

Spaargaren, G. and Mol, A. P. J. (1992) "Sociology, environment and modernity: Ecological modernization as a theory of social change," *Society and Natural Resources*, 5(5): 323–345. Reprinted in A. P. J. Mol, D. A. Sonnenfeld, and G. Spaargaren (eds.) (2009) *The Ecological Modernization Reader: Environmental Reform in Theory and Practice*, London: Routledge, pp. 56–79.

Starke, L., Assadourian, E., and Renner, M. (eds.) (2012) *State of the World 2012: Moving toward Sustainable Prosperity*, Washington, DC: Island Press.

Stiglitz, J., Sen, A., and Fitoussi, J.-P. (2009) *Report by the Commission on the Measurement of Economic Performance and Social Progress*. Online, available at: www.stiglitz-sen-fitoussi.fr/en/index.htm (retrieved 1 July 2012).

Stockholms stad (2007) *Vision 2030: A World-Class Stockholm*, Stockholm: Stockholm City.

Stockholms stad (2010) *The Walkable City: Stockholm City Plan*, Stockholm: Stockholm stad.

Stockholms stad (2011) *Statistik om STHLM, Bostäder, Bostadsbyggandet 2010*, S2011:2, Stockholm: Stockholms stad. Online, available at: http://www.statistikom stockholm.se/attachments/article/65/S_2011_02.pdf (accessed 7 March 2013).

Stockholms stad (2012) *Stockholms miljöprogram 2012–2015*, Stockholm: Stockholm stad.

van Leeuwen, E., Nijkamp, P., and de Noronha Vaz, T. (2010) "The multifunctional use of urban greenspace," *International Journal of Agricultural Sustainability*, 8: 20–25.

van Veenhuizen, R. and Danso, G. (2007) *Profitability and Sustainability of Urban and Peri-urban Agriculture*, Rome: Food and Agriculture Organization.

Walker, P. A. (2005) "Political ecology: Where is the ecology?" *Progress in Human Geography*, 29(1): 73–82.

Wilkinson, R. G. and Pickett, K. (2010 [2009]) *The Spirit Level: Why Equality Is Better for Everyone*, London: Penguin.

Winner, L. (1980) "Do artifacts have politics?" *Daedalus*, 109(1): 121–136.

第 9 章

城市可持续发展的斯德哥尔摩模式

艾米·雷德·奥尔松（Amy Rader Olsson），乔纳森·梅茨格（Jonathan Metzger）

9.1 引言

前面的章节对城市可持续发展中的一些关键问题、挑战和知识领域做了广泛介绍，并将这些问题与斯德哥尔摩的经验联系起来。最后一章回顾本书的一些主题，同时追问从斯德哥尔摩的具体案例中，可以得出哪些关于城市可持续发展的普适经验。

知识从来都不是永恒的或中立的。相反，它始终是在更为宽泛的社会条件下，不可逆转地紧密相连在一起的，这些社会条件形成了催生这些知识的环境。半个世纪前，瑞典皇家理工学院，发布了一份有关当时学术研究前沿的总结报告，它在更广泛的层面上探讨了"我们如何建设美好城市？"这一问题。为这本选集（Bilstaden）撰稿的作者把这个问题明确地表述为：如何通过协调一致的土地利用和交通规划，将斯德哥尔摩发展成为一座个人福利水平极大改善的现代城市（KTH, 1960）。这本选集探讨了本书中所呼应的诸多主题：如何为高品质的工作场所和住宅开发来协调交通和土地利用规划，如何平衡市中心和郊区的发展，以及如何富有建设性地工作，以保持个人和集体财产的平衡，由此为增进公共福利做出贡献。不同之处在于，1960 年，皇家理工学院的研究人员提出的解决方案，全部都围绕如何为"汽车城市"（bilstaden）提供便利。"通过背离传统的集中城市的理念，汽车城市实现了相当程度的个人自由流动。而传统的集中城市则在很大程度上取决于公共交通"（同上，p.7）。成功的衡量标准与今天也有所不同，它几乎完全关注在人均收入和小汽车拥有量上。

尽管今天的斯德哥尔摩与 1960 年的斯德哥尔摩有天壤之别，但也存在重要的相似之处：城市及其周边地区又要努力应对城市快速增长的压力和紧张状况，如住房部门和交通系统的瓶颈和不断累积的短板。1960 年代对这些挑战的政策响应促进了向郊区的逃离，而当前的做法则着眼于满足当代对独特城市设施，以及中心区位住房和商业场所的强烈需求。

斯德哥尔摩地区的经济目前在瑞典规模最大、增长最快。瑞典的民族文化仍然有田园浪漫主义的特征，它提醒我们，这是一个在历史上相当晚才城市化的国家。尽管如此，斯德哥尔摩是瑞典国民经济发展引擎这一观念正变得广为接受。因此，发展的话语正在发生变化，它越来越关注全球竞争力和大都市区的城市集聚效益。此外，1960年个人对商品、服务和住房的消费在数量和质量上均有差异。总体上在瑞典，特别是在斯德哥尔摩，私人消费现在是主要的经济驱动力。从可持续性的角度来看，这可能是一个很大的问题，无论怎样标榜存在"绿色"消费。

寻求应对城市可持续发展挑战的方案，吸引了许多外国代表团造访斯德哥尔摩，而目前皇家理工学院的这一代研究人员，依然关注如何建设"美好城市"的问题。不过，今天对这个问题的回应折射出以下几个方面的巨变：过去几十年的生态意识与敏感性；全球经济持续衰退、全球气候危机和迫在眉睫的资源危机的影响等。这些重要而深刻的见解为概念创新，以及一些引人注目的领域提供了思想的土壤，如"生态都市主义、活力场地、绿色租赁和都市农业"等，这里仅列举几个本书各章中所提到的新兴的城市发展概念。

在追求城市的可持续发展方面，斯德哥尔摩有其独特的经历。然而，我们能够从中得到哪些可推广的实质性经验，仍然是一个存疑的问题。斯德哥尔摩在这一领域的发展，有多少是能够在其他条件下复制的内行和积极决策的结果？又有多少是自然禀赋、地理和历史的结果？本章的下一节试着处理这个问题，然后对目前粗线条勾勒的，关于可持续城市发展的"斯德哥尔摩观点"的具体特点和盲点，做一个快速的回顾。最后，我们基于本书的内容介绍了一些概念配对，以凸显一些难以平衡的行为和紧张关系。在所有致力于促进城市可持续发展的政策制定计划中，我们必须就这些行为和紧张关系进行磋商。

9.2 肯定应肯定之处：斯德哥尔摩是如何做到的？

正如本书中表达的不同观点那样，无论是现在还是过往，斯德哥尔摩的发展决策或收获掌声，或遭受嘲笑，这些绝对都是有可能的。但对于在其他城市的城市专家来说，也许更为有趣和重要的是，问一问斯德哥尔摩是如何成其为今天这个样子的。斯德哥尔摩作为可持续城市发展的全球灯塔，有没有关键的政策决定是成就这种当代国际声誉的原因之一？更直白点儿说：斯德哥尔摩斩获殊荣的城市环境，仅仅是以其地理环境、经济历史和文化传统形式所体现的自然和历史禀赋的必然结果，还是可以追溯到有特定意识和先见之明的政治决策和投资上？

自然禀赋

瑞典人口非常稀少，同时重要的自然资源又相对丰富，几十年来经济一直面向高附加值的出口。因此，这个小国在全球化的世界经济中表现相当出色。尽管没有环境影响的给料几乎不存在，但斯德哥尔摩早年对水电及核电的全面投资，仍为其提供了稳定的低碳能源。虽然斯德哥尔摩跨越海峡兴建于诸多小岛上的现实，也为本地的流动性带来持续的挑战，但是斯德哥尔摩作为国家首都已有数百年历史，是国家公路和铁路系统的中心节点，而且在梅拉伦湖和波罗的海之间享有战略性的海上区位。所有这些水体还产生了令人惊叹的美学价值和实用的卫生设施，几乎可以无限供应新鲜的饮用水（只要能把或许会上升的波罗的海微咸水拒之门外）。

因此，对上述问题的简短回答是，斯德哥尔摩的自然禀赋以及历史和地理优势，对城市的发展具有重要意义，有助于为城市的可持续发展政策创造有利的先决条件，或许跟许多其他城市相比更是这样。但话虽如此，我们还是可以确定过去 20 年里，斯德哥尔摩的政治家和公务员受托为今世后代保护、管理和开发历史馈赠，采取了专注而清醒的重大措施。

政策拼图

现在有趣的问题反而变成："哪些"政策看起来产生了真正的影响，"如何"产生影响，以及"成效如何"？这些问题在本书各章中已经做了翔实的应对。因此，这里我们反而能够让自己有机会根据前面章节提出的深入见解，得出大体的结论。粗略来讲，我们可以将这些政策分为三类，很大程度上这些分类也是依照历史顺序来进行的。

"促进人类福祉和繁荣"：这类政策涵盖了公共卫生的提升和交通的投资，它们延长了人类的预期寿命，改善了经济发展的先决条件。这主要是在 19 世纪和 20 世纪之交由自由改革派提出的，其更广泛的目标在于提高公共福利。这些政策包括普遍集体主义和平等主义的公共福利解决方案，它们的实施受到社会民主党的福利制度，以及 20 世纪中叶"人民之家"政策的支持，并扩展到 1970 年代提供住房的"百万家庭计划"。它们也反映在一些投资当中，比方说，将公共交通和其他基础设施跟土地利用规划全面整合在一起的投资，这种方法在像瓦林比和法斯塔这样的郊区，以及区域供热基础设施中均有体现。这些政策提供了改善人类基本生活条件的实用解决方案。尽管如此，即使这不是他们所声称的目标，许多这样的干预措施和投资也会产生意想不到的积极环境影响。例如，当今郊区和交通走廊之间广布的所谓绿楔，提供了至关重要的生态服务，包括为城市居民提供游憩价值，支撑生物多样性和物种流动以及碳的固存等。同样，城市里公交出行比例很高，降低了污染物排放，这在很大程度上要归功于1940年代至1970年代，在地铁系统建设时对其超常规模的深谋远虑。

"环境保护"：在1960年代末和1970年代，环境状况突然成为一个核心政治议题。这一状况不仅发生在斯德哥尔摩，而且在整个西方世界都是如此。在非政府组织的抗议及激进主义的推动下，日益增长的生态意识带来对脆弱生态系统进行法律保护的要求。瑞典是国际舞台上的先锋与领袖，在环保方面稳步推进了相对大胆和广泛的国家立法。例如，在1980年代和1990年代，禁止了很多对环境有害的化学品。从1960年代后期以来，在斯德哥尔摩的城市和区域层面，自发的抗议和强大的非政府组织，已经将当地的环境问题置于城市政治的最前沿，实现了对政策和规划的一些实质性修订。尽管如此，一直到1990年代和"21世纪议程"运动，环境问题才开始成为城市管理的常设议题。

最后，在这种背景下，忽略这个领域最新版本的政策将是不负责任的，它们致力于"可持续城市品牌塑造与市场营销"。这套政策大致从1990年代中期开始在斯德哥尔摩本地成形，将斯德哥尔摩定位为城市可持续发展的最佳国际实践范例，不仅宣传城市自身，而且推广多种多样的瑞典城市清洁技术产品和服务，尤其是利用哈马碧湖城生态城区现场展示这些技术和流程。虽然这些政策通常会在城市可持续发展方面带来具体和实质性的改善，但它们却主要集中在那些可以"打包销售"和"展示"的干预措施上，从而提高城市及其他公私合作者的声誉。这令一些批评者质疑在斯德哥尔摩的生态城区，出口能力和商业潜力是否比实际的可持续性影响更为重要。

9.3 特点与盲点

几轮政策干预周期共同为斯德哥尔摩在城市可持续性领域的强劲发展和声誉创造了先决条件。这几轮干预有些在环保上雄心勃勃，另一些则有出人意料的环境效益。但当代斯德哥尔摩在城市可持续发展的"解读"上有哪些具体的特点？

反过来,斯德哥尔摩的方法可能遗漏了哪些重要的方面——也就是说,它的"盲点"是什么?

共识文化——不论好坏

在1970年代早期,加州大学伯克利分校政治学教授托马斯·J. 安东,对斯德哥尔摩的区域治理体系进行了一项重要研究,并据此撰写了《大斯德哥尔摩治理》(*Governing Greater Stockholm*)一书(Anton,1975)。书中,他认为斯德哥尔摩的政治演化独一无二。这似乎没有留下什么空间来总结可用于其他地方的经验。不过,他确实指出了一个其他地方可以从斯德哥尔摩汲取经验的东西:娴熟的执行技巧,用它来在各党派、公务员和职业专家之间、不同城市之间,以及地方政府与中央政府之间,团结彼此并达成共识。

这种能力被称为"瑞典政治共识文化",是一种正式、非正式的技术与制度的混合体,用来在瑞典的政治体系内就有关重大优先发展事项达成广泛共识(另见第2章)。由于它给瑞典社会带来持续稳定的发展("演化而非革命"),因此在国内和国际上均广受赞誉,但也因为将少数派的意见和利益边缘化而遭到严厉批评,甚至有人声称,可以将20世纪中叶的瑞典称为一个社团主义社会,在这样的社会里,政治和商业精英与强势的工会一道,在没有切实关心舆论波动的情况下,就确定了社会发展的方向。在斯德哥尔摩的语境下,共识文化在最大的政党——社会民主党和保守的温和派之间,发挥了高度非正式的但又是相当稳定的促增长联盟的作用。即使一些类似住房政策这样重大而具争议性的问题已经被排除在这种共识之外,即使它有时被迫屈从于非政府组织和舆论的压力,这种非正式的政治"元协议",历经数十年仍被证明是非常强大和富有弹性的。

关于城市可持续发展,这个就广泛的发展因素达成的稳定协议有一个问题:为了避免产生威胁共识的分歧,可能存在给基本概念下同样广泛定义的风险,结果让这些概念变得非常肤浅,因而无法以任何实质性的方式指导行动。例如,斯德哥尔摩改善步行条件的城市发展政策,通常会作为重要目标来传达,但它却与开发商具体的强制性指标或参数毫无关联。斯德哥尔摩以种族和社会经济背景的多样性来促进社区的发展,然而却并不强制它们像一些城市那样去执行——比如通过公共住房的分配规则。因此,瑞典共识文化内在的风险是,为了避免破坏共识对至关重要的分歧轻描淡写,对重要的决定退避三舍。在斯德哥尔摩,这意味着尽管所有的主要参与者都把"为了可持续发展"当成是一个核心发展目标,但却又一再回避对这一概念进行具体的、可操作的定义,以便在总体目标上维持共识。当一推再推时，通常都会回避以折中和舍弃为形式的可持续性在本质上牵涉和需要什么的问题。当共识本身成为这样一个核心目标时，即便就城市发展的关键因素达成了广泛共识，它还是会引起一种非常明确的决策僵化症。

全球、本地——以及两者之间缺失的部分

斯德哥尔摩的政策制定者和研究界，似乎越来越善于运用模型、方法和流程。这些模型、方法和流程能够分析、预测，以及在某种程度上极其细致地设计非常复杂的交互作用。瑞典极富现代主义的系统分析学术传统，已经在社区与建筑层面的精细分析和解决方案中得到了新的体现。本书各章着重介绍与理解功能互动相关的研究见解——城市广场里的人与企业之间的互动（第5章）、综合社会生态系统的互动（第4章）、闭环生态城区的互动（第4章和第7章）、绿色建筑的业主和租户之间的互动（第6章），以及大都市区经济地理范围内的互动（第2章和第5章）。由于生态城区及其闭环资源循环模型能够整合给水、排水和能源等技术与管理系统，因此备受世界关注。第4章中讲述的空间句法方法和第8章中评述的都市农业的趋势，也是社区层面新动向的优秀范例，它们是建立在对人类和生物物理系统之间复杂的相互依存关系的理解基础上的。

支持系统科学的方法和技术进步，肯定有助于在上述许多城市可持续性的发展中关注细节的问题。较小规模的封闭或半封闭系统，比起整个城市或城市区域的无限复杂性来讲更容易设计和管理。在国家尺度上，尽管有较大幅度的误差和相当程度的不确定性，但必要的抽象程度使系统方法作为思考和规划的手段也非常有用。可是中观尺度呢？对以精细的系统分析为特征的闭环本地系统的关注，再加上斯德哥尔摩对国际展示社区的关注，导致城市结构的"更宏观的图景"变得模糊不清。因为，尽管哈马碧湖城和皇家海港生态城区的开发世界领先、技术尖端，但这些地区周边的总体生活状况如何呢？例如，我们如何改造和升级"百万家庭计划"的大型郊区住宅区？这些住宅区在斯德哥尔摩县有20万套公寓（城市范围内约6.5万套），迫切需要更新并提高可持续性绩效。这令城市认定的生态城区 [哈马碧湖城、皇家海港和立赫姆 - 洛夫姆（Liljeholmen-Lövholmen）] 多少有点相形见绌，它们在2025年完全竣工时共有2.65万套公寓。那么其他所有在大斯德哥尔摩地区的城市建造而又未被认定为生态城区的新区域，又该如何呢？它们包括瓦斯特拉孔香姆（Västra Kungsholmen）、利耶霍尔姆斯卡真（Liljeholmskajen）和哈格斯塔登（Hagastaden）等斯德哥尔摩市自己的主要开发项目。

有关"百万家庭计划"地区可持续性改造的实验正在进行,这些实验前景光明(见第8章),不过它们都是些小规模的干预措施,拢共才有几百套公寓。有些人认为,生态城区和小规模的示范,有助于在本地和全球范围内更广泛地践行环境创新,但关于这种传播发生机制的问题依然存在。如果可持续城市发展只是在社区尺度上以毫无章法的市场主导方式来实施,那么从长远来看,就可能产生为富裕城市精英提供的与世隔绝的"高级生态飞地"(Hodson 和 Marvin, 2010)——真实的和/或象征性的,但却无法对周边城市结构更广阔的背景作出回应。

如果我们将镜头拉远到全球范围将会发现,瑞典是保护全球资源和生态系统的国际谈判、法规和治理体系的积极参与者,斯德哥尔摩从这一立场中受益匪浅。由于经济依赖跨国企业和出口,消费者依赖进口,斯德哥尔摩地区的政治家和企业都敏锐地意识到该地区与瑞典其他地区、波罗的海地区、欧洲乃至世界的关系。在前几章中描述的斯德哥尔摩的总体情况是,她是一个拥有完善全球合作机制的大都市,这些机制协助这座小国的中等城市成为可持续发展问题的全球参与者——无论是在公共部门还是在工业内部。

但是,一方面在全球和国家层面之间,另一方面在市级层面之间,似乎缺乏稳定的"中间"尺度来有效应对城市可持续性问题,尤其是在斯德哥尔摩。经合组织(OECD, 2006)认为,斯德哥尔摩地区的"弱中层",可能是大都市区层面治理机构的结果,这些机构缺乏执行土地利用规划准则的法律授权。这可以与本书的第5章形成对比,这一章承认了不同的市之间以及公私参与者之间,存在固有的利益冲突,但也看到了新的大都市层面合作制度和伙伴关系的真正潜力。在更广泛的区域层面上,应对大尺度与小尺度的变化、缓慢和快速的流程,以及数以百计的目标和利益,其复杂性变得势不可挡。区域规划师的应对方式是,将更多的注意力集中在次区域的主动行动上,它们成功充当了斡旋者和协调人,但可能再次冒着失去更大视野的风险。

在第8章讨论的可持续城市发展的关系地理方面,还有第三个缺失的"中间地带",即在一个特定区位的行动和消费对其他地方(或许是在地球的另一端)的影响和意义。斯德哥尔摩的政策制定者和普通百姓对本地活动和消费之间的联系,以及这些能以温室气体直排的形式产生的全球有害影响,有着相当深刻的理解,温室气体直排可能导致气候变化。尽管如此,人们对斯德哥尔摩人完全依赖向全球其他地方出口环境"有害物质"的现代生活方式,仍然缺乏基本的了解,他们也没有为此承担多少责任。斯德哥尔摩是不是仅仅转移了当地的排放和污染,而没有减少它们？斯德哥尔摩是一个大都市地区，其人口、贸易和增长动力深受其他地区和国家的影响，并对这些地区也有很大的影响。它不再是广阔的斯堪的纳维亚森林边缘一个舒适而有些与世隔绝的小村庄，而是"地球村"的一部分，但对于跟地球上整个生命家园的关系，她仍然只有模糊的大体认知。

个人主义崇拜下的城市社会工程学？

在1920年代末，人们将瑞典"人民之家"（folkhemmet）的概念，明确表述为指引"美好社会"发展的哲学，这样的社会将为个人和家庭提供他们繁荣所需的环境。尽管2010年代与那个年代迥异，但这一相当宽泛的愿景，仍然对瑞典的社会和政治文化浸淫甚广——一个雄心勃勃的福利国家，致力于在个人和集体的需求之间取得平衡。本书中的几个章节都强调了这个挑战，即在一个瞬息万变的世界里，不仅要坚守这些理念，还要把它们转化为相关的准则。

历史告诉我们，个人权利和义务，与集体决策、制度建设和提供服务范围之间的分界线，绝对不是一成不变的。相反，它是一个变动的边界。这个边界基于特定社会在某一特定时间节点的优先事项和需要，经过不断的重新协商确定。第7章和第8章认为，当代人对个人自由（尤其是在个人消费选择方面）不容置疑的强烈关注，可能会以牺牲地方与全球可持续性为代价。尽管瑞典的自耕农（allmoge）历史文化十分有影响力，且有着根深蒂固的群体共识与社区责任传统，但一般来说，西方世界——尤其是主要的大都市区的城市消费文化，已经被普遍称作是极端的个人主义和享乐主义。在斯德哥尔摩，这种趋势由于以下情况而进一步加剧：迄今为止，斯德哥尔摩的居民仅仅受到21世纪初全球金融危机的轻微影响，加之人口相对富裕和年轻，因此个人对家具、家电、汽车、时装，以及高档食品等资源依赖型产品的消费屡创新高。在欧洲单身家庭比例最高（超过60%）的情况下，房价正一路飙升，因为人们追求住在单间和一居室公寓里的城市生活方式。而仅仅在一个世纪之前，这些公寓可容纳整个家庭居住。

第3章和第8章讨论了在一个追求可持续性的城市里，能否继续维持当前的消费文化。通过个人消费的选择表达个人喜好的权利，在西方近现代自由社会中是不得了的事儿，当有人建议在新皇家海港生态区，对居民的生活方式选择加以管制时所爆发的抗议浪潮，就是这一点的明证（第7章）。不过反过来说，在一个越来越以个人为基础的城市社会体系里，可持续发展的标志和旗号可能会成为重要的个人投资，既为个人也为社区带来收益。换句话说，有意识的城市消费者，可能愿意花更多的钱为贴有明确标签的有机食品买单，住在有"清洁"名声的社区（比如生态城区），选择有可持续特征的交通方式，以表明他们是"解决方案的一分子，而非问题的一分子"。

然而，将可持续发展战略构筑于能见度和声望之上也会带来风险，因为斯德哥尔摩的一些个案表明，能见度低的可持续发展问题可能很难找到支持者。规划西环绕城高速公路（斯德哥尔摩外环路）一直饱受争议，部分原因是与该项目有关的车流量和温室气体排放预计将有增长。该项目重新修编并将大部移至隧道，下穿而非穿越斯德哥尔摩郊区的富裕地区，那里自然游憩设施充沛，引人入胜，然而当此之时，关于预期温室气体排放将会增加的公开讨论，就明显变得模糊不清了。即便是不可见排放的大众舆论，似乎也取决于发展与变化的可见表现。更令人担忧的是，事实上还是这条高速公路连接线，确实是从一些社会和经济上最遭污名化的城市社区 [那些毗邻耶尔瓦法尔特（Järvafältet）的社区] 旁边的地面上穿过去的。这让人们心生疑窦，尽管政府投入了巨额资金将日益增长的汽车交通所带来的不适，屏蔽在相对富裕者的视线之外，并保护他们本地的景观，但在城市中不那么富裕的地区却没有这样的考虑。

正如在第 3 章中所讨论的那样，当前许多"可持续性话题"还建立在两个基本概念上：在可持续的未来中，实现无限的经济增长是可能的（"绿色增长"）；如果他们能得到关于这些选择的影响的足够信息的话，我们可以依靠他们在消费中做出明智的选择。但是，我们果真能把世界的未来，交到处于困境的消费者手中吗？他们在日常选择中总是承受着经济、社会和实际压力的负担。第 3 章提出了这样的担忧：个人为了省钱、"攀比"，或者只是从货架上抓点东西的压力，可能会扩大人们所说的环境可持续性偏好与展现出来的消费行为偏好之间的差距。

从某种角度来看，对"清洁技术"或绿色技术的投资，可以避免完全依赖将处在某种状况中的消费者作为可持续发展的关键杠杆点。诸如智能窗户、高效的给水和污水管理系统、可再生能源和能源管理等方面的创新，可以建立让可持续发展的成果更少依赖个人日常选择的行动框架。这些投资可以在某种程度上几乎毫无戏剧性地将人们从日常的艰难选择中解脱出来，这些选择是在一贯的舒适和为"拯救地球"而做出牺牲（经济、社会和实践）之间的选择。但是，比方说，当法律对绿色建筑技术不作要求，或至少对其应用不提供某种形式的奖励时，这些技术必须依靠公认和确凿的边际成本优势计算方可应用——也就是说，它们必须通过节能的形式，为开发商和居民提供直接经济收益来"为自己买单"（如第 6 章所述）。或者它们必须是生态城区或整套绿色建筑方案的一部分，并且租户准备额外支付一点费用，从而可被视作是"有意识的消费者"。这就引出了一个问题，即表面上（但不一定是实质上，如第7章所述）"可持续生活方式"是否只是为那些手头有宽裕现金来为其个人声望付费的人保留的，这些声望通过拥有生态城区的一套公寓，或是选择更多"生态友好"或"生物动力"的商品与服务来获取。可持续发展究竟应该是少数人（主要是富人和受过良好教育的人）的一个可选选项，还是一个共同负担、管理和执行的集体事业？

斯德哥尔摩的经验表明，改善城市生活方式可持续性的有效技术解决方案，必须不断与被动可持续性技术，以及基础设施解决方案可能模糊问题和抑制热情的效果相比较。我们似乎有必要不断提醒个人、公司和整个社会当前气候和环境状况的严重性，尤其是当这些影响看不见摸不着的时候。提高公众意识的解决方案（如玻璃屋一号）、为更可持续的行为提供经济激励的解决方案（如拥堵收费，第7章），或者促进新的管理或合约安排的解决方案（如绿色租赁，第6章），似乎都可以达到这一目的。

个人偏好与权利的私域，跟真正集体关心的事情间的历史边界，已经有很多次重绘，而且我们作为一个具有空前复杂性的物种，在面对自己的生存挑战时或许需要再次细致地考虑到底怎么成功越过这一界限。这种复杂性永远不可能靠个人来完全应对。尽管瑞典在依靠社会工程学方面享誉国际，但几十年来，这一概念在瑞典的辩论当中已完全被当成是一种贬义的诋毁。它意味着政府对公民私人生活的过度干预，以及在法律上对自由市场的阻碍。但是，也许不断演变的气候危机和其他的全球环境威胁，比以往任何时候都更能激发某种形式的、富有远见的和管理民主的"社会工程"——即为个人选择设定必要框架的集体行动。清洁技术投资可以说是一种社会（/技术/环境）工程的形式，目的是设法带来可持续的行为和生活方式。或许这种社会工程最新的概念化可以保持开放性，以囊括任何既可帮助个人也可帮助政府找到实现城市可持续发展的民主合法方式的工具。

9.4 城市可持续发展的关键性战略因素：斯德哥尔摩的经验教训

那些致力于在全球实现城市可持续性的人们，可以从大斯德哥尔摩地区创新的城市技术、政策和治理文化中获得很多灵感。但重要的是不要让灵感滑向诱惑。因为目前在城市和区域中运用的当代对城市可持续发展的"解读"中也存在一些盲点。希望这本书有助于促进公平、公正地评价斯德哥尔摩当前在城市可持续发展方面所做努力的优缺点。因为斯德哥尔摩现在享有可持续城市发展世界领先城市的盛誉，这里面肯定既有炒作的成分，也有实际的依据。但是，我们从斯德哥尔摩的个案里，可以汲取什么实质性的经验呢？这个问题的答案，对于不同地方背景的不同读者来说极有可能大相径庭。因此，我们不会通过提供某种带有标记的评分表来结束本书。这个评分表计算斯德哥尔摩的"可持续性得分"，并与其他城市和地区的"可持续性得分"进行比较。这种简化的总结可能会令人眼界大开，但它们对城市可持续发展各种错综复杂的情况，却无法做出公正的表述。

我们将根据斯德哥尔摩在可持续城市发展方面的经验、优势和盲点，拟定一份概念配对的清单作为替代，并以此结束本书。综合起来，这份清单提出城市可持续发展的关键性战略因素。每组配对中的概念绝不是互相排斥的。相反，它们说明城市可持续发展政策中一些至关重要的紧张关系、冲突或取舍，因为它们包含了虽然不同，但在某种政策背景下往往又相辅相成的方法——忽略一个或另一个术语，都可能会令关键观点的重要性模糊不清。

唤醒意识还是变得坚毅

斯德哥尔摩市和斯德哥尔摩地区已经花费了大量资源，在国内外提升人们对城市可持续性问题的认识。正如第 3 章所示，环境作为政治讨论话题的出现，已经对决策氛围产生了巨大影响，此后气候变化这一有争议的话题也是如此。第 6 章和第 7 章讨论了提高公众对气候变化认识的诸多努力。第 1 章和第 8 章指出，可持续性问题在这座城市当前的品牌战略中处于核心位置。

与此同时，这些信息工作始终要与直接影响城市日常生活的具体干预措施相平衡，甚至更好的是与之相结合。这些干预措施可能包括：基础设施系统的技术改进、绿色建筑、创造性地运用定价机制或其他经济激励措施，或是其他新政策和工具，以影响和左右企业和城市居民的日常习惯。尽管斯德哥尔摩的经验强调，要不断地就可持续城市发展的挑战和潜力进行沟通，但同时也表明必须让沟通与具体投资、法规和激励措施的完整组合保持平衡。同样，如果人们不了解政策和投资的价值，那么没有沟通的行动可能会适得其反。

提升底线还是超越巅峰

瑞典国家层面环保的做法，历来是将所有的标准提高，通过各种形式的立法不断提升底线，并使每个人都达到最低标准。在过去 20 多年里，斯德哥尔摩的地方可持续发展政策看起来几乎相反：维持较低的监管标准，但又表现出超越标准的惊人飞跃；或者当目标更为远大时，留下充裕的时间来实现这些目标，或重新对它们进行协商。正如第 4 章和第 8 章所强调的，国际代表团蜂拥而至参观斯德哥尔摩的展示项目和设施，其中许多项目都展示了高效、闭环和零废的系统。然而，实际上，这些项目可能很难提升，或扩展到其他领域或语境中去。一定程度上这是个技术上的挑战，因为样板与试点所用到的通常是为客户定制或改装的系统，它们针对受限的场地、建筑或区域做了优化。这些可能更适用于预算充足的城市棕地改造，而不是老旧的公共住宅区，具有讽刺意味的是，这些老旧公共住宅区本身，就曾是吸引那些国际代表团来到这个地区的现代主义样板。

因此，尽管可以从可持续发展"超越巅峰"（例如建设高成本的生态城）的表现中获得诸多营销和品牌的优势，但这样做可能会冒对更大图景视而不见的风险：城市的其他部分及其所有的居民，以及城市与周遭世界的关系等。正如第 5 章和第 8 章讨论的，斯德哥尔摩对样板的重视，是否会促进可持续技术与实践在更多主流开发中的应用（如许多人所言），或有助于零散和孤立的城市花园或生态岛的开发，仍然有待观察。

斯德哥尔摩市的新政策要求，所有市属土地上（约占城市边界内所有土地的70%）新开发项目的能源绩效与被动式住宅的能源绩效大致相当（最高 55kWh/m^2），可以肯定的是，这项政策朝这一方向迈出了重要而大胆的一步，也是深谋远虑地提前执行欧盟建筑能效指令（EPBD2）。

建立共识还是开拓进取

现代瑞典政治文化在历史上一直非常注重协商一致的行动，这是考虑调动集体资源的核心原则上的坚定共识。但正如第 3 章所讨论的那样，广泛的共识也可能产生一种奇怪的麻痹效应。因为当"捎上每一位"变得至关重要的时候，风险在于具体的概念和政策会被大大弱化，以至于它们基本无法操作或几近"一切照旧"，从而让它们毫无变革工具的用处。

诚然，可持续发展概念的优点之一在于它以解决方案的形式促进了协同增效，既能为子孙后代保护必要的资源，又能促进当前的繁荣发展。但是，在寻求保护这个星球上生命的先决条件这样一个令人难以想象的挑战性探索当中，痛苦的权衡是不可避免的。可持续发展政策总是产生赢家和败将，并威胁到强大的利益集团和管理体制。本书的几章似乎表明，斯德哥尔摩可以从自身历史的反思中获益。在历史的紧要关头，斯德哥尔摩成功做出了大胆的政策和投资决定，同时坚定不移地致力于就期望的实质性成果达成广泛共识。

地方标杆还是全球视野

正如许多章节（包括第 1 章和第 8 章）所表明的那样，斯德哥尔摩在地方上努力实现城市可持续发展，同时在其传播和营销方面从根本上着眼于全球。在这种地理的轻重权衡当中，地点与环境有害物质关联转移之间的确切关系仍然是有模糊不清的地方，比方说，这些关联转移通过第 8 章所讨论的离岸生产的方式发生。

温室气体排放和其他形式的对环境的破坏，不会仅仅因为它们不产生在斯德哥尔摩而消弭。如第 8 章所述，我们可以认为，如果这种排放和对环境的破坏可以直接追溯到斯德哥尔摩人的生活方式选择和消费习惯，它们也应该计入城市的可持续性总账当中。那么比起目前所标榜的来说，这份总账就没那么震撼了。无论这一点是否切实可行，这样的观点都充分说明这么一个事实，即全球一体化的城市区域以复杂的方式相互支持、阻碍和影响。斯德哥尔摩尚未汲取的教训是，任何衡量地方政策作用的努力，都必须从对相互作用和影响链条的透彻理解开始，这种相互作用和影响链条往往远远超越该区域以及国家的边界。

持久、墨守成规的框架还是灵活、创新的解决方案

第 5 章和第 6 章提醒我们，大多数已建基础设施变化缓慢，而且这种相对稳定的特性具有持久的影响——好坏不论。随着时间的推移，它将令设施功能趋于稳定，并帮助个人基于"无论是今天还是明天，道路、桥梁、机场或铁路都会在那儿"的预期进行决策。当然，正像第 7 章所讨论的，城市环境中这些稳定的因素可能或多或少地促进了可持续行为。如第 5 章所述，在斯德哥尔摩，即使广为接受的可持续性措施（如建设大都市区综合交通系统），也是造成更加分散并且在某些方面更不节能的居住模式的原因之一。

如今，工程师和城市的政策制定者进一步认识到，适应性和灵活性可能是重大投资长期成功的关键，并且随后尝试将这些特性纳入新基础设施开发和制度设计中。不过这有时候说起来容易做起来难。比如，一些批评人士认为，正在建设的斯德哥尔摩西部高速公路外环路，将这一地区锁定在对小汽车交通这种不可持续交通方式的依赖上，而没有促进其向提高使用公交的转变。另外一些人则认为，如果没有这条外环路，放射状的交通走廊结构将会迫使公共和私人交通出行都要穿越市中心生态和历史敏感的瓶颈路段，并将城市的北部和南部割裂开来。换句话说，就是延续了在社会、经济和生态上不可持续的城市形态。

斯德哥尔摩和瑞典或许因其在耐用资本方面的大规模投资而闻名于世，如运输系统和"百万家庭计划"。如今，斯德哥尔摩的可持续性方法更适合被描述为一系列规模较小的可持续性试验和示范项目。这些往往都是重要的示范，其规模大到足以带来重大影响和较高的曝光度（如第 7 章中讨论的拥堵费征收试验），但仍有足以防范新技术和政策实施带来风险的限制或试验性。从历史上看，许多这样的示范项目也会随着时间的推移而升级和扩展，例如斯德哥尔摩的污水管理和区域供热系统（第 2 章和第 5 章）。

虽然第 1 章和第 8 章讨论的许多现代的试验项目的背后还有其他的驱动因素，但斯德哥尔摩对示范和试点项目的重视（通常会永久化），如果能正确地与更广泛的措施和干预相结合的话，仍然可能是任何城市可持续发展战略中一个有益的组成部分。因此，我们可以从斯德哥尔摩的经验中汲取两项重要经验。第一，耐用资本基础设施（如新道路）的可持续性表现，可能会在根本上受其所使用的短期政策、激励措施和管理法规的影响。第二，具有强大可持续性潜力，但有明确赢家和输家的渐进式政策（如拥堵收费）可能会调动试验或示范项目的积极性。试验和试点能够减少结果的不确定性，从而使政策制定者可以在政治协商的语境中制定补偿政策。

个人行动还是集体行动

在过去 20 年里，斯德哥尔摩对可持续发展的看法总体上是市场主导，或至少是以市场为导向的，为有利于可持续发展产品的市场发育创造了必要的先决条件。这方面的案例包括：对绩效标准和辅助规划流程提出要求的规划规范（就像在哈马碧湖城案例中的那样）；定价和补贴计划（如堆肥收集）；或倾向于优质环保商品和服务的政府采购和外包政策。然而，与这种市场导向并行的是，斯德哥尔摩也表露出不愿去推行各种新地方立法或规划法规——只有少数几个明显的例外，比如禁止沿斯德哥尔摩市中心的霍格斯坦（Hornsgatan）使用镶防滑钉的雪地轮胎，以减少颗粒物排放，以及前面谈到的在市属土地上进行建设的新能源标准等。

市场力量具有巨大的变革能力。例如，这种能力在绿色建筑的快速增长中就有清楚的体现（第 6 章），这是一个完全由市场驱动的过程。但尽管如此，斯德哥尔摩的经验表明，作为一种政策工具，基于市场的新做法是有其局限性的，因为它们通常想当然地认为个人和公司是理性的行动者，能够对其选择的后果作出明智的判断。但要是考虑到在选择的具体情况下所有扑向任何个人的形形色色的压力，那么依赖"明智的消费者"作为各种可持续性战略的基础可能是不牢靠的。

像低能耗灯泡或智能窗户这样的"被动"可持续性技术，就让个人不再承担这种责任，从而为更可持续的城市生活方式创造了前提条件，这些生活方式超越了有时变化无常的消费者的日常选择。但斯德哥尔摩的经验也表明，被动解决方案可能会造就漠不关心的消费者。如果灯泡能耗很低，那为什么还要关掉它们呢？

9.5 小结

到20世纪末，人们普遍认为，通过重大创新和在更高的交通可达性、更清洁的给水，以及受保护的休闲和生活环境等方面的投资，保护环境的行动将大大改善生活品质。在最近的几十年里，随着西方消费主义生活方式的理想在全球的迅速传播，人们常常将环保措施视为对"美好生活"舒适度的威胁或限制。人们最容易接受的政策是那些节约消费者时间、精力或金钱，以及保护其环境的政策。近来，人们的兴趣已经转向创新的，并且通常是"沉默的"或"被动的"绿色技术，它巧妙地规避了令人不适的，关于个人消费、自由和个人生活方式选择的既有理想的辩论。尽管如此，如果斯德哥尔摩认真对待其实现可持续城市发展的远大志向，那么不得不做出一些艰难抉择的那一天则可能早到而非迟来。这些抉择不仅涉及怎样加强技术创新并促进绿色消费和绿色增长，而且还牵涉到如何在较长和较短的时期内平衡个人和集体的需求——考虑到本地活动对地方、跨地方和全球的影响。与其他地方一样，在斯德哥尔摩，这将需要某种形式的广泛共识，而这一共识还要对政策干预上的试验进行民主授权，在这些影响我们个人生活方式的政策干预里，既有琐碎的干预也有更引人注目的干预。

参考文献

Anton, T. J. (1975) *Governing Greater Stockholm: A Study of Policy Development and System Change*, Berkeley: University of California Press for the Institute of Governmental Studies.

Hodson, M. and Marvin, S. (2010) "Urbanism in the Anthropocene: Ecological urbanism or premium ecological enclaves?" *City*, 14: 298–313.

KTH (1960) *Bilstaden*, Stockholm: Institutionen för Stadsbyggnad, Kungliga Tekniska Högskolan.

OECD (2006) *Territorial Review: Stockholm, Sweden*, Paris: OECD Publications.